中国二十一世纪示范镇

智者乐水淀山湖

主　编　方世南
副主编　许顺娟　吕善新　孙倩　吴新兴　邵卫花

苏州大学出版社

图书在版编目(CIP)数据

智者乐水淀山湖 / 方世南主编. —苏州：苏州大学出版社，2018.9
（中国二十一世纪示范镇）
ISBN 978-7-5672-2493-3

Ⅰ.①智… Ⅱ.①方… Ⅲ.①乡镇经济－经济发展－成就－昆山 Ⅳ.①F127.535

中国版本图书馆 CIP 数据核字（2018）第 154271 号

智者乐水淀山湖

方世南　主编

责任编辑　周建国　许周鹣

苏州大学出版社出版发行
（地址：苏州市十梓街1号　邮编：215006）
常州市武进第三印刷有限公司印装
（地址：常州市武进区湟里镇村前街　邮编：213154）

开本 700 mm×1 000 mm 1/16 印张 16.75 字数 203 千
2018 年 9 月第 1 版　2018 年 9 月第 1 次印刷
ISBN 978-7-5672-2493-3　定价：58.00 元

苏州大学版图书若有印装错误，本社负责调换
苏州大学出版社营销部　电话：0512-67481020
苏州大学出版社网址　http://www.sudapress.com

编委会

主　任　李　晖　昆山市淀山湖镇党委书记
　　　　　罗　敏　昆山市淀山湖镇党委副书记、
　　　　　　　　　人民政府镇长
　　　　　计华明　昆山市淀山湖镇人大主席
　　　　　张晓东　昆山市淀山湖镇党委副书记、
　　　　　　　　　政协工委主任

委　员（按姓氏笔画为序）

王　强	成　亮	吕善新	朱建华	许顺娟
孙　倩	李　尧	吴新兴	沈卫刚	张彤杰
陆志斌	邵卫花	范学钊	林　娟	顾永元
顾德华	凌军芳	曹振华	程　赟	程振旅

Contents

目 录

序　　　　　　　　　　　　　　靳辉明/1
打造人与自然和谐共生的尚美淀山湖
　　　　　　　　　　　　　　　李　晖/1

引　言　　　　　　　　　　1

第一章　绿色发展的示范　　　　　5
　第一节　人水和谐的期盼/6
　第二节　生态理性的觉醒/17
　第三节　示范未来的探索/28

第二章　生态小康的蓝图　　　　　47
　第一节　生态小康的出场/48
　第二节　绿色发展的布局/54
　第三节　规划实施的保障/69

第三章　社会责任的履行　　　　　91
　第一节　生态责任的缘起/92
　第二节　企业公民的角色/110

第三节　强化责任的路径/118

第四章　农耕文明的新生　132

第一节　眷恋土地的情怀/133

第二节　人地和谐的景观/143

第三节　绿色农业的靓丽/152

第五章　润物无声的文化　165

第一节　生态文化的底蕴/166

第二节　生态教育的普及/182

第三节　生态文化的品牌/198

第六章　诗意栖居的享受　209

第一节　生态花园的绚丽/210

第二节　生态权益的维护/222

第三节　绿色生活的惬意/234

主要参考文献　251

后　记　253

序

中国社会科学院学部委员　靳辉明

2010年，《风水宝地淀山湖》一书出版，方世南让我写了序。2014年，《源远流长淀山湖》一书出版，方世南又让我写了序。这次方世南给我《智者乐水淀山湖》一书的初稿，还要让我写序。我当然十分乐意。

方世南对昆山市淀山湖镇情有独钟。自从20世纪90年代淀山湖镇被国务院确定为中国21世纪示范镇以来，方世南就以该镇作为自己开展生态文明研究的一个重要的教学和科研基地，践行他一直倡导的"板凳坐冷，脚底走热"的做学问理念，对淀山湖镇进行了持之以恒的理论与实践相结合的深入研究。这几年来方世南深入调研总结和勤奋写作，陆续推出上述三部书稿，我成了最先的阅读者。

我从2005年开始多次随方世南到淀山湖镇实地考察，对该镇传承传统历史文化和持续不断地推进物质文明、精神文明、政治文明、社会文明和生态文明协同发展的经验做法以及取得的显著成就印象特别深刻。

2017年国庆期间，方世南和我再次来到淀山湖镇，受到了该镇领导、永新村等村的村书记和村民们的热情接待。我们行走在淀山湖镇绿色盎然、草木生辉的湖滨大道上，一步一景，心旷神怡；我们在梦莱茵帆船游艇俱乐部品茶交谈，极目远眺，波光粼粼，水天一色，百舸争流，千帆竞发，充分感受了人们在热爱大自然、拥抱大自然中尽情享受高品质休闲生活的乐趣;我们走进享有水边村落美称的六如墩自然村,被这个延续了江南水乡小桥流水人家特色和粉墙黛瓦传统风貌的静谧而文明的美丽村庄所吸引,该村将社会主义核心价值观培育和践行与家风家训教育结合起来,使之洋溢出传统文化与现代文明融合在一起的浓郁气息,令我们流连忘返。我们详细询问和了解了作为全国文明村镇的永新村农户的垃圾分类做法,对生态文明建设已成为淀山湖镇村民们的自觉行为而由衷地高兴;我们体验了淀山湖镇将传统农耕文明与发展葫芦工艺品创意文化以及开展现代农业旅游结合起来的创意场景,体会到了现代农业蕴涵的高超生态智慧。我想,党中央关于新农村建设要达到"产业兴旺、生态宜居、乡风文明、治理有效、生活富裕"的要求,在淀山湖镇的农村都得到了充分体现。我认为,淀山湖镇悠久的历史文化、独特的湖光山色自然景观、绿色发展的创新实践以及人民群众脸上洋溢着的陶醉于美好生活的灿烂笑容,都具体而生动地诠释了智者乐水的深刻内涵。

通过阅读《风水宝地淀山湖》《源远流长淀山湖》《智者乐水淀山湖》,我感到,这三本书是淀山湖镇按照从过去到现在、再到未来的文化走向,倾力打造该镇"史记"三部曲的一项重大标志性研究成果,充分体现了淀山湖镇坚定文化自信,促进传统乡土历史文化与现代江南特色水文化在交相辉映中繁荣兴盛的实际行动,展示了淀山湖镇建设生态小康以及推进人与自然和谐共生的现代化创造性实践。这三本书的出版是淀山湖镇建设美丽家园、走向社会主义生态文明新时代值得庆贺的重大精神文化作品。

在我看来,《风水宝地淀山湖》《源远流长淀山湖》《智者乐水淀山湖》是一个具有内在紧密联系的有机整体。这三本书既有各自研究写作的侧重点,又具有不可分割的内在逻辑关联。三本书都以淀山湖的湖水为魂,以淀山湖镇的文化为根,以淀山湖镇人民群众的美好生活为本,客观全面地展示了淀山湖镇从过去到现在再到将来的历史变迁和文化发展脉络。阅读这三本书,有助于人们深刻地认识到,淀山湖镇物华天宝、人杰地灵,这块从古至今劳动人民耕作不息和文人墨客云集的风水宝地具有源远流长的历史。改革开放以来,淀山湖镇始终上接党中央的路线、方针、政策这个天线,下接自身客观实际和社情民意的地气,紧密结合该镇传统历史文化和现代江南水文化,围绕人民群众对美好生活的向往,以"和谐自然,示范未来"的理念,聚焦于"尚美淀山湖"的时代主题,高举绿色发展旗帜,积极稳妥地推进"绿色淀山湖,生态现代化"发展战略,在大力推进中国 21 世纪示范镇建设中取得了出色成绩。《风水宝地淀山湖》《源远流长淀山湖》《智者乐水淀山湖》这三部具有浓郁的淀山湖镇水文化色彩和乡土地方志性质的著作,就是对淀山湖镇历经千年风雨而始终筚路蓝缕、砥砺前行的真实写照,是对淀山湖镇在创新发展、协调发展、绿色发展、开放发展、共享发展的新发展理念指导下,不断谱写产业精美、环境优美、生活和美、百姓善美新篇章的理论总结。

《智者乐水淀山湖》的书名极佳,哲理性很强,蕴涵了中国古代生态智慧与现代生态文明的理念,凸显了淀山湖镇以绿色发展的旗帜加强中国 21 世纪示范镇建设的时代主题,讴歌了充当绿色发展生力军的人民群众这个最大的智者,反映了推进绿色发展就是实现人民群众对美好生活的向往,智者乐水就是人与自然和谐共生的最美好的境界。

全书内容围绕书名展开,描绘了淀山湖镇推进绿色发展和加强生态小康建设以及构建人与自然和谐共生的现代化的曲折历程,论述了淀山湖镇企业顺应绿色发展潮流,肩负起低碳发展、循环发展、节约发展的社会责任,展示了淀山湖镇在从农耕文明走向现代工业文明和生态文明进程中，充分协调经济发展与生态优化的宝贵经验，分析了淀山湖镇将生态文化建设融于社会主义核心价值观建设的成功做法，阐述了淀山湖镇坚持以人民为中心的发展思想，为实现好、维护好、发展好人民群众的生态权益所付出的艰辛努力和取得的重大成就。

全书紧扣党的十九大报告主题，总结了淀山湖镇推进中国21世纪示范镇建设的实践经验，梳理了淀山湖镇促进人与自然和谐共生的基本做法，从淀山湖镇贯彻新发展理念取得一系列创新性成就的角度，为实施中国乡村振兴战略提供了典型范例。

时光飞逝，岁月如流。我清楚地记得，2014年元旦我在北京为《源远流长淀山湖》一书写序时写道：我期待着淀山湖镇的第三本书《智者乐水淀山湖》能够早日问世。不知不觉几年时间一闪而过。在《智者乐水淀山湖》即将出版之际，我衷心地祝愿淀山湖镇这个因湖而名、因湖而兴、因湖而盛的美丽乡镇的明天更加美好。

简单写上这些阅读感想，权当为序。

2017年12月5日于北京

打造人与自然和谐共生的尚美淀山湖

——写在《智者乐水淀山湖》出版之际

中共昆山市淀山湖镇党委书记 李 晖

淀山湖镇，是一个坐落在碧波荡漾的淀山湖畔并以湖而名的昆山市的绿色小镇。绿色，是淀山湖镇的最大特色，是淀山湖镇最拿得出手的"名片"之一。

绿色造就了淀山湖镇人与自然和谐共生的奇景。每当游客来到淀山湖镇，首先映入眼帘的是蓝蓝的天空，最先感受到的是淀山湖镇清新自然的空气、凉爽舒适的清风，使人们感到，这里的空气有点儿甜。天空，如水晶般湛蓝，白云如棉，在头顶上空飘动。放眼远望，现代化农业与工业企业以及文化创意产业交相辉映呈现出的美好图景，引人入胜。淀山湖镇有如此清新的自然环境，既得益于大自然恩赐的这一方风水宝地，更得益于淀山湖镇历代干部群众对生态环境保护的重视，以及为建设中国 21 世纪示范镇对环境保护和生态治理付出的艰辛努力。

古代，淀山湖人在与自然界相处中，就萌生出了聪明的生态智慧，注重顺应春生、夏长、秋收、冬藏的自然规律，做到道法自然、天人合一；在生产和生活方面，遵循取之有度、用之有节的生存原则；在农耕生产方面，掌握了一定的蓄养地力、生态循环的种植方法。但是，由于受生产力水平的限制和对自然规律认识的局限，人与自然之间紧张和冲突导致的生态矛盾不时出现。

改革开放以来，淀山湖镇坚持人与自然和谐共生的绿色发展理念，把生态文明建设贯穿和渗透于经济建设、政治建设、文化建设、社会建设以及党的建设等各个方面，走出了一条经济增长与生态优化双赢的发展道路。早在1994年，淀山湖镇小城镇规划和建设工程就被国务院列入《中国21世纪议程》优先发展计划项目。淀山湖镇秉持"和谐自然，示范未来"的发展理念，坚持党建红镇、科技强镇、文化亮镇、生态立镇的发展战略，打造"一样的江南，不一样的小镇"。

淀山湖镇不仅是一个美丽、时尚的江南水乡小镇，更是一个崇尚美、追求美和塑造美的绿色小镇。在新的历史条件下，淀山湖镇立足于自然禀赋和区位优势，以"尚美淀山湖"的建设为目标，探索生态文明理论与绿色发展实践相结合的模式，连续推广并实施《淀山湖镇生态文明建设三年行动计划》，把绿色作为转型发展的底色，优化经济结构，促进转型升级，坚持富民惠民利民安民导向，从人民群众对美好生活的向往出发，统筹协调地推进经济建设、政治建设、文化建设、社会建设、生态文明建设，全面加快转型升级，以优良的生态环境、优质的生态产品和优异的生态服务，保障人民群众的生态权益，走出了一条经济发展、社会进步、环境保护齐头并进，人口、资源、环境协调可持续发展的道路。淀山湖镇先后荣获"国家园林城镇""国家卫生镇""全国环境优美乡镇"等称号。

水，是淀山湖的命脉，是淀山湖镇的生命之源和发展根基，也是淀山湖人的智慧源泉。仁者乐山，智者乐水，就是人与自然和谐共生的美好境界。

在《智者乐水淀山湖》一书即将付梓之际，我代表淀山湖镇党委和政府，并以我个人的名义，对本书的出版表示热烈的祝贺！向一直关心和指导淀山湖镇绿色发展的中共中央宣传部理论局原局长，现中国社会科学院学部委员、中国著名马克思主义理论家靳辉明教授表示崇高的敬意。向为本书编写工作付出辛勤劳动的苏州大学马克思主义学院"马克思主义生态文明理论与绿色发展研究中心"主任、全国著名生态文明研究专家方世南教授表示衷心的感谢！也希望通过此书，更好地推介、宣传淀山湖镇，在中国特色社会主义新时代更好地提升淀山湖镇的知名度和美誉度，为尚美淀山湖注入清新活力，为谱写人与自然和谐共生的尚美淀山湖的崭新篇章一路顺水而歌。

引 言

　　淀山湖，是江南最大的淡水湖泊之一，在古代总面积曾达数百平方千米，通江达海，烟波浩渺，浪花如雪，一望无际。随着岁月的流逝和时代的变迁，沧海变桑田，湖面不断缩小，现在总面积为62平方千米，仍相当于11.5个西湖。

　　淀山湖，也是一块从古至今文人墨客钟情和云集的风水宝地。淀山湖以婀娜多姿、风情万种的湖光山色吸引了晋朝的陆机，唐朝的陆龟蒙、白居易、杜荀鹤、皮日休，宋朝的唐询、范仲淹、王禹偁、米芾、王安石、欧阳修、范成大、司马光、苏轼、卫泾、黄庭坚，元朝的赵孟頫、王艮、陈基、杨维桢，明朝的王祎、夏原吉、文徵明、归有光，清朝的范瓒、姚承绪等一百多位著名思想家和大文人的目光，他们在此驻足吟唱，流连忘返，留下了无数歌颂淀山湖的优美诗句。中华人民共和国成立后，将军兼诗人陈毅元帅也曾赋诗赞美淀山湖，充分反映了淀山湖旧貌换新颜的勃勃英姿。

　　淀山湖镇，是一个与湖水有着不解之缘的昆山市的美丽乡镇。淀山湖镇因湖水而生，因湖水而名，因湖水而兴，因湖水而盛，因湖水而美。碧波荡漾的湖水孕育了淀山湖镇和富有智慧才华的淀山湖人。

　　淀山湖镇，是一个可从马家浜文化中找到文化源头的源远流长的江南历史文化名镇，人杰地灵，物华天宝。20世纪80年代，著名社会学家费孝通先生来淀山湖镇考察工作后，激动地亲笔题字："淀山湖镇，人杰地灵。"淀山湖镇在历史上有比杭州灵隐寺早了整整一百多年的碛碛寺（福严禅寺）。这座具有雅俗两种称呼的寺庙，在江南享有"天下二只半寺有其一"的美誉，而杭州灵隐寺充其量只是其中的半只而已。如今，关于碛碛寺（福严禅寺）毁于一旦的说法，虽然多种多样，但是三国时期孙权母亲亲手种下的那棵已有1 700多年树龄、被誉为"江苏树王"的古老银杏树仍然枝繁叶茂，郁郁葱葱，诉说着岁月的沧桑。1 100多年前，唐朝农民起义领袖黄巢曾经驻扎过的度城和度城潭风貌犹存。从元朝学者金至善隐居在金家庄传道授业，教授周围乡里学子，到清代汪思聪义办紫阳书院，再到汪志镳创办杨湘国民正基小学，均体现了淀山湖人崇文重教、以文化人的优良历史文化传统。

淀山湖镇，是一个中国改革开放以来一直高扬绿色发展旗帜的美

中国21世纪示范镇——淀山湖镇

丽乡镇,被国务院列入国家重点建设的中国 21 世纪示范镇。淀山湖镇始终秉承"和谐自然,示范未来"理念,唱响"绿色淀山湖,生态现代化"的主旋律,在弘扬经济理性的同时大力倡导生态理性,在全面建设小康社会和向社会主义现代化迈进中,围绕人民群众日益增长的对美好生活的向往,聚焦"尚美淀山湖"这个主题,不断谱写产业精美、环境优美、生活和美、百姓善美的新篇章,加强生态小康社会建设和文化小康社会建设,在推进经济现代化的同时,努力探索和遵循自然规律,自觉地呵护好生态环境,积极构建人与自然和谐共生的生命共同体,向人与自然和谐共生的生态现代化大踏步迈进。

淀山湖镇在 1994 年 3 月 25 日经中华人民共和国国务院第十六次常务会议审议通过的《中国 21 世纪议程——中国 21 世纪人口、环境与发展白皮书》中,作为中国小城镇规划和建设示范工程中的唯一代表,列入了中国 21 世纪可持续发展示范镇。目标定位是:将淀山湖镇建成一个优雅、和谐并具有大自然气息,社区功能协调、环境舒适,交通便捷、经济繁荣的水乡绿色小城镇。经过淀山湖镇人民同心协力的努力奋斗,国务院对淀山湖镇作为小城镇规划及示范工程所确立的各项任务都已提前完成。目前,在小城镇建设和可持续发展能力建设、精神文明建设、全民健身运动等方面,淀山湖镇获得了"国家园林城镇""国家卫生镇""全国环境优美乡镇""国家全民健身工程示范镇""江苏省园林小城镇""中国民间文化艺术(戏曲)之乡""江苏省文明镇、省环境经济协调发展示范镇""江苏省特色文化(戏曲)之乡""江苏省体育强镇""江苏省人居环境范例奖""江苏省垃圾分类试点乡镇"等荣誉称号。

"智者乐水,仁者乐山。智者动,仁者静。智者乐,仁者寿。"这是孔子在《论语》中论述山水与人的关系的一句名言,也是中国古代思想家关于生态文明内涵的最为经典的一句话。在孔子的心目中,所谓生态文明，就是天人合一，人与自然之间结成一种相互依赖、彼此依存和相亲相谐的亲密伙伴关系。人不能脱离自然界而存在，人是自然环境的产物，与自然界结成不可分割的生命共同体。人作为有机之体，时时刻刻都要与自然界进行物质、信息、能量的交换，人身上的一切都是自然界给予的。自然界第一性，人作为自然界的产儿，必须顺从自然界和呵护好自然界，因为，呵护好自然界就是呵护好人自身。自然环境也深刻地影响着人，自然山水的特点会浸润进人的综合素质之中，影响人的世界观、人生观、价值观、审美观。

智者乐水，道出了自然生态与人的心态的内在关联性和某种意义上的一致性。生态问题从某种意义上说，也是人的心态问题。自然生态与人的心态相互影响和相互作用，推动着人与自然之间的物质交换、能量交换和信息交换，创造出自然美、社会美和人的美。千百年来，正是那碧波荡漾的淀山湖水孕育了一代又一代淀山湖人的聪明才智，使淀山湖镇成为一块古代出状元、当代有院士的人杰地灵之地。同时，也正是依靠一代又一代淀山湖人的聪明才智，对淀山湖的深厚情感，肩负着呵护淀山湖和美化淀山湖的重大社会责任，高擎绿色发展的大旗，既要金山银山，又要绿水青山，大力加强社会主义生态文明建设，特别是注重在全镇牢固树立社会主义生态文明观、推进生态文明制度创新、运用生态文明技术、采取全社会的生态文明集体行动，和谐自然，示范未来，促进资源节约型、环境友好型、人口均衡型和生态健康安全型社会建设，大力创建节约型党政机关、绿色家庭、绿色学校和绿色社区，争当全面建成生态小康社会，进而实现基本现代化的标杆和推进绿色发展的标杆，将淀山湖镇装扮得更加绿意盎然、妖娆迷人，以人民群众对美好生活的向往托起绿色地平线上喷薄而出的一轮火红朝阳。

第一章 绿色发展的示范

千百年来,期盼人水和谐对于滨水而居的淀山湖人来说是一个美丽的生态梦,这个美丽的生态梦在日常生活中具有至高无上的意义。然而,汹涌澎湃、雷霆万钧的湖水对淀山湖人的威胁一直没有中断过。

元朝文人杨维桢在《淀山湖》这首诗中曾以无比丰富的想象力和形象的比喻,描绘了淀山湖人与湖水这个大自然的抗争关系,憧憬了人水和谐的美好愿景:

　　禹画三江东入海,神姑继禹淀湖开。
　　独鳌石龟戴出山,三龙联翩乘女来。
　　稽天怪浪俄桑土,阅世神牙亦劫灰。
　　我忆旧时松顶月,夜深梦接鹤飞回。

在这首诗中,杨维桢巧妙地将神话传说与淀山湖的美丽景色有机地联系起来,大禹精心规划疏导河水治理,将三江之水引向东,流入海,神仙女姑继承大禹之志,将淀山湖水畅通开来。大鳌、石龟背驮着大山,三条巨龙跟着仙女相继快速而来。惊天动地的怪浪冲击着桑园之土,即便是经历世事富有经验的神牙也在劫难逃,而化为劫火后的一缕余灰。我回忆旧时一轮明月在松树树顶,夜深人静时,我的梦迎接着鹤飞回来了。

在杨维桢的笔下,人与自然一直充满着矛盾和斗争,人在大自然的神力面前显得十分无奈和渺小,但是,作者又十分乐观地坚信,人不但具有服从自然界的受动性，人作为宇宙之精华和万物之灵长，还具有能动性和创造性，所谓龙王和神姑，就是人的能动性和创造性的体现。凭着人类对自然规律认识的不断深入，人与自然和谐相处的美丽生态梦一定会实现。

美丽的湖岸风光

如同杨维桢这首诗所云，淀山湖水与淀山湖人之间的关系一直在矛盾冲突中曲折地发展，经过了从中华人民共和国成立以后，改造湖水送走瘟神，到从农耕文明进入工业文明对自然的剥夺教训后觉醒，再到自觉地围绕"尚美淀山湖"大做文章，以"和谐自然，示范未来"和"绿色淀山湖，生态现代化"的理念，协调经济发展与生态环境保护的关系，坚定不移地走绿色发展道路。这个历史过程是艰辛而漫长的。

第一节　人水和谐的期盼

渴望人水和谐，风调雨顺，五谷丰登，社会和谐，从古至今都是淀山湖人的美好梦想。然而，由于对自然界发展规律、社会发展规律以及人的实践活动规律等方面认识的局限，以及受一定历史时期生产力水平和生产关系等的制约，淀山湖人实现这个梦想经过了漫长的历史过程。

一、踏水劳作的艰辛

淀山湖镇自中华人民共和国成立至1993年3月26日更名以前，经过了杨湘乡、淀东区、淀东人民公社、淀东乡等多个称谓的变化。1949年5月，中国人民解放军横渡长江，江南大地一举解放。1949年5月17日，中国人民解放军进驻杨湘泾镇（现淀山湖镇政府所在地）。随之，淀东区人民政府和中共淀东区委员会相继成立。

中华人民共和国建立以前，淀东区占人口总数4.12%的地主，占有耕作土地46%的面积，而广大贫雇农则上无寸土、下无立锥之地，深受社会和自然的双重压迫。1950年6月，《中华人民共和国土地改革法》颁布，淀东区以小泾乡、度潭乡为试点，在此基础上全面推进土地改革运动，广大贫苦农民终于实现了"耕者有其田"的梦想。勤劳的淀山湖人围绕提高劳动生产力、推动农业发展的目标，开始了合作化、机械化、科学化的所谓"三化"运动的艰苦实践和积极探索，取得了改造自然和改造社会的重大历史性进步。

自古以来，淀山湖镇与江南大部分地区一样，以种植水稻为主。水稻生长靠水，因而农田灌溉是农民田间管理的重要一环。千百年来，一直是靠天吃饭的发展方式，灌溉的主要方法是依靠"三车"：一是依靠风车，接自然风力牵动车轮滚动引水入田；二是依靠牛车，靠耕牛行走牵动车轮滚动引水；三是依靠人力车，有手牵车和踏水车两种，靠高强度的人力牵动车轮引水。中华人民共和国成立前，一般中农以上的人家才有牛车或风车，贫雇农大多只能使用人力车。

在骄阳似火的盛夏，牵水或踏水，人的体力消耗十分大，常常让人口干舌燥，汗流浃背，严重的还会因体内脱水而引发中暑。明朝永乐年间，治世能臣、户部尚书夏原吉奉命疏浚淀山湖。他看到农民踏水的艰难，写下了诗篇《踏车叹》。诗歌淋漓尽致地描绘了踏水工的艰辛劳作，反映了劳动人民深受社会和自然双重压迫的痛苦情景：

东吴之地真水乡，两岸潦涨非寻常。
稻畴决裂走鱼鳖，居民没溺乘舟航。
圣皇勤政重农事，玉札颁来须整治。
河渠无奈久不修，水势纵横多阻滞。
爰遵图志究源流，经营相度严咨诹。
太湖天设不可障，松江沙遏难为谋。
上洋凿破范家浦，常熟挑开福山土。
滔滔更有白茆河，浩渺委蛇势相伍。
洪荒从此日颇销，只缘田水仍齐腰。
叮咛郡邑重规画，集车分布田周遭。
车兮既集人兮少，点检农夫下乡保。
妇男壮健记姓名，尽使踏车车宿潦。
自朝至暮无停时，足行车转如星驰。
粮头里长坐击鼓，相催相迫唯嫌迟。
乘舟晓向东边看，忍视艰难民疾患。
戴星戴月夜忘归，闷依篷窗发长叹。
噫嘻我叹诚何如，为怜车水工程殊。
跰生足底不暇息，尘垢满面无心除。
内中疲癃多困极，肌腹枵枵体无力。
纷纷望向膏粱家，忍视饥寒哪暇恤。
会当朝觐黄金宫，细将此意陈重瞳。
愿令天下游食辈，扶犁南亩为耕农。

淀山湖地区处于这种状态下的农耕文明，是人与社会之间，以及人与自然之间不和谐的农耕文明，更多地表现为人向自然界索取生产资料和生活资料的极度艰难困苦，以及阶级社会人与人关系的极度不平等。

二、解决温饱的磨难

除了水灾，旱灾也是淀山湖人十分害怕的灾害。1931年夏天，淀山湖地区整整45天没有下雨，水乡江南严重缺水，大地开裂，河水干竭，草木枯萎。为了抗旱，不知多少人在牵水、踏水中被瘪螺痧夺走了生命。所谓瘪螺痧，就是由于劳动强度过大，体力消耗严重超常，人体脱水而引发的中暑现象。得了瘪螺痧这种病，人的十指尖螺纹会因脱水慢慢干瘪而死亡。那年秋后，淀山湖地区大部分人家颗粒无收，逃荒要饭者随处可见。由于水利建设跟不上，生产力和技术手段落后，加上人们抗击自然灾害的能力比较低下，这种景况一直延续到20世纪50年代末。

20世纪50年代后期，淀东境内金家庄、复利、永勤、钱沙、双桥、石墩、塘泾7个生产大队首批通入220V交流电。继第一批机电排灌站建成使用后，20世纪60年代中期又建造了第二批机电排灌站。至此，淀东人民公社彻底告别了用"三车"灌溉的原始境况，使人与自然关系以及人与社会关系进入了一个初步走向和谐的新阶段。

耕地靠牛，是中国农村千百年一直沿用的生产方式。中华人民共和国建立之前，在淀山湖地区，大户人家有牛有车，耕地自然不成问题，养不起耕牛的人家则采取以人换牛的办法，就是去大户人家干两天农活，大户人家就用牛给其耕地一天。中华人民共和国建立以后，随着合作化、集体化的不断深入，满百亩的生产队饲养2头或3头耕牛，满两百亩的生产队饲养5头或6头耕牛，用畜力代替人力，以解决耕地问题。

1959年4月29日，毛泽东主席在《党内通讯》中提出了"农业的根本出路在于机械化"的论断，并强调要实现四年小解决、七年中解决、十年大解决的目标。毛主席的指示唤起了淀山湖人实现机械化耕作的梦想。1966年秋天，淀东人民公社引进了一批电动绳索牵犁。电犁耕地虽然速度比牛快得多，但是由于淀山湖地区土壤黏度大，电犁耕地非常不适应很快被淘汰。20世纪60年代，淀东人民公社开始用手扶拖拉机耕地，配备机引犁、旋耕犁，翻耕效果良好而被逐步推广使用，大大地促进了生产力发展。

脱粒，是农业收获的重要环节，淀山湖地区长期以来一直采取人工甩打的方法脱粒。中华人民共和国成立初期广泛流行着这样一首童谣："噼噼啪、噼噼啪，大家来掼稻。稻子多，稻子好，磨面做米糕。米糕大，米糕香，口吃米糕甜又甜。感谢共产党，感谢毛主席。"这首童谣虽然生动形象地反映了翻身农民喜获丰收，感恩执政党和领袖的朴素思想感情，但是没有叙述掼稻劳动的艰辛。其实，甩稻、掼稻这些农活并不比牵水、踏水省力，劳动一天下来，人的肩膀、胳膊会胀痛得连端饭、夹菜都十分困难。

在中华人民共和国建立初期的合作化运动中，淀山湖地区一些聪明的木匠发明了脚踏脱粒机。这种脱粒机不仅比人工脱粒省力得多，而且其速度也能提高十多倍，一经问世，就受到广大农民的欢迎而得到迅速推广。随着农业机械化、电气化水平的不断提高，20世纪60年代初，淀东人民公社开始引进电动脱粒机，以电力代替人力，不仅大大地减轻了广大农民的劳动强度，而且脱粒速度一下子提高了几十倍，提高了人们改造自然的能力。

随着淀山湖地区农业机械化、电气化水平的不断提高，淀东人民公社于20世纪50年代末成立机电管理站。机电管理站具体负责全公社的农田灌溉、抗旱排涝，机电和农机操作人员的技术培训，各机电排灌站及工作人员的日常管理等管理服务业务。机电管理站发挥了集中管理、统筹协调的优势，大大提高了应对自然灾害的能力，极大地

水稻长势正旺

解放了生产力,推动了人与自然关系和人与社会关系的和谐协调发展。

三、送走瘟神的历程

人与自然的关系以及人与社会的关系,还突出地表现为人与病虫害的关系。血吸虫病就是经由湖水、河水感染的一种寄生虫传染病。淀山湖周边是水网地带,血吸虫病肆虐,打一场声势浩大的消灭血吸虫病的人虫战争,对淀山湖地区来说,显得尤为迫切。

血吸虫病在淀山湖地区流行之广、患病人数之多、病情之重为全国之最,是历史留给淀山湖人的一大祸害。淀山湖地区由于湖河交叉成网,水域面积广阔,人们滨水而居,并且每天都要与水打交道,更成为血吸虫滋生繁殖和传播的重灾区。

血吸虫,古代文献称"蛊"或"水蛊",多因皮肤接触了有血吸虫幼虫的疫水而感染。隋朝的巢元方等在《诸病源候论·水蛊候》中云："此由水毒气结聚于内，令腹渐大……名水蛊也。"血吸虫病是血吸虫寄生于人和动物体内引起的疾病，它不能在体内直接繁殖，所产出的大量虫卵需经大便排出体外，入水后孵出毛蚴，并在钉螺体内发育成尾蚴，感染人和动物。

得了血吸虫病的人，体弱无力，肚子鼓起，体质严重下降。历史上人们常常用这么几句形象的话描绘血吸虫病人的基本特征："脸如香瓜（黄黄的），臂如黄瓜（细细的），肚如冬瓜（大大的），腿如丝瓜（瘦瘦的）。"中华人民共和国建立前，淀山湖地区流传着这样一首民谣，生动形象地描绘了那些得了血吸虫病的农民："一个铁搭两斤铁，拿在手里就想歇；下田扶根木棍子，不到田头就起瀞。"为了维持生计，血吸虫病人还得挺着大肚子勉强下地劳动，耕种那一小部分田地。由于耕作粗糙，缺水少肥，每亩只收稻谷数十斤。碰上灾害，甚至颗粒无收，再加上苛捐杂税，人们只能在死亡的边缘上挣扎。

中华人民共和国建立后，人民群众虽然获得了新生，掌握了一定的生产资料和生活资料，但是人与自然的关系仍然十分紧张，疾病未除，生产不能迅速发展，人民群众的生活水平提高很慢。中华人民共和国建立初期，淀山湖地区有10%的农户只能依靠政府贷款和救济过日子。20世纪50年代初，淀山湖镇的前身淀东区境内曾因血吸虫病造成了六个"无人村"，如淀山湖畔何墅里（现民和村官里自然村）、平家堰（属双护村）、陈家湾（现沈湾村）等。血吸虫病人群感染率曾达50%以上，许多家庭因得此病而全家病故，甚而导致全村灭绝。淀东区（后为淀东人民公社）因血吸虫病曾连续7年免征新兵。

1950年冬，淀山湖大批青年纷纷报名参军，要求参加抗美援朝作战，但经过体检，70%以上的青年患有血吸虫病而不能入伍。中华人民共和国建立以后，通过土地改革，极大地调动了广大农民的生产积极性，但是由于血吸虫病横行，淀山湖地区 50% 以上的农民患有血吸虫病，许多人长年便脓便血、四肢乏力，有的骨瘦如柴、腹大如鼓，丧失劳动能力。那时，杨湘泾镇上只有一家私人诊所，没有其他医疗机构。这家私人诊所也只能帮病人排泄肝腹水，当地俗称"开肚包"，以解病人一时之胀痛，由于缺少药物和受医疗技术水平的制约，根本无法治疗血吸虫病。

向血吸虫病做斗争，是淀山湖地区促进人与自然和谐，以及人与社会和谐的重大斗争，人们都把这场重大斗争称为送瘟神。在 1950 年冬召开的昆山县人民代表大会上，代表们纷纷要求党和政府采取切实措施，消灭血吸虫和根治血吸虫病。1955 年 11 月，毛泽东在杭州召集华东、中南地区省委书记开会研究农业问题时，专门听取了卫生部负责人关于防治血吸虫病情况的汇报，并指示卫生部"要把消灭血吸虫病作为当前的政治任务"。此时，毛泽东主席向全国发出"一定要消灭血吸虫病"的伟大号召。同时，中共中央成立了防治血吸虫病九人领导小组。为向广大人民群众普及血防知识，当时的淀东区人民政府根据上级有关指示，组织开展了声势浩大的血防宣传教育活动。宣传内容主要有：血吸虫生活繁殖史，血吸虫病对人畜健康的危害，党和政府关于消灭血吸虫病的号召以及预防治疗血吸虫病的基本常识。

毛主席关于要把消灭血吸虫病作为当前的政治任务的号召极大地鼓舞着淀山湖地区人民群众的斗志。那时，由昆山血防站创作的江南小调脍炙人口，在老百姓中广为流传："同志们，听我来唱，血吸虫毛病真猖狂，我伲昆山县，各地有人生，生了这种血吸虫病妨碍人健康，劳动不好生产受影响，毛病厉害睏勒床浪厢……"通过各种形式的宣传教育，使人们认识到血吸虫病的危害，感受到党和政府对人民健康的关爱，越来越坚定了消灭血吸虫病的信心和决心，积极行动起来投身于消灭血吸虫病的实践活动。

1957年5月，为贯彻落实中华人民共和国国务院"关于消灭血吸虫病"的指示精神，淀东区政府在中心小学大操场上召开了消灭血吸虫病千人誓师大会。会上群情激昂，拉开了淀山湖地区千军万马送瘟神的宏大序幕。

小小的钉螺，是血吸虫赖以生存的温床，消灭血吸虫病，要从灭螺开始。1957年下半年开始，淀东区开始了轰轰烈烈的全民灭螺运动。那时的淀山湖钉螺随处可见，几乎所有的沟渠、农田、河道都成了钉螺的滋生地。当时声势最大的灭螺要数干河灭螺。"让条条河底朝天，要让钉螺无处藏身"，成了当时最响亮的一句口号。50年代，农村没有灌溉站，连小型抽水机也没有，村民们在河岸边排起了牵水车、踏水车和牛车，全靠人力和畜力，硬是将一条条河里的水全部抽干。清晨，人们早早起来，用过早餐便带着一个装着午饭的小竹篮，来到水车旁开始干车水的活计；中午，人们坐在河岸上，一碗米饭加点开水、几块咸瓜条下肚，稍坐片刻又继续车水；太阳下山了，家里的老人或孩子们送点饭菜来，吃好了就在水车旁点起一盏油灯，一直干到晚上九十点钟，才回家休息。

就这样，凭着顽强的意志和体力，人们把淀山湖地区几乎所有的河道都抽干了，就连那个偌大的度城潭也不例外。度城潭一干，可不得了，乘着中午休息的那一刻，年轻小伙子和姑娘纷纷奔向湖中心捕鱼捉蟹，老人和孩子们便在湖滩上捡螺蛳，偶尔也能抓到几条小鱼、黄鳝、活泥鳅。一时间呐喊声、欢笑声和偶尔为了争夺一条黑鱼的打闹声，响彻上空。

河道抽干了，人们用锄头、铁搭、镰刀，把河边的杂草、河底的水草，和着河底的淤泥集中于河岸上，很快堆起了一座座"小山"，将其作为冬天铺到麦田里最好的肥料。将带有钉螺的泥土伴上药水集中深埋，并在堤防建设时，构建防钉螺的隔离带。

第一章 绿色发展的示范

就这样，随着对消灭血吸虫病的经验的积累，经过充分调动人民群众的参与，在众人拾柴火焰高的艰苦努力下，到了 1958 年，淀山湖地区基本送走了"瘟神"，创造了人水和谐、人与社会和谐的人间奇迹，竖起了一座在尊重自然界规律和社会发展规律基础上，改造自然和改造社会的历史丰碑。

1958 年 7 月 1 日，毛泽东同志得知江西省余江县消灭了血吸虫病后，激动不已，彻夜难眠，写下了这样的诗句："读六月三十日人民日报，余江县消灭了血吸虫。浮想联翩，夜不能寐。微风拂煦，旭日临窗。遥望南天，欣然命笔。"全诗如下：

（其一）绿水青山枉自多，华佗无奈小虫何。
　　　　千村薜荔人遗矢，万户萧疏鬼唱歌。
　　　　坐地日行八万里，巡天遥看一千河。
　　　　牛郎欲问瘟神事，一样悲欢逐逝波。
（其二）春风杨柳万千条，六亿神州尽舜尧。
　　　　红雨随心翻作浪，青山着意化为桥。
　　　　天连五岭银锄落，地动三河铁臂摇。
　　　　借问瘟君欲何往，纸船明烛照天烧。

毛泽东《送瘟神》诗，虽然写的是江西省余江县，但是其描绘的血吸虫病对人民带来的灾难，人们送瘟神的艰巨斗争过程，送走瘟神的喜悦之情，和淀山湖地区与血吸虫病做斗争的历史，及淀山湖人在党和政府领导下认识自然规律与社会发展规律，终于消灭了就连华佗这样的名医也无可奈何的小小血吸虫取得的胜利，其情其景是一致的。

在认识自然规律和社会发展规律基础上改造自然、改造社会，使淀山湖人由"病夫"转为"壮士"。中华人民共和国建立后，通过大力贯彻落实关于"把医疗卫生工作的重点放到农村去"的指示，淀山湖镇医疗卫生事业不断发展，华佗再世真正成为现实，人们的健康水平不断提高，人均寿命从中华人民共和国建立初期的54岁提高到2016年的79岁。

近年来，淀山湖镇围绕人民群众对美好幸福生活的追求，大力完善城镇公共服务配套设施建设，建成市民活动中心、小学、幼儿园、体育公园、百姓戏台等近百项民生保障工程，新建动迁安置房70万平方米，率先探索"离家不离村"互助养老模式，5个社区居委会、10个行政村实现老人日间照料中心全覆盖，制订了个性化医疗救助方案，社会保险综合覆盖率超99.5%，基本解决了"人等房""养老难"和"看病难"等问题。淀山湖镇弘扬敬老、爱老传统美德已经蔚然成风。拓展服务内涵，让老年人生活健康、快乐、长寿，展现了一条宽广博大的淀山湖镇人民群众的尚美幸福健康之旅。

兴复村百姓戏台

第二节 生态理性的觉醒

淀山湖人对自然规律和社会发展规律的认识经过了一个从无知到有知、从知之不多到知之较多的不断发展的过程。改革开放之初,渴望富裕的热情将淀山湖人转入由农转工发展乡镇工业的浪潮,以经济建设为中心冲淡了对生态环境的保护。在实践中,经济发展与生态环境保护之间的矛盾冲突,唤起了淀山湖人生态理性的逐渐觉醒,并转化为自觉地推进绿色发展的激情,注重协调好绿水青山与金山银山的关系,促进了人与自然关系的和谐以及人与社会关系的和谐。

一、由农转工的突变

淀山湖地区是先民由洪荒走向文明,由渔猎经济走向农耕经济,再由农村社会走向城镇化社会的历史性地带,留下了诸多弥足珍贵的历史文化积淀。这里有着丰富的山水自然资源和灿烂的农耕文明历史,近代以来更是中国资本主义萌发和民族工业兴起的摇篮的重要组成部分,成为当代经济社会发展以及打造淀山湖镇这个中国21世纪示范镇的样板,奠定了以绿色发展建设生态小康并迈向人与自然和谐共生的生态现代化的厚实基础。

淀山湖镇在实践中认识到,生态文明的理论起点是人的生存、发展的文明样式,归根到底是人的美好生活的文明样式,核心理念是以人与自然的和谐关系促进人与社会的和谐关系,以及人自身的和谐关系,理想状态是在尊重自然规律和社会发展规律,以及人的自由而全面发展规律的前提条件下,达到建立在经济理性和生态理性辩证统一关系基础上的人的幸福美好生活,最终目标是促进人的自由而全面发展。古人云:"仁者乐山,智者乐水。"这反映了古人对于人与自然和谐,以及人与社会和谐关系的深情期盼。淀山湖人认识到,淀山湖的文化可以归结为水文化，淀山湖的生态文明突出地表现为水文明。如果将水文化视为人类创造的与水有关的物质财富、科学、艺术及意识形态在内的物质产品和精神文化产品的总和的话，那么无论是淀山湖地区的物质产品还是精神文化产品，都渗透着水的元素，包含着水的养料，彰显着水的内容，闪耀着水的灵性。水至刚至柔，刚柔相济，灵动应变，是生命之源、生活之需、生产之要、生态之基和智慧之本，也是人类生存和发展最重要的生态资源。构建人水和谐的自然生态环境，既是满足人民群众对美好生活需要的重要自然基础，也是构建淀山湖和谐社会关系的不可或缺的自然基础。

稻作文化是东方农耕文明的一朵奇葩，而淀山湖地区则是东方稻作文化的重要发祥地。据草鞋山遗址和1958年考古工作者在淀山湖底打捞出的新石器时代的石器考证，发现了一些已经炭化的稻谷粒，包括籼稻，说明当时普遍栽种水稻。1958年在淀山湖镇度城潭西面原复新村挖掘出各种各样的陶器、玉器、工艺品及农耕器具等，据考古学家认定，这些文物属于马家浜文化类型。以此推断，淀山湖周边长期以来以种植水稻为生。祖先们了解了野生谷物的生长历史，在长期艰苦的采集生活中，经过反复的观察与培育，渐渐熟悉了野生稻的诸多生长规律和特点，尝试着进行人工种植，在此基础上创造出丰富多样的稻作文化，推动了农耕文明中蕴涵的生态文明因素的孕育和发展。

淀山湖地区的水稻人工栽培技术已有将近7 000年的悠久历史，并由此孕育和形成了颇具地方特色的包括农事、农谚、民风、民俗等在内的丰富多彩的稻作文化，尤其是精耕细作的传统农技农艺，被誉为世界农业的精华。在此基础上渐次发展起来的古代制陶工艺、纺织工艺、冶炼技术和造船技术也都在当时的世界上处于领先地位。淀山湖地区的先民们在洪荒时代就发挥聪明才智，兴利除害，为开创"天人合一"这一人与自然和谐相处的至高境界而不懈努力。

淀山湖地区的农耕文明是工业文明和生态文明发展进程中的一个不可或缺的重要历史阶段。建设生态文明并不是要颠覆和否定农耕文明，而恰恰要注重农耕文明对于淀山湖地区生态文明建设的积极因素和有利作用，要在鱼米之乡和田园风光的农耕文明基础上，铺设人与自然协调和谐的生态文明之路。生态文明与农耕文明以及工业文明不是绝对对立的关系，而是相互包容的对立统一关系。

落后就会挨打。19世纪以来，西方列强入侵以及国内战争所导致的百年战乱，使得中国和淀山湖地区的经济发展一度衰落，错过了起自西方的第一次工业化、城市化浪潮。这当然也同样是东方诸多国家和地区成为后发经济地区的一个重要原因。如果说，3 000多年内容丰富和形式多样的农耕文明孕育了淀山湖的区域文明，并成为东方历史遗存和文化积淀中的一颗璀璨明珠的话，那么冲破闭关锁国牢笼的改革开放，则成就了昂首走向世界的淀山湖镇，让长期处于传统农耕文明状态的昆山和淀山湖镇阔步走向了世界工业化、城镇化和绿色发展潮流的前沿，同时又成功地保留了中国农耕文明的积极成果，在农耕文明、工业文明和生态文明相得益彰中，跻身于中国生态文明建设排头兵的行列，成为江南地区将东西方生态文明交流融会贯通起来的成功典范。

中国改革开放洪钟响起，经历了千百年沉寂后的淀山湖地区猛然惊醒，面对的是一个全新的变革时代和全新的丰富多彩的世界。改革开放大潮席卷神州大地，东方醒狮抖擞精神，焕发出无限的生机；国际经济技术梯度转移催生全球经济一体化，东西方文化由对抗冲突转向交流融合。淀山湖是昆山与上海共用、共享的一个美丽湖泊，淀山湖镇紧邻东方国际大都会上海，地处长三角核心经济腹地以及正在迅速形成的沿长江经济带和沿海经济带的黄金交汇点，具有建设集水乡风貌、田园风光于一体的"新江南特色镇"的有利条件和天然禀赋。

大自然游艇码头

　　淀山湖镇有着绝佳的区位优势,进可直驱浩瀚的国际市场,退可依托广袤的内陆腹地,占尽了国内改革开放的先发优势和国际梯度转移的后发优势。中国的改革开放之路,就是中华民族自强自立、由农耕文明加快走向工业文明的现代化之路。在此过程中,蓄势已久的淀山湖镇,率先向计划经济体制和城乡二元结构发起冲击,由农转工,大力兴办乡镇工业,加快了农村工业化、城镇化的进程,告别长期的贫困落后,走出了一条具有中国特色的区域经济共同发展之路,为现代制造业发展和绿色产业发展奠定了坚实的物质基础。

　　善谋者胜,远谋者兴。借助于国家的沿海开放政策,尤其是浦东开放开发之势,伴随着昆山市开放开发的力度,致力于发展开放型经济,吸收外来一切文明的优秀成果,是淀山湖镇改革开放以来发展历程中的一个耀眼的亮点。解放思想,转变观念,摆脱"姓社姓资"

第一章 绿色发展的示范

唯品会

"姓公姓私"的思想禁锢,从"借船出海"到"三外齐上",再到开发区建设,大规模引进国际资本以及国际先进的技术和管理经验,从而进一步加快了工业化、城市化和区域现代化的历史进程。

蓄势借势的最终目的还在于造势。在具备了足够经济实力的条件下,淀山湖镇认真学习和实践科学发展观,积极调整经济结构,加快转变发展方式,坚持走新型工业化和新型城市化道路,结合淀山湖镇的实际,促进乡村经济社会协调发展,致力于弘扬优秀传统历史文化,致力于保护自然资源和修复生态环境,致力于人民生活水平的普遍提高和人的素质的全面提升,造足了科学发展、和谐发展、率先发展、创新发展、协调发展、开放发展、绿色发展和共享发展之势,全面建设小康社会和积极构建人与自然和谐、人与社会和谐以及人与自身和谐的社会。

淀山湖镇很早就确立了将经济建设、政治建设、文化建设、社会建设和生态文明建设五位一体融合推进的建设思路，形成了合力推进物质文明、政治文明、精神文明、社会文明和生态文明五位一体的整体文明的发展战略，确保人民群众获得经济权益、政治权益、文化权益、社会权益、生态权益五位一体的整体权益。在2001年制作的淀山湖镇招商引资文本中，以经济建设为内容的物质文明，以乡镇治理和基层民主政治建设为内容的政治文明，以乡镇文化和戏曲文化建设为内容的精神文明，以社会管理和社会建设为内容的社会文明，以生态环境保护和绿色发展为内容的生态文明，作为五大板块内容，提出了包括促进经济富强的物质文明、促进民主政治发展的政治文明、促进文化繁荣兴盛的精神文明、促进社会治理体系和治理能力发展的社会文明、促进生态治理和绿色发展的生态文明的五位一体整体建设和整体文明进步的发展理念。这个招商引资文本体现了淀山湖镇以绿色发展，促进人民生活美好幸福为中心的整体协调发展的战略构想。特别是在经济理性压倒一切，以经济指标论英雄的那个时期，淀山湖镇率先在全国提出整体文明和整体进步的理念，并在行动中实施，这一注重经济理性和生态理性的交融与结合实属不易。

淀山湖镇从发展经验教训中充分认识到，在经济社会快速发展与资源环境之间的矛盾张力越来越突出的情况下，端正发展价值观，确立社会主义生态文明观更为重要，只有将生态文明建设贯穿和渗透到淀山湖镇经济建设、政治建设、文化建设、社会建设的全过程中，以生态理性匡正经济理性，协调好经济发展与生态优化的关系，即协调好绿水青山与金山银山的关系，才能牢固地确立绿色可持续发展的价值观，并以此为指导推进经济、政治、社会、文化等各个方面的协调发展和整体文明进步，从而使古老的淀山湖地区农耕文明在工业化进程中焕发出勃勃的绿色生机，也使传统的农耕文明与现代的工业文明和生态文明能够在中国特色社会主义新时代相得益彰、交相辉映。

二、环境代价的惨痛

改革开放以来，淀山湖镇在统筹协调推进工业化、城镇化、现代化进程中，谨慎地把握工业文明与生态文明的辩证关系，促进两者统筹协调地发展。淀山湖镇认识到，工业文明是一把利弊兼具的"双刃剑"：西方的工业文明一方面创造了远远超过数千年农耕文明总和的社会生产力，而另一方面工业文明对于功利主义的弘扬，以及对于自然环境的剥夺，对人与人、人与自然、人与社会关系的破坏，也达到了史无前例和登峰造极的地步。

淀山湖镇高扬"尚美淀山湖"的旗帜，以"和谐自然，示范未来"的理念推进"绿色淀山湖，生态现代化"，就是为了在抢抓工业化、城镇化、现代化的历史机遇中有效地避免西方发达国家走过的"先污染后治理"的老路，从而走出一条现代农业文明与现代工业文明和现代生态文明交相辉映的具有中国特色社会主义色彩的崭新发展道路。当年西方列强的坚船利炮打开了中国的大门，同时也打碎了国人"泱泱大国"的美梦，使人们认识到落后一定会挨打的道理。继而，从洋务运动到改革开放，其间经过了几代人的浴血奋斗，经历了多少坎坎坷坷，中国人民才终于找到了振兴中华、强国富民之路，开始了工业化、城市化、现代化进程。尤其是改革开放以来，我们仅仅用了几十年发展的时间，就走过了西方国家差不多300多年的发展历程，经济实力大大增强，国际地位明显提升，成了当今世界最大的经济体之一。然而，世界上任何事物的发展变化都是有规律的，而任何规律之发生作用又都是有条件的。国际经济技术梯度转移之所以被视为规律，一方面确实是跨国公司利益集团出于资本扩张的需要和对超额利润的追求，但发达国家对资源和市场的占有与污染源的转移则是更深层次的原因。我国在工业化、城市化、现代化进程中赢得经济快速发展的同时，工业文明的"双刃剑"效应也开始加快显现出来，尤其是对资源的无节制消耗和对环境的大范围破坏，已经成为制约可持续发展的重大瓶颈。人类对大自然的伤害最终也伤及人类自身。

　　淀山湖地区藉改革开放之先机，先人一步，先着一鞭，经济社会发展和工业化、城市化、现代化进程始终走在全国的前列，但正因为此，遭遇前进中的问题和发展中的矛盾自然也就更多更突出，受到以推进工业化、城镇化、现代化为主要内容的现代化这把"双刃剑"的伤害也就更早更明显。尽管淀山湖地区有着灿烂的农耕文明，但在经历了近代以来的百年战乱和中华人民共和国建立以后一些"左"的错误政策的干扰，淀山湖地区的老百姓依然只能"守着金山受穷，围着湖水挨饿"，长期在温饱线上下徘徊。于是，在乡镇企业发展之初，便出现了"村村点火，处处冒烟"，乡镇工业低水平重复建设和资源环境遭受到严重破坏的现象。全镇一百多家乡镇企业产生的"三废"（废气、废水、废渣），如化工厂的排污，水泥厂的粉尘；新兴村引进"垃圾码头"，村民生活垃圾向河道随意倾倒；农村秸秆焚烧，水花生、水葫芦等水生物满江满湖，淀山湖网箱养鱼，农田大量使用化肥及甲胺磷等农药，造成生态破坏、环境污染、水质恶化。当时，从主观上讲是为了避免走西方工业化"圈地运动"的老路，走出一条让农民"进厂不进城，离土不离乡"的中国特色的工业化、城镇化、现代化发展新路，但客观上对资源和土地的浪费逐步达到了几乎失控的程度，期间还夹杂着大规模招商卖地、盲目开采地下水资源，竞相发展高能耗、高污染的"五小工业"，出现了大办小而散、小而全的乡镇工业的浪潮，等等。继而，为了吸引外资企业发展开放型经济，又大规模建设工业开发区，在加快工业化、现代化进程的同时，付出了许多生态环境代价。而所有这一切，在人们沉浸于经济发展巨大成绩的同时，在享受着工业文明创造出的巨大物质财富的同时，正悄悄地侵蚀和吞噬着人与自然和谐赖以确立的良好生态环境，同时也对人与社会良好和谐关系的确立带来严重的负面影响，使经济社会持续发展的自然根基遭到了削弱。

20世纪90年代初，淀山湖镇党委、政府就提出大幅度削减工业企业，特别是有污染的企业，大力发展以旅游度假区为龙头的淀山湖三产服务业，每个村只保留一个骨干工业企业，全镇120多个镇村企业减至50家左右。

改革开放以来，淀山湖地区经济建设的成就是世人瞩目的，而对资源的消耗和环境的破坏也是超乎历史的。这里面固然存在政绩观和发展观的问题，但总的来讲，是人们特别是一些领导干部对工业文明这把"双刃剑"的厉害认识不足，对国际经济技术梯度转移规律的本质内涵把握不够，对生态小康和生态文明重要性的认识不够，这是值得认真反思和总结的。也正是通过深刻的反思和调整，淀山湖镇逐渐端正了发展的价值取向，逐渐终止了以牺牲生态环境获得经济增长的行为，促使对人与自然关系的认识出现质的飞跃，重新获得了凤凰涅槃、浴火重生的生机和活力。

三、鱼和熊掌的兼得

面对惨痛的环境代价，淀山湖人的生态意识得到了极大觉醒，开始反思经济理性和生态理性的关系，认识到，人与自然界是不可分割的生命共同体，人类只有善待自然界，才能获得可持续发展的动力，从而在实践中自觉地妥善把握生态治理与经济发展辩证统一的关系，寻找鱼和熊掌可以兼得、绿水青山与金山银山可以相得益彰的绿色可持续发展道路，迈向了全面建设生态小康社会和推进人与自然和谐共生的现代化的绿色发展宽广大道。

早在20世纪90年代初期，面对淀山湖水逐渐变质和大片耕地遭到污染的现象，淀山湖镇的有识之士就开始关注经济社会快速发展对于历史文化与自然资源以及人民群众美好生活需要的影响，展开了著名的"建设性破坏"与"破坏性建设"的讨论，之后逐步集中到探索保护与发展的辩证关系上。开始是受西方工业化、城市化、现代化模式的影响，"先污染，后治理"的论点占主流，高谈阔论，理直气壮，将其作为一条无法回避的客观规律。这从认识论的角度看，认识来自实践，没有污染又何来治理，也是有一定道理的。但是，如果只讲经济发展而不讲环境保护，将经济发展和生态优化绝对对立起来，生态环境被破坏了，污染对人们的身体健康产生了严重影响，也就失去了环境保护的目标和意义，更失去了经济发展的价值追求。

20世纪90年代初，淀山湖镇开办更新知识培训班，请来了国内的著名经济学家、社会学家、小城镇规划专家、法学家、生态文明研究专家，在课程教学中阐述了经济发展中的环境保护、推进新型工业化城镇化建设、在招商引资中坚持绿色发展、推进人与自然和谐共生的生态小康和生态现代化建设等方面的理论知识，对于澄清建设小康社会中的种种模糊思想，唤醒人们的环保意识起到了相当大的作用。淀山湖镇社会各界有识之士纷纷就经济发展过程中的环境污染和治理问题展开了热烈讨论，相继就保护土地、治理白色污染、禁止开采地下水等重大突出问题进行了专项整治并取得了明显成效。

淀山湖镇推进生态治理的实践证明，只要党和政府高度重视，理念先进，措施得力，辩证地对待经济发展和生态治理的关系，扎实推进人与自然和谐共生的生态小康和生态现代化建设，就能协调好经济发展与生态文明的关系，就能建设好"尚美淀山湖"，从而不断地满足淀山湖镇人民群众对美好生活日益增长的需要。同时，淀山湖镇也深刻地认识到，避免再次缴学费的教训仍然需要时时刻刻予以警惕。就以淀山湖镇治理土壤污染和水环境污染这几年所投入的人力和财力为例，就远远超出了当年招商引资所获取的经济效益，更何况，许多被破坏的土地资源，及其所依附的人文历史积淀，一经破坏，就再也无法复原了。这是历史给予淀山湖镇的惨痛教训，同时也是用于指导未来，推进人与自然和谐共生的现代化实践的宝贵财富，即环境保护必须与经济发展并重，甚而作为经济发展的前置条件，"先污染，后治理"所造成的损失往往是无法用金钱来衡量并且也是无法再弥补的，许多生态环境因素具有不可修复和不可还原的特点。经过思想认识的提高和实践教训的总结，淀山湖镇最终在全镇形成了"既要金山银山，更要绿水青山，绿水青山就是金山银山，即使金山银山，污染的产业一概到不了昆山"的思想共识。这些从血的教训换来的宝贵经验得到了媒体的广泛宣传报道。1996年10月1日《经济参考报》在《经济建设与保护环境双管齐下——昆山市开出经济药方》一文中写道，为了达到"既要金山银山，又要绿水青山"，昆山市劝阻和拒批了重污染项目93个，关停"五小"污染企业45家，其中就有淀山湖镇的一些项目。

基于这样一种思想认识，淀山湖镇的环境保护工作开始逐步走上法治化、常态化、精细化的轨道。坚持绿色发展规划先行的理念，聘请上海市规划设计研究院、江苏省城市规划设计研究院、上海同济大学开展总规控规修编；委托英国JTP公司和德国生态工程协会等国内外著名专家，进行沿湖沿河区域景观、生态治水和湿地保护的概念设计；与德国SBA、北京土人、中国美院等国内外知名设计公司合作开展新建医院、环湖景观、全镇标识系统等项目设计。淀山湖镇党委和镇政府把相关项目审批过程中的环境评估关口前移，作为立项的前置条件并实行"一票否决制"，严格控制工业污染的继续蔓延。原先推进难度较大的一些工作也显得顺利起来，如实施"退二进三"，在农村，尤其是沿淀山湖等水源地和生态敏感地区，继续清理并关闭"五小企业"等力度进一步加大，生态补偿机制和排污权交易机制也正在探索和尝试的过程之中。由工业文明"双刃剑"所带来的生态危机，通过淀山湖镇在生态环保意识的不断觉醒和持续不懈的努力之下，出现了绿色发展的良好转机。

淀山湖

淀山湖镇生态理性的觉醒和生态治理的及时亮剑，极大地推动着淀山湖镇全体人民群众自觉地参与保护生态环境、保护绿色美好家园的生态小康社会建设，促进构建人与自然和谐共生的生态现代化建设的绿色发展实践不断向纵深发展。

第三节　示范未来的探索

淀山湖镇将经济理性与生态文明理性紧密地结合起来，走具有中国特色的人与自然和谐共生的美丽乡镇，绿色可持续发展之路的率先探索，引起了国务院的高度重视，1994 年，淀山湖镇被列为中国 21 世纪示范镇。淀山湖镇坚持和谐自然、示范未来的绿色可持续发展道路，在推动人与自然和谐进程中不断实现人民群众日益增长的美好生活需要，促进了人的自由而全面发展，加大了自觉地建设美丽乡镇和创造美好生活，大踏步地走向社会主义生态文明新时代的步伐。

一、跻身示范的行列

淀山湖镇跻身于中国21世纪示范镇行列具有深刻的国际背景和国内背景，是历史发展的必然和生态文明发展的必然。

鉴于全球性的环境危机和全球合作推进环境治理的重要性，1992年6月联合国环境与发展大会在巴西里约热内卢召开。中国政府高度重视这次大会，并严肃、认真地履行自己向国际社会和国内人民推进可持续发展的政治承诺。根据联合国环境与发展大会通过的《21世纪议程》的要求，1992年7月，中国政府决定由国家计划委员会和国家科学技术委员会牵头，组织52个部门、机构和社会团体编制了《中国21世纪议程——中国21世纪人口、环境与发展白皮书》。制定和实施《中国21世纪议程——中国21世纪人口、环境与发展白皮书》，是中国在未来和下一世纪推进绿色可持续发展的自身需要和必然选择。中国是发展中国家，要毫不动摇地把发展国民经济放在第一位，各项工作紧紧围绕经济建设这个中心来开展。同时，中国是在人口基数大、人均资源少、经济和科技水平都比较落后的条件下实现经济快速发展的，在这种形势下，只有遵循绿色可持续发展的战略思路，才能实现国家长期、稳定的绿色可持续发展。1994年3月25日，国务院第16次常务会议讨论通过了《中国21世纪议程——中国21世纪人口、环境与发展白皮书》（以下简称《议程》），为推动《议程》的实施，同时制定了中国21世纪议程优先项目计划。

《议程》包括20章，设78个方案领域。《议程》从我国具体国情和人口、环境与发展总体联系出发，提出人口、经济、社会、资源和环境相互协调、可持续发展的总体战略、对策和行动方案。《议程》构筑了一个综合性的、长期的、渐进的可持续发展战略框架和相应的对策，这是中国走向21世纪和争取人民群众美好现实生活和美好未来发展的新起点。

经济社会可持续发展的重要前提是发展，和平与发展是当今时代的主题，可持续发展强调的是既要满足当代人的基本需求，又不危害子孙后代满足需求的能力。中国作为后发现代化国家，经济发展任务非常繁重，在现阶段和今后相当长的一段时间里，必须保持较快的经济增长速度，并逐步改善增长的质量；谋求经济社会的绿色可持续发展；只有加强生态环境保护，始终做到经济社会发展与资源环境的承载能力相适应，始终把握好经济发展与生态文明协调推进的辩证关系，才能逐步实现中国人口、经济、社会、资源与环境的协调可持续发展。

中国实现可持续发展的主要对策包括：以满足人民群众日益增长的美好生活需要为目的，以经济建设为中心，深化改革开放，建立和完善社会主义市场经济体制；加强生态治理能力建设，完善可持续发展的经济、社会、法律体系及综合决策机制；实行计划生育，控制人口数量，提高人口素质，改善人口结构；因地制宜地推广可持续农业技术；调整产业结构与布局，实施清洁生产，推动资源合理利用；开发清洁煤技术，大力发展可再生和清洁能源；加速改善城乡居民居住环境；实施重大环境污染控制项目；认真履行中国加入的全球环境与发展方面的各项公约，坚持不懈地致力于全球生态环境问题的解决。

中国坚持可持续发展道路需要宏大战略、先进理念和重大实践行动。主要包括：建立高效优质的可持续发展的协调管理机制；运用经济手段和法治方式，促进保护生态环境资源和改善生态环境；研究把自然资源和环境因素纳入国民经济的核算体系；把自然资源和环境保护工作作为各级政府的一项基本职能；环境污染防治逐步从浓度控制转变为总量控制,从末端治理转变到全过程防治;加强可持续发展的生态文明宣传教育,树立社会主义生态文明观,提高全民族的可持续发展意识。

《议程》第11章专门论述中国农业与农村的可持续发展战略。提出推进可持续发展的综合管理。进一步强化有关农业生态环境保护和资源管理的法规、政策体系;建立农业和农村可持续发展综合管理体系;扩大生态农业建设试验点,新建一批与可持续发展相结合的高产、优质高效农业示范区;加强食物安全和预警系统;加强食物安全监测,发展无污染的绿色食品,健全各级食物储备、加工、运销体系;大力调整农业结构,优化资源和生产要素组合;在稳定发展粮食生产的前提下,按照因地制宜和充分发挥资源优势的原则,积极稳妥地调整农业结构,形成结构合理的农林牧渔全面发展的大农业格局;提高农业投入和农业综合生产力;扩大农田灌溉面积,提高农业机械化水平;加强防护体系和农田基本建设,改良退化土地,增加农业生产抗灾能力;增加农村能源开发利用的投入,推广加强可再生能源和新能源的开发利用,增加农村能源供应,加强农业自然资源可持续利用和生态环境保护。完善与农业自然资源和生态环境有关的法律法规、标准;强化农业资源与环境管理体系建设,提高管理效率和能力。建立基本农田保护区;改造中低产田,分期分批实施中低产田改造规划,加快建成高产稳产农田,大力发展节水农业;促进土地复垦,防止土地退化;采取措施鼓励农户实行秸秆还田和秸秆过腹还田,多施有机肥。大力发展可持续性农业科学技术。开发和推广节约资源、提高产量和品质、保护环境的农业技术,培育优质高产、抗逆的动植物新品种。研究动植物重大病虫害综合防治和预警技术,建立健全广泛、有效的农业技术推广体系。发展乡镇企业和建设农村乡镇中心。将乡镇中心的建设有机结合起来,依靠科技进步,改善产业结构,使乡镇企业走上高效、节能、无污染的可持续发展之路。

在《中国21世纪议程优先项目计划》中的"8-7F社区建设与社会可持续发展综合试验区建设"的"优先领域8人口、健康与人居环境"中的"8-7F小城镇规划和建设示范工程"中，淀山湖镇作为唯一的一家被列入。这既是对淀山湖镇绿色可持续发展前期成果的高度肯定，又是对淀山湖镇在全国绿色发展乃至全球绿色发展中进一步有所作为的高度期盼。

二、色彩斑斓的图景

淀山湖镇认识到，建设好中国21世纪示范镇，推进人与自然和谐共生的生态小康和生态现代化，必须上接党中央、国务院的天线，下接淀山湖镇实际情况的地线。

《议程》对淀山湖镇作为21世纪示范镇建设的主要内容是这样阐述的：项目与《中国21世纪议程》文本的关系：该项目依据《中国21世纪议程》10A、10B、10C、10D与该项目有关的《中国21世纪议程》方案领域为4B、7C、11A、11G、12A、12B、12C。

对于实施该项目的背景，《议程》这样写道："农村小城镇化是中国农村可持续发展的必由之路，淀山湖镇是苏南地区改革开放以来新近崛起的较为发达的乡镇之一。该小城镇建设特点和发展模式不同于其他地区的乡镇，走的是一条凭借自身的区位优势，以发展第三产业，特别是绿色旅游业、发展国家旅游度假区为龙头，在小城镇建设中注重环境保护、建筑与自然和谐的综合发展之路。根据淀山湖镇的现状和发展趋势，以'小城镇规划与建设示范工程'这一框架作为2000年至21世纪的奋斗目标是必然的，它也是中国大多数乡镇未来要走的一条道路。它的重要意义不仅是使一个镇的当代人和子孙后代受益，而且是以淀山湖镇'小城镇规划与建设示范工程'推动发展中国家的小城镇建设。"

《议程》认为从基础和条件看，淀山湖镇具备了作为示范的扎实基础和可行性条件。"优越的地理位置和地域优势，淀山湖镇位于昆山市东南，与上海市青浦县接壤，处于浦东开发区、国家级昆山经济技术开发区、新加坡苏州工业园区的三角中心。12.5 千米的淀山湖湖岸线（坐北向南）是自身不可多得的自然景观资源，近在咫尺的虹桥国际机场（25 分钟车程）、沪宁铁路（30 千米）、318 国道（10 千米）和沪宁高速公路（15 千米）为淀山湖镇提供了良好的交通环境。淀山湖国际旅游度假区已被列为省级开发区和国家级旅游开发区，国家和省、市有关部门对此极为关注，在各个方面给予了很大的支持。此外，规模为 4 000 亩的'中国中小企业国际合作协会淀山湖基地'项目已获批准并组织实施。淀山湖镇加强基础设施建设，包括道路、桥梁、给排水、供电、通信、供气及商贸、学校、医院和菜篮子工程等项目建设。规划和设计工程全面展开，淀山湖镇很早就着手小城镇的规划和设计工作，委托北京、上海、南京等地的大专院校和权威设计部门分别设计了淀山湖国际旅游度假区，工业小区、中心配套区的方案，并组织有关专家进行了广泛的论证。"

《议程》关于"目标与产出"的表述是："总目标：将淀山湖镇建成一个优雅、和谐并具有大自然气息，社区功能协调、环境舒适、交通便捷、经济繁荣的水乡绿色小城镇。"

《议程》规定具体方案目标为："建立配套的城镇基础设施，不断完善人类住区功能；改善人类住区的环境，改善和提高居住条件，逐步在全镇范围内建设小康型住宅群；大力发展社区服务和第三产业，利用淀山湖镇已建的旅游度假区的优势，发展绿色旅游业，强化社区服务功能，提高第三产业在国民生产总值中的比重；完善师资和人才培训计划。"对于淀山湖镇下一步的行动方案是："编制淀山湖小城镇

梦莱茵游艇俱乐部

建设整体开发规划;合理利用土地资源,规划市政建设和道路建设;合理规划工业结构,使之与自然环境和谐。"

淀山湖镇的社区环境保护与治理建设示范任务有:"确立小城镇工业、饮用分管供水和水资源保护示范工程;建设供水量6万/日的农村洁净水供水示范工程;建设小城镇日处理量4.4万吨级污水处理示范工程;建设生活垃圾和建筑垃圾处理和综合利用示范工程。"

《议程》确定淀山湖镇的"小康住宅"示范工程有:"建设以金家庄千户迁建全国第一村的示范工程;建设永义村百户迁建安静小区示范工程。建立以绿色旅游业为龙头的第三产业;建立师资和农村职业培训中心,以成人教育中心为基础,与上海、苏州大专院校联合办班,培养急需人才。"该项目由国家计委、国家科委组织中国中小企业国际合作协会及地方政府实施。执行时间：项目批准后5年内完成。

对于淀山湖镇作为中国21世纪示范镇这一示范工程的效益要求是："'小城镇规划与建设示范工程'实施后具有巨大的综合社会效益，不仅当代人可以受益，而且将遍及子孙后代，并可为发展中国家小城镇发展提供示范。'小城镇规划与建设示范工程'所产生的直接经济效益是显而易见的，且不说合理的产业结构创造出较高的经济效益，就是社会服务、第三产业，特别是绿色旅游业所创造的效益也相当可观。"

《议程》关于将淀山湖镇建成一个优雅、和谐并具有大自然气息，社区功能协调、环境舒适，交通便捷、经济繁荣的水乡绿色小城镇的总体目标要求，既为淀山湖镇描绘了一幅色彩斑斓的绿色发展的美丽图景，又极大地鼓舞着淀山湖镇在绿色发展和生态文明建设道路上阔步猛进。

三、示范未来的意义

作为中国21世纪示范镇，淀山湖镇义不容辞地奏响了绿色发展和生态文明建设的进行曲，大力推进人与自然和谐共生的全面小康社会建设和现代化建设，一股清新自然美丽的绿色之风扑面而来。这既体现了人类文明发展的基本趋势，符合淀山湖镇所代表的中国乡镇坚持构建资源节约型、环境友好型、生态健康安全型和人口均衡型社会以及推进绿色发展、科学发展、率先发展、创新发展、和谐发展的客观要求，又顺应和反映了淀山湖镇人民群众对美好生活向往的心声。

生态文明是人类文明有史以来的崭新理念和崇高境界，是人类对自身文明演进的历史，尤其是对进入工业文明以来人与人关系、人与社会关系以及人与自然关系的发展历史予以深刻反思和积极批判的结果，是探索遵循自然规律和社会发展规律的结果，也是规划未来美好生活和美好社会发展的智慧结晶。淀山湖镇作为江南水乡地区的一个乡镇，高扬"和谐自然，示范未来"和"绿色淀山湖，生态现代化"的大旗，全力推进以"尚美淀山湖"和美丽新家园为内容的生态文明建设，绝不是一时的心血来潮，也不是缘自政绩的需要，而是顺应了社情民意，反映了人民群众对于美好生活的需要，有着深刻的时代背景。

改革开放以来，淀山湖镇的工业化、城市化、现代化出现了快速推进的良好势头，经济持续增长，城乡面貌改观，但在此过程中，也不可避免地出现了发展思路的偏向以及由此导致的产业和人口的过度集聚，环境污染加剧，一些丰富而弥足珍贵的人文资源和生态资源遭到了不同程度的破坏，使人口、资源、环境的压力越来越大，可持续发展受到严重威胁。传统工业文明带来的一些不利于经济社会可持续发展和人民对美好生活需要的负面效应，促使淀山湖镇党政部门肩负起历史的使命和责任，义无反顾地拉开了坚持绿色发展、推进生态文明建设的序幕。

在这样一个特定的历史发展阶段中，"建设性破坏"与"破坏性建设"的阵痛在先，"发展中保护"与"保护中发展"的迷茫于后，淀山湖镇逐渐确立了生态文明理性，开始从该镇水环境资源天赋特质和发展实际出发，进行了认真反思和积极探索，并以实际行动开始了由局部的消极的环境保护向全方位的积极的以绿色可持续发展为内容的生态文明建设，大力推进人与自然和谐共生的生态小康和生态现代化建设。

淀山湖镇组织生态文明专家对该镇作为中国21世纪示范镇的角色定位进行了充分论证，提出了"和谐自然，示范未来"的理念，确定了以人民群众对美好生活的向往作为发展的价值取向，以"尚美淀山湖"为主线，努力打造生态经济发达、生态环境优美、生态文化繁荣、社会文明和谐的生态文明格局，做到城镇精美化，融欧陆风情与江南水乡风貌为一体；环境优美化，营造生态宜居的优美工作环境和生活环境，让人民群众诗意般地栖居；生活和美化，让人民群众享受到共同富裕、公平正义、无忧无虑的美好和谐生活；百姓善美化，促进社会文明水平提升和居民文明素质提高，营造乡风文明的和谐社会氛围，以便在中国 21 世纪示范镇建设中进一步促进人口与资源、环境协调发展，加快建设完善集约循环的生态产业体系、自然和谐的生态环境体系、幸福安康的生态人居体系、健康文明的生态文化体系以及高效完善的生态制度体系，使生态安全得到明显加强，人民群众的生态权益得到切实保障。

促进淀山湖镇人口与资源、环境协调发展，是淀山湖镇建设"尚美淀山湖"、落实"和谐自然，示范未来"和"绿色淀山湖，生态现代化"的基本要求和重要内容。淀山湖镇镇域总面积 64.85 平方千米，辖 10 个行政村、5 个社区居委会。2016 年，户籍人口 2.53 万，外来人口 5.1 万，合计 7.63 万人。淀山湖镇是全国首批百强镇之一。淀山湖镇拥有 15 千米长的淀山湖湖岸线，居淀山湖总岸线的四分之一，1994 年被批准为江苏省省级旅游度假区。其人居环境指数（HEI）、水土资源承载指数（LCCI/WCCI）、物质积累基础和人类发展水平、资源环境承载力等这些现代人口资源环境指标都表明了淀山湖镇人居自然环境的适宜性。但是，如何协调和避免随着人口规模的扩大，传统工业化对于资源环境的压力，人居环境适宜空间狭小，人口与资源、环境关系紧张等多方面的矛盾，促进淀山湖镇人口与资源、环境协调发展是需要着力应对的一个主要问题。淀山湖镇促进人口与资源、环境的协调发展，关键是围绕人民群众对于美好生活的需求，把握好人的自由而全面发展，大力提高人口素质，优先投资人的全面发展，促进人民群众生活质量的提高，这些构成了淀山湖镇"和谐自然，示范未来"的一条主线。

　　淀山湖镇的人口数量、人口素质、人口流动、人口结构以及生产与消费模式等变化都会不断影响自然环境、居住环境、生产环境以及社会环境的变化。淀山湖镇在统一规划的前提下，将人口系统分解为不同的子系统，分别从人口总体规模、人口性别结构、人口年龄结构、人口的城乡分布、人口文化素质等角度分析人口变化与经济、资源环境之间相互作用的机制，积极构建人口与经济、环境协调发展评价指标体系，综合改革创新城乡一体化人口计生机制，探索人与资源环境相适应的多元化发展途径；积极实施区域功能划分，开展各种培训教育，大力提高人口素质和全社会公共文明水平，营造良好的人文环境，使之与优美的自然环境相协调；大力引进高素质人才，加强流动人口的管理，适当控制镇区人口规模，建设协调推进镇域经济社会共同发展、全面优化的和谐人口、资源、环境格局。

　　淀山湖镇围绕实现人民群众对美好生活向往，打造"尚美淀山湖"，建设幸福新家园，落实"和谐自然，示范未来"和"绿色淀山湖，生态现代化"的理念，在于努力构建中国21世纪的环境友好型、资源节约型、人口均衡型和生态健康安全保障型的美丽乡镇。在大力推进人与自然和谐共生的全面小康社会建设和生态现代化建设的态势下，淀山湖镇的产业结构面临着向现代产业结构转变的历史任务，为此，淀山湖镇大力构建统筹城乡发展的体制机制，推进城乡一体化发展示范区建设。在这一过程中，淀山湖镇清醒地意识到，尽管该镇农业生产效率较高，制造业发达，现代服务业竞争力较强，但与此同时，水质性缺水问题、能源自给率和利用率问题、工业污染物处理等问题与乡镇可持续发展目标之间的矛盾也日益突出。产业结构和发展速度、资源环境约束、人口增长与能源消耗、水资源和能源利用率等是淀山湖镇必须面对的重大问题，只有具有强烈的问题意识，才能采取科学的对策，推进人与自然和谐共生的生态小康社会建设和生态现代化建设。

淀山湖镇围绕实现人民群众对美好生活向往，打造"尚美淀山湖"，建设幸福新家园，落实"和谐自然，示范未来"理念，加快建设环境友好型、资源节约型、人口均衡型和生态健康安全保障型美丽乡镇是一项复杂的系统工程，涉及生产、生活、政治、文化、体制、社会管理等多个领域。经济发展是淀山湖镇绿色可持续发展的基础，调整并优化产业结构、转变经济增长方式、提升自主创新能力是淀山湖镇作为中国21世纪可持续发展示范镇所要示范的重点内容。为此，淀山湖镇始终坚持质量第一和效益优先，加快建设以高新技术产业为先导、先进制造业为支撑的现代工业产业体系。对生态功能分级区划，从决策源头规划设计产业结构、产业布局和产业规模，加快发展循环经济。充分发挥科技创新的引领作用，加强政企沟通，在企业管理中强调对不同产业的生产过程中产生的废物的综合利用，推动各行业和企业节约生产，提高资源利用效率；合理延长产业链，促进产业之间、企业之间、生产工艺流程之间的资源充分利用，减少废物排放和环境污染，实现清洁、高效、集约化的生产。在区域之间和区域内部逐步构建循环经济，将循环经济的发展理念贯穿于经济社会发展的各领域和各环节，建立区域循环经济产业体系。充分利用淀山湖的旅游资源，把握生态旅游业这个经济持续发展的增长点，增加产业结构中服务业的比重，将服务业发展成淀山湖镇的第一支柱产业，形成三、二、一的产业结构，努力将淀山湖镇打造成具有强大区域影响力的服务业重镇和名副其实的上海后花园。为此，近年来淀山湖镇加快建设了一批具有江南水乡特色的景观桥、生态廊架、滨水广场、水乡特色步道等设施，最大限度地保留了原汁原味的本土文化和乡土气息，彰显了江南水乡之美。增添现代时尚元素，体现了国际化、现代化的城镇品位，提升了城镇个性元素，兼具时尚、生态特色。集欧陆风情、水乡风貌、田园风光于一体，兼具休闲度假、旅游观光、现代时尚功能，形成了"尚美淀山湖"的独特品牌。

淀山湖镇认识到，生态文明建设必须贯穿和渗透于经济建设、政治建设、文化建设、社会建设等各个领域，生态文明与其他各种文明都处于紧密联系之中，生态文明能够反作用于物质文明、政治文明、精神文明和社会文明。淀山湖镇所有的生产、生活都离不开生态环境的强力支持，建设环境友好型、资源节约型、人口均衡型和生态健康安全保障型的美丽乡镇需要避免或减少生产和生活对生态环境的不利影响，利用淀山湖的湿地、湖泊等可利用的自然条件，有助于逐步建立自然主导的净化还原体系。

淀山湖镇高度重视绿地建设、人工湿地建设、水文化和水生态恢复治理。在生态人居环境构建方面，淀山湖镇坚持以人为本和生态建筑理念，合理规划布局，使建筑、人文与生态环境相协调，扩大镇域公共绿地，逐年提高绿化率。目前，城镇绿化覆盖率达40.9%，树木覆盖率达22%，人居公共绿地面积达14.1平方米，绿色银行储备超43万平方米。近年来，实施中市路街头绿地公园、环湖大道景观、音乐广场、真爱码头、樱花大道、体育公园等项目建设，公园绿地分布更加均衡。在绿地建设中注重植物多样性，优先采用乡土树种，大力推广运用地被自衍花卉、乔、灌、地被、草、水生植物相结合的"五位一体"植物配置模式，为全镇市民提供了休闲、健身、审美、交流的绿意盎然的城镇绿色客厅。

淀山湖镇坚持"一张蓝图干到底"的发展理念，在不折腾和一茬接着一茬连续干中推进中国21世纪示范镇建设。早在1993年就完成了总体规划编制，以后经过数次修编，均没有突破总体规划框架和原则，保持规划的严肃性、连贯性和能够不断加以完善的特性。在符合

第一章 绿色发展的示范

环湖大道真爱码头

总体规划的前提下,提倡节约节俭,坚持实用、经济和美观的原则,因地制宜,合理建设。在善于保护和发扬乡镇人文历史的前提下,对古树、古桥、古村落、老街等历史人文景观进行有效保护,在传统文化和现代文明紧密结合的基础上,不断拓宽"尚美淀山湖"和"新江南特色镇"的绿色人文内涵。

淀山湖镇以海绵城市建设理念和标准大力推进新建小区屋顶绿化和建成区道路广场透水砖使用;格外强调其与自然和农耕文明以及历史文化遗产相和谐的新农村建设,实施以美丽乡村建设为内容的新农村建设计划,引导农民集中居住,优化调整镇村布局,完善教育、医疗、娱乐等公共产品和公共服务配置,打造以晟泰村为样本的现代社区型、以永新村为样本的生态自然型、以六如墩村为样本的古村保护型等多种模式的新型乡村。近年开工新建的淀山湖花园是一个全新规划和建设的绿色美丽小区。淀山湖花园总体规划分尚、美、乐、仁四个小区，分别分布在淀山湖花园的东北、西北、西南和东南四角，占地面积达550亩，成套住宅4 660套，入住人口13 980人。除兴复村外，全镇的行政村都有入住的人家。淀山湖花园是一个生态现代化程度非常高的高档绿色美丽小区。凡是现在先进的商品住宅小区具备的设施、设备，淀山湖花园一应俱全，配套设施相当完备。小区成立了居委会，招聘了物业公司，组建了有100多人的保安、保洁、维修专业队伍，为广大新市民享受现代化的美好生活提供了优质硬件和优质软件相结合的现代化手段。小学和幼儿园在2013年9月已投入使用，在中心区域的四个角将分别建成市民活动中心、医疗服务中心、商业

淀山湖花园小区

中心和中心公园，尚、美两区仅高清探头就分别装了80个，其完善的基础设施、优美的人居环境、周到贴心的服务质量，得到了社会各界的高度认可，被苏州市有关部门评为"苏州市城乡一体化示范小区"。

淀山湖镇推进河网水系畅流，大力整治水环境，从源头上控制污染、河道保洁、水体修复三个方面组合起来提升水环境质量。目前，建成区污水处理率提高到95%，规划保留村庄污水处理设施覆盖率达100%。水环境功能区水质达标率达80%以上，Ⅲ类以上地表水比例超过60%。与此同时，淀山湖镇大力提升绿化建设水平，在绿化建设和养护过程中遵循自然、野趣休闲的原则，将绿色与文化融合在一起，打造富有特色的绿色城镇景观，城镇林木覆盖率达22.5%，建成区绿化覆盖率达41.2%，建成区绿地率达35.4%；建设生态林网、公共绿地和人工湿地，在坚持湿地自然良性演替及全面保护的前提下进行合理开发，建设滨水带状生态公园，超过45%的城镇绿化面积，使水、田、林、地均衡分布；而融会贯通的公共交通系统，让淀山湖镇的每一块绿色有机相连，中市路小游园树木葱茏、绿荫匝地，忻康公园等8个建成区绿地公园及真爱码头等主题广场的建成使用，使绿地分布更加均衡，形成居民出行"300米见绿，500米见园"的优良环境。

淀山湖镇全面推行垃圾分类、无害化处理和资源化利用，完善"组保洁、村收集、镇转运、市处理"的城乡垃圾统筹处理体系。充分调动镇党委和镇政府、企业及广大人民群众保护环境的主动性和积极性，建立水源地保护、污染物排放控制等制度，确保水安全和大气污染防治。推进生活污水、生活垃圾、畜禽粪便和秸秆基本实现无害化处理与循环利用，促进全面完善的生态农业体系和生态旅游业协调发展；推动有机农业和绿色农业基地、旅游产业规模和效益水平迈上新台阶。淀山湖镇市民活动中心地源热泵空调系统作为可再生能源示范项目运行效果良好，香馨佳园等动迁小区太阳能热水系统做到全覆盖，新建民用建筑均符合国家建筑节能规范标准；率先建立了环保低碳的生活垃圾处理流程，实行生活垃圾分类处置和资源化利用，生活垃圾处理站进站、进居民小区、进学校，厨余垃圾之类的有机生活垃圾当场予以生化处理，其产出的有机肥料应用于绿化养护和农业生产，其他生活垃圾统一收集后由昆山市生活垃圾处理中心规范处置。淀山湖镇推行生活垃圾分类处置和资源化利用，对于培育广大居民的环境保护意识和生态文明日常行为意义重大，极大地推广了人们的绿色生活方式和绿色消费方式，使人们尊重自然、顺应自然和保护自然的意识得到了极大加强。

淀山湖镇围绕实现人民群众对美好生活向往，打造"尚美淀山湖"，落实"和谐自然，示范未来"理念，在加快构建生态安全保障体系上发力。经济、环境、人口、资源和社会等因素会综合呈现强可持续和弱可持续两种状态，这就要求在乡镇经济运行过程中有明晰的生态安全保障体系框架予以匹配。科学管理，长远规划，构建生态环境保护体系，建立长效制度，是淀山湖镇绿色可持续发展的当务之急。因为生态环境问题带有明显的关联性、跨域性、全球性，自然生态系统与人工生态系统之间相互影响、相互激发、相互制约，必须运用整体性思维，统筹协调各方面关系，达到经济、环境、人口、资源和社会等方面的综合平衡。淀山湖镇在实践中高度注重这些因素不协调不平衡会引发的生态安全问题，充分认识到，生态安全问题不仅会表现为直接安全问题，也会表现为间接安全问题，因此，只有构建一种合作、多维和动态的共同治理生态问题的机制，才能全面地解决生态安全问题，实现经济社会生态资源之间的动态平衡和可持续发展。

淀山湖镇围绕实现人民群众对美好生活向往，打造"尚美淀山湖"，落实"和谐自然，示范未来"理念，将着力点放在积极营造绿色生活方式和绿色消费方式上。淀山湖镇在推进中国21世纪示范镇建设中认识到，生态环境问题说到底是人的问题，是不科学的生产方式、生活方式和消费方式导致的。改变人类的生活方式和消费方式是解决人与自然和谐的基本途径，即要努力创建绿色生活方式和绿色消费方式。人的生活方式和消费行为选择与环境保护意识休戚相关。要从源头上解决对有限资源的占用和浪费问题，必须从营造绿色生活方式和消费方式入手，积极引导全镇人民群众自觉地践行绿色消费，加强节约宣传，提高节约意识，其中镇党委和镇政府在促进环境保护，引导公众建立绿色消费方式方面起着非常重要的作用，必须率先垂范，做好楷模，发挥好榜样带头作用。这几年，镇党委和镇政府大力推行绿色行政建设，大幅度地削减了行政支出，为全镇节约型社会建设带了一个好头。

回应满足人民群众日益增长的美好生活需要和应对巨大的人口、资源环境压力，淀山湖镇坚持"以人为本、生态优先、统筹协调、持续繁荣"的发展思路，将生态文明建设融入经济建设、政治建设、文化建设、社会建设的各方面和全过程，突出"个人—企业—社区—政府"主线，全方位诠释生态文化内涵，采用生态教育、环境宣传、文化熏陶和环保培训等多种手段，提高全镇包括政府、企业、学校、社区和公众在内的所有群体的生态道德、环境责任和生态环境保护意识，最终使全镇干部群众都能在实践和认识活动中形成对生态环境的科学的价值评价和价值取向，养成绿色的生产方式、生活方式和消费方式，使生态环境保护和绿色可持续发展由制度约束发展成为淀山湖镇全体人民群众的自觉行为和自发活动。同时，着力提升生态惠民公共服务水准，通过向全镇市民提供丰富的生态公共产品和生态公共服务，包括居住环境、医疗服务、公共交通、日常休闲等，不断满足人民群众对美好生活和美好生态环境的需要，保障了人民群众应有的生态权益，促进了人的自由而全面的发展。

从 1994 年淀山湖镇被确定为中国 21 世纪示范镇以来，经过淀山湖镇人民同心协力的持续不懈奋斗，中华人民共和国国务院对淀山湖镇作为小城镇规划及示范工程所确立的各项任务大部分已提前完成，其中一部分正在根据修编后的规划积极推进。在小城镇建设和生态文明以及经济社会可持续发展方面，淀山湖镇先后获得了"国家园林城镇""国家卫生镇""全国环境优美乡镇""国家全民健身工程示范镇""江苏省园林小城镇""中国民间文化艺术（戏曲）之乡""江苏省文明镇、省环境经济协调发展示范镇""江苏省特色文化（戏曲）之乡""江苏省体育强镇""江苏省人居环境范例奖"等荣誉称号。淀山湖镇对照新时代生态文明建设的新形势、新任务和新要求，围绕人民群众对美好社会的期盼，以"尚美淀山湖"所包含的丰富内容为价值追求和实践遵循，继续弘扬"和谐自然，示范未来"和"绿色淀山湖，生态现代化"的理念，统筹协调好经济发展和生态环境优化的辩证关系，创新生态文明制度和工作方式方法，在科学发展、创新发展、协调发展、开放发展、率先发展、和谐发展、绿色发展、共享发展等新时代的新发展理念指导下，在中国特色社会主义道路上高歌猛进、勇往直前。

第二章　生态小康的蓝图

小康和小康社会，既是古代人千百年来的美好梦想，也是改革开放以来令淀山湖镇广大人民群众心驰神往的美好概念、美丽图景和美好的价值追求。

小康概念来自儒家经典之一的《礼记·礼运》，原文为：

> 今大道既隐，天下为家。各亲其亲，各子其子，货力为己。大人世及以为礼，城郭沟池以为固。礼义以为纪，以正君臣，以笃父子，以睦兄弟，以和夫妇，以设制度，以立田里，以贤勇知，以功为己。故谋用是作，而兵由此起。禹、汤、文、武、成王、周公，由此其选也。此六君子者，未有不谨于礼者也。以著其义，以考其信，著有过，刑仁讲让，示民有常。如有不由此者，在势者去，众以为殃。是谓小康。

意思是说，如今大道已经消逝了，天下成了一家一姓的财产。人们各把自己的亲人当作亲人，把自己的儿女当作儿女，财物和劳力都为私人拥有。诸侯天子们的权力变成了世袭的，并成为名正言顺的礼制，修建城郭沟池作为坚固的防守。制定礼仪作为纲纪，用来确定君臣关系，使父子关系淳厚，使兄弟关系和睦，使夫妻关系和谐，使各种制度得以确立，划分田地和住宅，尊重有勇有智的人，为自己建功立业。所以阴谋诡计因此兴起，战争也由此产生了。夏禹、商汤、周文王、周武王、周成王和周公旦，由此成为三代中的杰出人物。这六位君子，没有哪个不谨慎奉行礼制。他们彰显礼制的内涵，用礼制来考察人们的信用，揭露过错，树立讲求礼让的典范，为百姓昭示礼法的仪轨。如果有越轨的反常行为，有权势者也要被斥退，老百姓也会把它看成祸害。我们就把这种社会叫作小康。其实，简单地说，在中国古代社会，小康社会一般是指为广大人民群众所享有的一种介于温饱和富裕之间的比较殷实的生活状态。

淀山湖镇在全面建设小康社会进程中，全面辩证地理解小康，不仅将小康理解为经济富裕的小康，还将小康理解为政治文明的小康、文化繁荣昌盛的小康、生态优美的小康和社会和谐的小康。淀山湖镇将生态小康作为全面小康的自然基础，认为没有生态小康，就没有全面小康，就没有人民群众的美好生活。淀山湖镇从生态小康社会建设的视角着手，牢固地确立人与自然和谐共生的绿色发展理念，加强绿色发展布局规划并确保绿色发展蓝图的实现，切实维护好、实现好和发展好人民群众对于美好生活需要的经济权益、政治权益、文化权益、社会权益和生态权益，使人民群众的生活质量和生活品位得到全面提升。

第一节　生态小康的出场

淀山湖镇在小康社会建设中，围绕"尚美淀山湖，绿色新家园，幸福新江南"的目标定位，以中国 21 世纪示范镇建设的内容为蓝图，科学地处理自然环境、经济发展和社会变迁的相互关系，实现文明进步与自然环境的互利耦合，促进人与自然和谐共生，坚定不移地走生态小康继而实现生态现代化的绿色发展道路，达到生产发展、生活富裕和生态文明的理想状态。

一、全面小康的目标

具有鱼米之乡和人间天堂美誉之称的淀山湖镇要率先进入全面小

康社会，其重要内容是要以生态理性匡正经济理性，将经济社会发展与生态持续优化协调起来，通过确立绿色发展的理念推进生态小康和人与自然和谐共生的现代化，以保护自然环境的积极作为和充分发挥生态优势，促进小康社会和人与自然和谐共生的现代化建设，迈向一条实现经济发展和环境保护双赢、人与自然和谐以及人与社会和谐的美丽幸福的绿色发展道路。

淀山湖镇以中国 21 世纪示范镇建设为契机，以生态小康和生态现代化作为经济小康和经济现代化、政治小康和政治现代化、社会小康和社会现代化、文化小康和文化现代化的坚实的自然基础，促进小康社会和人与自然和谐共生的现代化建设的全面协调发展。生态小康社会和人与自然和谐共生的现代化是对小康社会和现代化建设提出的生态文明要求，就是在全面建成小康社会和基本实现现代化进而建成富强民主文明和谐美丽的社会主义现代化强国这个目标期间，围绕生态环境质量总体改善和满足人民群众美好生活需要的生态权益切实保障这个总目标，通过牢固确立以人民为中心的发展思想以及推进生态治理促进生态质量改善的绿色发展，使日益紧张的生态危机得以缓和，人与自然的矛盾不再尖锐突出，生态环境质量处于总体改善状态，人民群众对于空气质量、水污染治理、土壤污染治理、食品安全等事关生存和发展的要求感到基本满意，人民群众的生态权益得到基本保障；乡镇推进生态治理体系和治理能力的现代化水平明显提高，社会主义生态文明观牢固确立，生态文明建设理念深入人心，生态文化得到普遍提高，绿色发展方式和生活方式基本形成，为实现富强民主文明和谐美丽的社会主义现代化强国奠定坚实基础。

淀山湖镇根据自身的优势和特色，坚持产业兴镇、环境美镇、富民强镇、文化亮镇、和谐建镇，并经过加强基层党组织建设达到党建红镇，切实转变经济发展方式，加快经济转型升级，同步提升经济实力、人文魅力和环境竞争力，经济、政治、文化、社会、生态等方面都取得显著进步。为确保初步形成率先基本实现现代化的形态，为全面建成经济发达、文化繁荣、社会和谐、人民幸福、环境优美的"新江南美丽特色镇"打下坚实基础。为充分发挥中国21世纪示范镇的作用，坚持以绿色发展打造"尚美淀山湖"的发展战略，高举"生态小康和人与自然和谐共生的生态现代化"旗帜，加强生态修复和生态治理的生态文明建设步伐，加快构建集江南水乡风貌、现代农村田园风光、时尚欧陆风格于一体，兼具休闲度假、旅游观光、现代时尚功能的"新江南美丽宜居特色镇"建设，独树一帜地提出了争当生态小康社会建设和争当人与自然和谐共生的生态现代化建设的先行军和排头兵。

二、宜居宜业的结合

淀山湖镇高扬生态小康和人与自然和谐共生的生态现代化的旗帜，一方面是完成中国21世纪示范镇各项建设任务的必然要求，另一方面是淀山湖镇以绿色可持续发展满足人民群众日益增长的对美好生活需要的必然选择，更是淀山湖镇站在世界现代化制高点上采取的加快生态文明建设的重大战略部署和意义深远的重大战略任务。

如果说生态小康是中国本土在建设小康社会进程中的一项具有浓郁特色的独创性任务的话；那么，在生态小康基础上的人与自然和谐共生的生态现代化的理论则来自目前世界上生态文明搞得最好的德国。1985年，德国学者胡伯在"现代化"传统意义基础上，正式提出了生态现代化理论。胡伯认为，从农业社会向工业社会的转变是现代化，从工业社会向生态社会的转变是生态现代化。生态现代化将生态治理的理论关注点从生态环境问题的政策法律监管和事后处理转向了如何实现生态环境问题的预防和通过市场手段克服生态环境问题，如果采取适当的政策和拥有充足的财政与技术资源，环境保护和经济增长并不是不能相融的，从而重新界定和解决了长期以来已经被"生存危机"论大众化了的生态环境压力与经济繁荣目标之间的矛盾，积极寻求二者结合的可能性路径。生态现代化理论是一种坚持在现代化进程中达到人与自然和谐共生的现代化理论。这一理论的提出源于对生态环境保护和经济社会发展之间关系的重新定位和对传统不可持续发展的现代化模式的反思与变革，它反映了西方国家在遭遇工业化发展危机后，在社会经济体制、经济发展政策和社会思想意识形态等方面的生态化转向。生态现代化理论致力于减少政府和工业在生态环境问题上的对抗，促进二者的合作，并通过生态环境的改善给国家和地方政府带来生态环境收益，保障人民群众的生态环境权益进而促进其幸福生活的实现，也为西方政府生态环境治理和工业发展提供了一条缓和生态环境运动的有效途径。

所谓生态现代化，是指发生在生态环境领域之内但又超越生态环境范围的新时代绿色革命性变革。即在社会整体现代化的过程中，能够始终将生态环境作为现代化的一个重要变量和重要内容，将经济增长和生态环境的发展紧密地结合起来，确立科学的生态文化价值观和现代化发展理念，倡导工业生态学，注重生态环境责任制度化，强调政府在生态环境管理中的地位和责任，通过大力发展有益于生态环境的绿色生产力和绿色科学技术，支持生态环境系统的发展，建构有利于人和生态环境共存共荣共进的绿色生产方式与绿色生活方式，达到生产发展、生活富裕和生态良好的目的，使生态环境资源可持续利用，生态产品和生态服务永续供给，人类能够世世代代享有美好生活，促进经济社会可持续发展。

淀山湖镇认识到，要从宜居和宜业结合的高度打造生态小康和推进人与自然和谐共生的生态现代化，就要将"科技强镇、文化亮镇、生态美镇、富民立镇、党建红镇"的建设作为推进小康社会和实现人与自然和谐共生的现代化建设的主要维度，这些维度"五位一体"，既体现了中央关于小康社会和现代化建设"五位一体"的总体要求，体现了江苏"聚力创新，聚焦富民，建设高水平全面小康社会"的总体要求，又突出了乡镇的个性特征，构成乡镇全面小康和整体现代化的重要系统。科技强镇对于淀山湖镇来说格外重要，要进一步增强自主创新能力，将科技进步运用于经济建设、政治建设、文化建设、社会建设、生态文明建设和党的建设等各个方面。文化是淀山湖镇的一张名片，要以培育和践行社会主义核心价值观为主要内容的社会主义精神文明建设促进淀山湖镇的文化进一步繁荣兴盛。生态美是淀山湖镇自然环境优美和人文环境优美的重要内容，是人民群众安居乐业的重要前提条件，也是塑造淀山湖镇优美形象的重要构件。富民是淀山湖镇推动发展的目的，发展的一切都是为了人民群众的福祉，淀山湖镇的民生实事都是为了让人民群众过上幸福安康的美好生活。党的领导贯穿于淀山湖镇的一切工作之中，党建引领才能保障淀山湖镇科学发展、和谐发展、创新发展、协调发展、开放发展、绿色发展、共享发展的根本方向。因此，坚持整体全面的小康社会建设，特别是在发展经济的同时将生态小康社会建设和推进人与自然和谐共生的生态现代化建设作为淀山湖镇的重要建设理念，对于淀山湖镇的可持续高质量发展具有十分重大的现实意义和深远的历史意义。

三、综合实力的提升

淀山湖镇大力建设生态小康社会和推进人与自然和谐共生的生态现代化建设有助于彰显自身的特色和优势，也有助于综合实力的全面提升。

淀山湖镇因湖而名、因湖而兴。淀山湖呈葫芦形，面积约62平方千米，水深约2米，并与黄浦江、吴淞江相通，水产丰富。淀山湖镇

第二章 生态小康的蓝图

淀山湖环湖大道

作为中国"小城镇规划与建设示范工程"中的唯一代表被列入1994年国务院颁布的《中国21世纪议程》。《中国21世纪议程》实质上是中国向全世界昭示绿色发展和推进人与自然和谐共生的生态现代化的宣言书，阐明了中国的可持续发展战略和对策。《中国21世纪议程》对淀山湖镇设定的总目标是："将淀山湖镇建成一个优雅、和谐并具有大自然气息，社区功能协调、环境舒适，交通便捷、经济繁荣的水乡绿色小城镇。"这可以说，就是淀山湖镇最大的天然特色与优势，为该镇构建"尚美淀山湖"，以满足人民群众日益增长的美好生活需要指明了发展方向。

淀山湖镇推进生态小康和构建人与自然和谐共生的生态现代化有利于赢得强大的综合竞争力。改革开放以来，淀山湖镇经济社会发展迅速，城乡面貌变化巨大，人民生活水平显著提高。但也要清醒地看到，经济结构还不够优，财政收入对房地产仍存在较大的依赖性；城镇功能设施还不够全，富贵广场、文体中心等一批功能性设施虽然不断完善，但规模型、品牌型的商业配套仍然不足，公共服务和民生工程还有待进一步加强；强村富民路子还不够宽，农房翻建在有序推进和促进新农村建设旧貌换新颜方面还任重道远，社会文明水平和社会和谐度还需要继续提高；作风效能建设各项创新性举措还不够实。面对全面建成小康社会和率先基本实现现代化以及建成富强民主文明和谐美丽的社会主义现代化强国的新形势、新任务、新要求，淀山湖镇必须大力推进生态小康和人与自然和谐共生的生态现代化建设。

生态小康建设和人与自然和谐共生的生态现代化建设是淀山湖镇"尚美淀山湖"以及共建共享美好生活品质之镇的题中应有之义，有利于淀山湖镇加快转变经济发展方式，实现经济效益、社会效益与生态效益共赢；有利于保障淀山湖镇人民群众实现美好生活的生态权益，有利于改善生产生活环境，提高全镇人民群众的美好生活品质，为当代人民群众和子孙后代谋福祉，有利于淀山湖镇赢得更加强大的可持续发展的综合竞争力。

第二节 绿色发展的布局

淀山湖镇以人民对美好生活的向往为目标，在中国21世纪示范镇建设的过程中，精心规划绿色发展的美好蓝图，大力发展绿色产业，广泛推广运用生态文明技术，注重让产业给山水添彩，山水给产业增辉，在绿色产业和美丽山水交相辉映中实现绿色发展的理想。

一、产、城融合的风姿

淀山湖镇按照生态小康和人与自然和谐共生的生态现代化的要求，实施产、城融合发展战略，大力推进产业优化升级，以绿色产业助推绿色发展。淀山湖镇坚持把产业作为推动城镇发展的巨大支撑和强大动力,在加快传统非绿色发展产业转型升级的同时,培植和引进一批与本地绿色发展需求相适应、潜力大、效益好、带动力强的产业,围绕"乡镇美、环境美、生态美、产业优",坚持民生工程和产业项目互相促进、相得益彰,突出集约化建设和差异化发展,强调人文塑造,凸显城镇建设的绿色特色,实现"快经济"与"慢生活"的双向发展。

进入21世纪以来,淀山湖镇现代服务业发展态势喜人,但传统产业占比仍然过高,新兴产业和高新技术产业占比偏低,高效现代化绿色农业的发展步伐还不快。必须以调高调优调强为基本取向,积极推进产业结构调整,瞄准国际先进水平,加快发展节能减排、绿色环保、循环低碳的绿色高新技术产业,提高绿色高新技术产业占工业的比重、高新技术产业中自主知识产权和自有品牌的比重、高新技术产业中新兴产业的比重,使新兴产业成为新的增长点。通过着力提高生产要素的产出效益,坚持走资源消耗低、环境污染少、产出效益高的绿色发展新路。

为此,淀山湖镇加快绿色发展步伐,现代服务业异军突起,发展质量和效益都迈上了快车道。淀山湖镇神州数码电子商务产业园区和体育科技特色产业都取得了骄人的业绩。

淀山湖镇神州数码电子商务产业园区由神州数码集团投资建设,源于中国联想集团,是国内最大的整合IT服务商。园区位于淀山湖镇西部,是淀山湖镇现代服务业发展的重要载体。依托大虹桥商务区的辐射效应,园区以电子商务为发展特色,助推淀山湖镇传统制造业向"互联网+"模式转型升级,打造先进的电子商务产业示范区,提升淀山湖镇现代服务业整体发展水平。

淀山湖镇紧紧围绕社会经济发展的整体规划和体育发展的战略定

神州数码电子商务产业园

位,以优化产业结构、加速淀山湖镇经济发展方式的根本转变为宗旨,以促进淀山湖镇经济社会全面协调发展为根本,以"因地制宜、突出特色、整合资源、全面发展、立足淀山湖、辐射大上海"为基本思路,以建设淀山湖镇体育科技特色产业为载体,以倾力打造中国高新体育用品研发与制造产业集群、水上体育项目特色品牌、科技运动小镇为目标,加速培育淀山湖镇主导产业,提升淀山湖镇经济发展的核心竞争力,推动淀山湖镇产业层次向高附加值、精细化和柔性化方向发展,产业布局向集约化、专业化和网络化方向发展,建设人与自然和谐共生的现代化美丽家园。

淀山湖镇按照绿色发展的要求和生态美镇的理念,以生态小康建设和生态现代化建设的基本目标为导向,全面升级城镇功能布局。经过这几年的努力,淀山湖镇基本形成了滨水生态商务社区、电子商务物流园、新兴产业集聚平台、现代农业示范区四大产业经济平台的新格局。

淀山湖镇加快转型升级的步伐也是由生态环境的压力倒逼形成的。生态环境在社会复杂巨系统中并不是一个孤立发生作用的要素,作为人类生存和发展的空间与物质载体,生态环境与经济、社会等要素相互渗透、相互促进、相互制约。生态小康是全面小康的重要组成部分,也是全面小康的最为重要最为根本的自然基础,在迈向现代化的进程中,人与自然和谐共生的生态现代化是社会整体现代化的一个不可缺少的重要组成部分,是一个丝毫不能忽视的重要价值追求目标。生态小康构成了社会整体现代化的重要基础和坚实平台,是现代化水平和现代文明水平发展到一个高级阶段的重要体现和显著表征。现代化的动态发展性呼唤着人与自然和谐共生的生态现代化。而人与自然和谐共生的生态现代化,不是简单地从环境污染治理入手,而是要从改变人们的实践方式和行为模式出发,通过改变经济社会发展剥夺资源、环境的模式,达到环境保护和经济发展双赢的目的。

在转型升级实践中,淀山湖镇加快推进"四个转变"、建设"四个高地"、促进"四个提升"。

淀山湖镇发展方式的"四个转变",就是按照转变发展方式的要求,以新发展理念为统领,加快由资源消耗和资源依赖向人才科技支撑转变,将人才当作第一生产力,向科技要质量和要效益,坚持质量第一,效益优先,推进发展方式由粗放型发展向集约型发展转变,由单纯追求规模扩张向更加注重提升发展质量转变,由传统的招商引资模式向现代的招才引智和资本运作转变。引进了一批优质成熟型的知名企业,如唯品会、研祥智能科技有限公司、神州数码电子商务项目,规划建立商务办公、休闲娱乐、公寓酒店、养身康体、企业孵化基地,不断加快服务业多点突破,电子商务、商贸业、高端地产、文化休闲旅游等全面开花。同时,重点培育唯品会等电子商务龙头企业,努力将淀山湖镇电子商务产业打造成为国内知名的电子商务物流园区，快速形成百亿级电子商务产业和百亿级环湖经济产业带。

淀山湖镇把发展先进绿色制造业作为经济转型升级的基石，作为经济发展与生态优化双赢的重要抓手。通过引进罗森博格、八十五度、广日科技、和硕木业等著名企业，为淀山湖镇的工业体系注入了新的活力，使淀山湖镇的工业得到了脱胎换骨的转变。

淀山湖镇以新发展理念为指导，努力打造"四个高地"，即瞄准国际先进水平，努力打造现代绿色产业高地，促进传统制造业向现代创新型制造业发展；努力打造创新高地，始终以创新引领发展，以创新营造可持续发展的环境；努力打造人才集聚高地，让人才成为创业之源、竞争之本和经济社会发展的最重要的资源要素；努力打造资本招商和资本运作高地，让资本成为推动企业发展的加速器和产业转型升级的过滤器。

淀山湖镇以新发展理念为指导，努力促进"四个提升"，即努力促进淀山湖镇全面提升自主创新能力，特别是注重企业原创型创新能力的提升，加快引进吸收型创新能力提升和集成型创新能力提升；努力促进淀山湖镇提升国际竞争力，推动企业站在世界竞争制高点上谋划科技创新；努力促进淀山湖镇提升可持续发展能力，以绿色发展走出与传统拼资源、拼土地、拼廉价劳动力不同的发展新路；努力促进淀山湖镇提升资本运作能力，发挥金融对于企业发展的血液作用。

淀山湖镇以绿色发展促进企业转型升级，主要在产业优化升级、加快发展现代服务业、加快用高新技术改造传统产业、大力发展环保产业、促进文化创意产业发展、加强文化产业、推进现代旅游业发展等方面着手，通过打组合拳，提高了传统产业竞争力，增强了全镇产业的整体竞争力。

淀山湖镇大力推进产业优化升级，以此加快绿色发展步伐。淀山湖镇以调高调优调强为基本取向，积极推进产业结构调整，加快发展高新技术产业，提高高新技术产业占工业的比重、高新技术产业中自主知识产权和自有品牌的比重、高新技术产业中新兴产业的比重；加快发展新能源、新材料和环保产业，使新兴产业成为新的增长点。与此同时，淀山湖镇加快振兴传统制造业，推动传统制造业瞄准国际前沿和顾客消费需求向产业链高端攀升。

淀山湖镇加快发展现代服务业，促进产业新起来、高起来和轻起来，以减轻对资源、环境的压力。淀山湖镇加快发展服务外包和软件产业，发展研发设计、大型物流、现代金融、信息服务、文化创意、动漫游戏、文化博览、旅游餐饮、现代农村观光等产业，促进服务业发展提速、比重提高、水平提升。

针对传统产业尾大难掉头的现象，淀山湖镇加快用高新技术改造传统产业，提高传统产业竞争力。淀山湖镇在推进绿色发展中深刻地认识到，保经济增长不等于保 GDP 增长，更不是保粗放型和资源消耗型的经济增长，不能继续走高耗能、高污染、低水平重复建设的路子。保的应是立足于绿色发展，推进经济转型升级和生态环境优化的经济增长。一句话，绝不能以牺牲人民美好生活的需要和牺牲子孙后代的未来利益为代价来追求当前的经济增长，而必须牢记以人民为中心的发展思想这个宗旨，牢记发展的目的是满足人民群众对美好生活的需要，是维护好、实现好、发展好人民群众的根本利益，因此环境保护的硬杠杠不能软，节能减排的紧箍咒不能松，人民群众的权益不能忘。自 2001 年开始，淀山湖镇就率先建设以改路、改厕、改水、改房、改线和美化环境的"五改一化"工程。到目前为止，全镇所有行政村的中心村都完成了村庄环境整治，农村人口受益率达 100%。全镇建成了垃圾中转站，形成了户集、村收、乡镇中转、市里统一处理的收运网络，同时编制了区域性路网、管网、河网、垃圾处理网、污水治理网一体化建设规划，开展沿路、沿河、沿线、沿景区的环境综合整治，深入开展清水河道建设，成片连村推进农村河道水环境综合治理。因地制宜、因村制宜，对各种类型的生活污水进行有效处理。

淀山湖镇大力推进自主创新。在推动企业转型升级过程中不断强化企业在技术创新中的主体地位，加强引进消化吸收再创新，积极支持科技型企业发展，大力培育自主知识产权和自主品牌。适应发展需要大规模培养人才，大量引进高层次人才，大幅度提高各类人才素质，以高素质人才支撑淀山湖镇的高水平发展。

淀山湖镇大力提升集约发展水平。推动产业集聚、企业集群和土地集约利用，着力提高生产要素的产出效益，坚持走资源消耗低、环境污染少、产出效益高的路子。以工业经济开发区为载体，加快形成优势明显、各具特色的产业基地。在注重小微企业发展的同时，着力培育大企业大集团，推动优质资源向优势产业、优秀企业集中，还注重引导中小企业走"精、专、特"的发展路子。

淀山湖镇大力促进开放型经济转型升级。把更大步伐"走出去"和更高水平"引进来"紧密结合起来，加快转变外贸增长方式，大力推动各类开发区"二次创业"。

淀山湖镇大力加强软环境建设。加强政策创新，把政策的着力点由区域优惠转到产业、项目优惠上来，转到扶优限劣上来。加强服务平台和载体建设，进一步完善提升服务功能。加强金融服务体系建设，积极发展创业投资、风险投资和产业发展基金。以创建"尚美淀山湖"机关服务品牌建设为抓手，把创建工作作为强化队伍建设、增强服务本领、提高管理水平、推动中心工作的强大动力，努力实现管理和服务双提升，不断优化服务，大力推进贸易便利化，提升区域综合竞争力。淀山湖镇正确处理保增长与促转型、发展内源型经济与发展外源型经济、发展先进制造业与发展现代服务业、引进技术与自主创新的关系，做到相互促进、相得益彰。

淀山湖镇高度关注世界经济格局的深刻变化，了解全球科技发展的最新趋势，立足自身优势和现实基础，重点培育和发展现代新兴产业。目前和未来筹划的现代新兴产业主要有：新能源产业。围绕再生能源利用、新能源设备制造和智能电网等重点，加快培育一批核心竞争力强的企业，打造更为完整的产业链，进一步形成规模优势和技术优势，使新能源产业成为淀山湖镇的又一战略先导产业和优势产业。新材料产业。依托骨干企业，加大投入力度，提高研发能力，加快新材料产业化进程。新医药产业。以生物制药、现代中药为重点，积极开展重大技术项目攻关及科技成果产业化工作，着力引进一批技术领先的知名企业和重大项目，加快培育一批竞争力强、特色优势明显的医药产业群。环保产业。适应淀山湖镇绿色发展和生态文明建设的要求、低碳经济发展的新趋势，发展环保新技术，开发环保新产品，加强环保基地建设，促进环保产业扩大规模、提升水平，打造淀山湖镇绿色产业这一"绿色名片"，将淀山湖镇区域发展定位于生态产业的集聚和生态建筑的集聚，力争在生态环保、绿色制造及研发、科技制造及研发等方面引进新项目，吸引新投资，将淀山湖区域内新建项目全部做到绿色建筑全覆盖。加快发展以水环境处理与净化、节能与新能源、电子废弃物综合利用、环境服务等为代表的环保产业。软件和服务外包。积极开拓市场，加快软件园和国际服务外包产业带建设，实现从中低端向高端、从一般外包向品牌外包转变，着力提升软件和服务外包发展水平。

淀山湖镇在大力发展新兴产业的同时，着力改造和提升传统产业，推动工业化信息化融合发展，推动制造业向研发设计和营销服务两端延伸，向价值链高端攀升，提高产品附加值和产业竞争力。

淀山湖镇按照欧陆现代风情、新江南古典水乡美丽特色镇的要求，

智者乐水淀山湖

远眺盈湖路

实现生产现代化、生活城市化、环境生态化、服务均衡化、生活消费简单化，把生态现代化建设纳入物质文明、精神文明、政治文明、生态文明与社会文明整体文明框架之中，全面整体地设计与建设"尚美淀山湖"。

淀山湖镇以绿色发展理念推进基础设施建设，以一大批组团式工程来全面提升现代绿色城镇功能，优化人居环境，达到绿色惠民的目的。近年来，市民活动中心、汽车站、淀山湖小学、幼儿园、殡仪服务中心、体育公园、文化中心、老年人日间照料中心、香馨佳园和淀山湖花园安置小区等相继建成。建设完成曙光路、黄浦江南路、盈湖路、环湖大道、南菀路、淀湖路、扬帆路、状元路等道路以及自行车专用车道。全镇道路总长达 160 千米，形成了"三纵三横"主干道和"七纵七横"次干路以及 18 千米长的环状自行车慢行交通系统。实现村村通公交，36 个共享单车存放点投入使用，极大地满足了人民群众绿色出行的需要。这些绿色基础设施的建设和投入使用，获得了良好的社会认可度和群众满意度，促进了淀山湖镇绿色文化的发展和社会和谐。

淀山湖镇积极打造与湖为邻的生态宜居绿色城镇，将湖光山色融入城镇建设中，融入人民群众的日常生活之中。高标准地建设淀山湖滨水景观带，布置湖滨音乐广场、真爱码头、北岸公园等一批生态休闲项目，构筑了环湖大道、绿道、自行车道"三道"系统，优化了沿湖自然生态环境。以建设高品质旅游度假区为重点，将生态与商务有机结合起来，吸引水上运动场、帆船游艇俱乐部等一批运动休闲项目进驻，促进了现代服务业与旅游业的融合发展，打响了"淀山湖现代生态休闲游"特色品牌。在淀山湖镇绿色发展中，其知名度和美誉度得到不断提高。

二、绿色文化的底色

文化是淀山湖镇的一张靓丽的名片。淀山湖镇的文化是丰富多彩的，既有党建的红色文化，又有"尚美淀山湖"的绿色发展，做到了红色文化与绿色文化的交相辉映。淀山湖镇在中国 21 世纪示范镇建设中始终将绿色文化作为先进文化的重要内容，作为所有文化的底色加以高度重视和努力建设。

绿色文化是人类与环境的和谐共进，是使人类实现可持续发展的文化，它包括可持续农业、可持续林业和一切不以牺牲环境为代价的绿色产业、生态工程、绿色企业，也包括有绿色象征意义的生态意识、生态哲学、环境美学、生态艺术、生态旅游，以及绿色运动、生态伦理学、生态教育诸多方面。

一个地区的绿色文化是一个地区文化软实力的重要组成部分。一方面，良好的生态环境为人们提供了客观的审美对象，唤起了人们的审美情趣和美感，使人们在自觉地创造美的同时塑造着自己的真善美，促进自然环境美与人美的双美相映；另一方面，人在审美活动中又会自觉意识到生态环境对于经济社会发展和人的自由而全面发展的重大意义，给生态环境以美的呵护，用美的原则塑造生态环境，从而使生态环境更美，使人与自然更加和谐。

　　立足于淀山湖这块风水宝地，淀山湖人聚焦"尚美淀山湖"的主题思想，秉承"和谐自然，示范未来"和"绿色淀山湖，生态现代化"的发展理念，在着力建设一个集以现代经济为特征的高端产业集群、水乡风貌、田园风光、欧陆风格于一体，兼具休闲度假、旅游观光、现代时尚功能的"新江南美丽时尚特色镇"的进程中，围绕"蓝天、碧水、绿地、休闲、美丽"这些主题词，大力实施"引湖入镇"工程，用足"湖"资源，做好"水"文章，将湖光美景融入城镇建设之中，还生态于百姓，给人民群众以绿色、宁静、舒适和美丽，促进生态乡镇的发展，进而以人与自然和谐共生的生态现代化提升淀山湖镇的绿色文化软实力，使淀山湖镇真正成为名副其实的中国21世纪示范镇，真正成为强富美高的创新、创优、创业的对外开放镇。

　　人与自然和谐共生的生态现代化的价值追求是经济发展与生态环境的优化双赢，是绿色与现代化的有机结合。淀山湖镇认识到，从世界意义上讲的现代化，是指人类社会从工业革命以来所经历的一场涉及社会生活诸多领域的深刻的变革过程，这一过程以某些既定特征的出现作为结束的标志，表明社会实现了由传统向现代的转变，社会发展出现了从低级到高级的提升和跃迁。中国特色的社会主义现代化，是一个追求社会全面变革和全面进步的整体现代化，不能以单一的经济指标、产业指标或者以单一的物质经济数量来界定现代化，而应该把现代化看作一个社会生活诸多领域和诸多环节所发生的全面的和系统的深刻变化，把现代化的进程看作不断与传统告别和不断与时俱进的进程。在乡镇推进现代化，就要注重促进社会整体文明的现代化，如以物质文明为标志的经济现代化，以政治文明为重点的政治现代化，以精神文明为尺度的文化现代化，以社会文明为主线的社会现代化，以生态文明为宗旨的生态现代化，以人的综合素质提升为内涵的人的现代化。在所有的现代化建设中，生态现代化都处于基础性和前提性的地位，必须将生态现代化作为重点，保证基本现代化的实现，在此基础上迈向富强民主文明和谐美丽的社会主义现代化强国。作为苏南经济发达地区的乡镇，淀山湖镇肩负着为中国绿色发展做出示范的艰巨而光荣的任务，必须坚持以绿色发展理念推进人与自然和谐共生的生态现代化，首先要明确经济发展与绿色增长的关系、生态文明与现代化的关系，特别是人与自然和谐共生的生态现代化与淀山湖镇"五位一体"建设之间的内在关系。

三、"五位一体"的战略

淀山湖镇在"尚美淀山湖"的框架下，大力实施"党建红镇、科技强镇、文化亮镇、生态美镇、富民立镇"的"五位一体"镇域经济、政治、文化、社会和生态文明整体推进战略。

淀山湖镇的中国21世纪示范镇建设始终是在党的领导下进行的，必须坚持和加强党的领导，将基层党组织建设成为坚强的战斗堡垒，以党建强引领绿色发展强，以党建创新推动生态文明建设创新，真正做到党建红色与生态绿色互相补充、相互作用，起到红绿交融和相得益彰的作用。"尚美淀山湖"，这个美不光是指生态环境美，还包括基层党建的红色之美。在推进淀山湖镇经济建设、政治建设、文化建设、社会建设以及生态文明建设中，只有加强基层党组织建设，注重以红色为内容的政治建设和红色基因培育，增强基层党组织的自我净化、自我革新、自我完善、自我提高能力，才能发挥党的先进性和纯洁性，提高基层党组织的凝聚力、创造力、吸引力和战斗力，也才能使淀山湖镇的各级基层党组织充分发挥先锋模范作用，真正做到自觉地坚持以人民为中心的发展思想，贯彻落实新发展理念，为满足人民群众对美好生活的向往而诚心诚意地为人民群众办实事，尽心竭力解难事，坚持不懈做好事，真正将人民群众放在心中的最高位置，坚持群众利益无小事，群众再小的事，也把它当作大事，做实做好做细，做到人们的心坎上，促进淀山湖镇党群关系、干群关系的和谐，以党建的红色光芒助推尚美淀山湖镇建设。

淀山湖镇将生态小康和人与自然和谐共生的生态现代化作为科技强镇的重要前提。绿色发展最终指向的是发展，是科学发展、率先发展、和谐发展和可持续发展。发展是硬道理，不发展就根本无法迈向人与自然和谐共生的生态现代化。绿色发展是将经济增长与环境保护综合起来考虑的发展，是把生态文明建设当作发展之要义、发展之条件、发展之保障、发展之宗旨和发展之目的的发展。这种发展，坚持走可持续发展道路，加快推进发展模式由先污染后治理型向生态亲和型转变，绝不以牺牲环境和牺牲民生幸福为代价来换取一时的发展。坚持绿色发展才是真正的科学发展，这样的发展是真正体现了发展价值的发展，是给人民群众以及子孙后代带来利益和福祉的发展。

淀山湖镇认识到，以绿色发展的理念推进生态现代化，就要凭借科技作为第一生产力的功能来强镇。科技是第一生产力的说法，是从总体性和宏观性层面而言的，科技又是一把双刃剑，有利于资源和环境发展的科技是第一生产力。相反，对于资源和环境产生巨大负面影响的科技就是第一破坏力。基于这一认识，淀山湖镇将科技强镇的认识定位于以绿色科技强镇，在招商引资中，改变传统的"来者不拒，拣到篮子里就是菜"的做法，高起点招绿色产业，大力发展有利于生态环境优化和可持续发展的绿色科技,做到自然生态和绿色产业相得益彰,让绿色科技和绿色产业为山水增色,让山水为绿色科技和绿色产业添彩。

淀山湖镇将生态小康和生态现代化作为文化亮镇的重要特征。淀山湖镇在实践中意识到,以绿色发展的理念推进生态现代化,就是要坚持文化亮镇,特别是以绿色文化来亮镇。文化是区域的灵魂,是区域的名片,也是促进区域竞争力得到提升的强大动力。现代社会的经济发展越来越依赖于文化的魅力和文化的张力以及文化的竞争力。越来越多的现象表明:社会财富越来越向拥有文化软实力优势的国家和地区聚集,在区域经济竞争群雄并起的背后,是区域文化软实力百舸争流般的竞争。拥有"中国民间艺术(戏曲)之乡"美誉的淀山湖镇,户户爱看戏、村村有剧场,全年举办百余场广场文艺、送戏下乡进社区活动。群众性文体活动如火如荼,改变了农村老百姓"日出而作、日落而息"的生活习俗。大力发展促进人民群众亲近自然和爱护自然的绿色文化,既是全面小康后满足人民群众日益增长的美好生活需要的内在要求,更是凸显地方特色、打响人与自然和谐共生的生态现代化品牌的客观要求。坚持文化亮镇,就是形成政府搭台、百姓唱戏、自编自演、寓教于乐、民众参与、普及繁荣的文化发展特色。淀山湖镇通过建设一系列文化惠民工程,特别是充分发挥绿色文化活动对人的熏陶和审美作用,有助于极大地提升市民的人文素质,促使他们更加热爱自然环境,积极主动地建设生态文明,促进市民绿色生活方式和绿色行为方式以及绿色消费方式的养成。

淀山湖镇将生态小康和人与自然和谐共生的生态现代化作为生态美镇的主要内容。所谓生态美镇,也就是说,要以生态文明建设带动各项事业,奠定乡镇发展的综合竞争力。实践证明,没有良好的生态环境和自然禀赋,乡镇就没有美丽吸引人的姿色和立足之地,何谈发展？在一个自然资源恶化和生态环境糟糕的乡镇，不可能吸引到人才、资金和技术。推进乡镇生态现代化，就是为乡镇的经济现代化、政治现代化、文化现代化、社会现代化、管理现代化等各项现代化事业奠定坚实的自然基础。以绿色发展的理念推进生态现代化，就要坚持生态美镇，将生态作为一种重要的绿色生产力，推动乡镇可持续发展。推进生态现代化，就要高度注重生态的多重价值，在充分发挥生态的经济价值、社会价值、文化价值、教育价值、审美价值中促进乡镇经济和社会又好又快地发展。

淀山湖镇将生态小康和生态现代化作为富民立镇的重要保证。以人与自然和谐共生的生态现代化为目标导向的绿色实践会给人类带来和谐稳定，使人类享受到幸福安康。而非绿色的实践，如毁林造田、过度地放牧和捕捞、随意地污染环境，只会给人类带来负价值。20世纪80年代，苏南乡镇工业异军突起，一度占据了苏南经济的大半壁江山，犹如魔术师一样呼唤出了巨大的生产力。当人们在赞叹苏南乡镇工业所创造的巨大财富时，又不得不承认，苏南地区的乡镇工业化走的是一条非绿色和不可持续进行的发展道路，是资源、环境遭到削弱和破坏，经济无法持续发展的道路，也是以人民群众的身心健康受到影响为代价的发展道路。绿色实践模式改变传统的只是从单一的主体需要和满足的尺度衡量价值的思维误区，将人的价值和生态环境价值、近期价值和长期价值、局部价值和整体价值等有机地结合起来，将实践的功能定位在符合自然界发展规律和人性发展规律以及有利于给人类社会带来永续和谐发展的基础上。

总之，党建红镇、科技强镇、文化亮镇、生态美镇、富民立镇"五位一体"战略，构成了淀山湖镇建设全面小康社会和推进整体文明进步的现代化的重要系统。这一"五位一体"的战略是一个既有侧重点和各自内涵要求，又相互依赖、相互作用的有机整体，它们之间的交互影响和作用推进淀山湖镇人与自然和谐共生的生态现代化发展步伐，将给人民群众带来高品质的美好生活和幸福满意的灿烂笑容。

第三节 规划实施的保障

淀山湖镇推进生态小康和人与自然和谐共生的生态现代化是一个庞大的系统工程，涉及生态小康和人与自然和谐共生的生态现代化的理念建设，生态小康和人与自然和谐共生的生态现代化视野下的产业布局，生态小康和人与自然和谐共生的生态现代化格局中的生态农业建设，生态小康和人与自然和谐共生的生态现代化态势下的旅游业发展，生态小康和人与自然和谐共生的生态现代化进程中的生态品牌建设诸多丰富内容。

一、系统工程的构架

淀山湖镇为满足人民群众日益增长的美好生活需要，加强生态小康和人与自然和谐共生的生态现代化的理念建设。

生态小康是淀山湖镇全面小康的生态文明建设要求，而人与自然和谐共生的生态现代化则是现代化的一次生态革命。淀山湖镇的生态小康和人与自然和谐共生的生态现代化不仅关系到当前发展，更关乎子孙后代的福祉，不仅关乎淀山湖镇的发展，更关乎中国 21 世纪示范镇的示范效应。淀山湖镇的生态小康和人与自然和谐共生的生态现代化，不仅是城乡环境的生态建设、生态恢复和生态重构，而且是一场涉及发展观、价值观、生活方式等方面的深刻变革。

淀山湖镇牢固地树立淀山湖镇域面积 64.85 平方千米是全镇赖以生存的唯一家园的理念。淀山湖镇在实践中认识到，大自然提供给淀山湖人可利用的自然资源是相对有限的，淀山湖镇的人民群众要热爱大自然，珍惜自然资源，按照自然规律和经济社会发展规律科学发展，把合理开发资源和保护环境作为必须长期坚持的一项基本国策、基本镇规，达到以人民为中心的高质量、高效益发展的目的。

淀山湖镇牢固地树立人与自然协调与和谐的理念。淀山湖镇教育人民群众一定要摆正人类在自然界中的位置，正确处理人与湖水、绿地等的关系，在自觉地尊重自然规律、遵循经济社会发展规律以及中国特色社会主义小康社会建设、社会主义现代化强国建设规律基础上构建人与自然和谐、人与社会和谐以及人与人和谐的关系。

淀山湖镇牢固地树立珍爱和善待淀山湖的水环境、古树、古寺、古潭、古桥等历史文化资源，确立生态效益是长远的经济利益的理念，将绿水青山当作金山银山和子孙后代可持续发展的坚强厚实的靠山，强化保护资源和环境就是保护生产力，加强生态建设就是提高竞争力的发展理念。

淀山湖镇注重生态小康和人与自然和谐共生的生态现代化视野下的现代产业布局。产业布局既是生产能力和消费需求的关联映象，又决定着社会生产力的发展水平和改变着生态环境的演化状态。淀山湖镇的产业结构依据该镇社会经济的发展需要和生态环境的支撑能力而变化。淀山湖镇意识到，不同的产业结构形态既决定着淀山湖镇经济和人口聚集的规模，又因相应的资源配置和能源消费结构影响着该镇生态环境的质量及可持续支撑的潜力，进而亦带动着技术、文化、教育和就业结构的协同调整。因此，淀山湖镇根据经济发展与生态环境承载力之间的动态平衡关系，不断优化产业结构，推动形成人与自然和谐共生的生态现代化目标下的现代产业布局。

淀山湖镇朝着现代产业起点高、对生态环境压力低、对资源能源消耗少、产品竞争力强的要求，加快打造淀山湖滨水生态商务社区。推进电子商务、现代物流、酒店会务、创意研发等高端服务业集聚。

加快淀山湖航空科技园建设。积极引进、培育拥有核心技术和自主品牌的通用设备、特种装备等先进制造业和新兴产业项目，大力发展航材保税物流、航空维修、直升机整机组装生产等航空特色产业。

现代农业是绿色发展的一个重大产业和重大方向，对于推动淀山湖镇田园乡镇建设以及现代农业旅游，对于振兴乡村，促进农业繁荣、农村富裕和农民生活更加美好具有重大意义。淀山湖镇着力建设现代农业示范区。实施淀山湖农业片区总体规划，大力发挥农业服务城镇的经济生产功能、生态保护功能、景观服务功能与社会保障功能，实现片区农业持续有序发展。淀山湖镇特别注重加强生态小康和人与自然和谐共生的生态现代化格局中的生态农业建设。现代生态农业是生态化的现代农业，是现代农业与生态农业的复合体系，兼有高投入、高产出、高效益与可持续发展的双重特征。发展现代生态农业，实现农业可持续发展，符合当今农业发展和淀山湖镇的实情。

淀山湖镇发展现代生态农业已经具备了一定的基础，淀山湖镇推进人与自然和谐共生的生态现代化格局中的生态农业建设，具有丰富的可复制的经验。

淀山湖镇一方面立足于城市化、工业化、现代化不断推进的趋势，以"富裕农民、改善生态、服务乡镇和城市"为宗旨，以提高农业综合竞争力为核心，充分利用淀山湖镇的农业土地资源、现代农业产业资源、水资源、生态资源和交通便捷优势，加快农业经营体制和增长方式的根本性转变，大力开发现代农业绿色生态产品，充分发挥现代农业为全社会提供安全、营养、高品质农产品的功能，促使传统农业向现代生态农业升级转型。

在淀山湖镇东南部与上海青浦区的交界处，是淀山湖镇晟泰优质水稻示范区，这里铺展开了 4 015 亩的超大幅绿色画卷。这里是"淀山湖镇万亩高产增效创建示范片"中的一个示范区，涉及淀山湖镇晟

万亩优质稻米基地

泰、红星两个行政村,承包给29个规模经营示范户。在这片"田成方、路相连、沟相通、林成网、旱能灌、涝能排"的现代化农业示范区里,初夏时节,满眼是碧绿挺拔的稻秧,秋收前夕,则能看见一串串饱满成熟的稻穗,在视野尽头清新的空气中,相伴着城镇高楼繁华的轮廓,如同卫士一样守望着这片土地。晟泰优质水稻示范区种植的"淀佳"牌无公害粮食作物,可以吃出地道的江南老味道,其中"南粳46""甬优8号""武运粳19"三个品种更被作为高产优质品种推广。

淀山湖镇另一方面把现代生态农业作为生态立镇建设的重要内容,围绕农业经济、生态优化以及经济效益和社会效益的统一做好文章,加快现代农业生产、生态和生活功能的综合开发,充分挖掘和激活现代绿色农业提供平衡城乡生态、观光休闲、文化科普、审美享受等多种功能,实现现代绿色农业的和谐可持续发展。淀山湖镇努力做好现代绿色农业的文章，进一步突出了该镇农产品的品牌效应，增加了附加值。淀山湖镇的黄桃、水蜜桃、稻米、玉米、西瓜以及各种有机蔬菜，各种淀山湖的水产如度城螃蟹等，都远近闻名，产品以巨大的知名度和美誉度而供不应求，收到了良好的经济效益、社会效益和生态效益。

淀山湖镇加快促进生态小康和人与自然和谐共生的生态现代化态势下的文化旅游业发展。淀山湖镇注重把生态小康和人与自然和谐共生的生态现代化态势下的文化旅游业发展以生态学思想贯穿于整个淀山湖镇的旅游系统，并指导其有序发展，探寻到了一条绿色可持续发展的文化旅游发展模式，实现了在文化旅游发展中的生态、经济、社会三方面效益的统一和综合效益最优化。进入21世纪以来，淀山湖镇高度重视文化旅游业对于该镇经济结构优化、生态环境美化、人民生活富裕化的重大价值，镇政府将文化旅游产业作为突出项目来发展和培育，整合资源，不断开创文化旅游产业发展新格局。对该镇蓬勃发展的集以现代绿色经济为特征的高端产业集群、水乡风貌、田园风光、欧陆风格于一体，兼具休闲度假、旅游观光、现代时尚功能的"新江南美丽时尚特色镇"予以一种全新的定位。淀山湖镇充分认识到，实施人与自然和谐共生的生态现代化态势下的文化旅游业发展，必将极大地提高淀山湖镇的整体生态环境质量、对外开放程度以及实现旅游资源保护性开发，对于促进淀山湖镇经济可持续发展会产生重大而深远的影响。

淀山湖美，美就美在淀山湖水。但是如果缺乏保护意识和加强生态文明建设的实践，美丽的淀山湖水就要变质，因此爱护淀山湖水，使淀山湖水永远美丽，永不变质，人人有责。为了激发人民群众对淀山湖这一母亲湖的热爱，自觉地投入"尚美淀山湖"建设，促进淀山湖镇的资源节约型、环境友好型、人口均衡型和生态环境健康安全保障型社会建设，淀山湖镇连续多年策划举办淀山湖"亲水节"。在此基础上，不断丰富淀山湖节庆内涵，以节庆为平台，不断强化人们的生态文明意识，促进生态文明观入脑入心，见行见效，提升淀山湖镇的知晓度、美誉度和旅游人气。淀山湖镇还积极争取旅游部门的支持，将淀山湖镇旅游纳入昆山一日游、二日游序列，在构建环淀山湖生态圈的同时构建环淀山湖旅游圈。淀山湖镇旅游部门切实加强与周边旅游古镇的合作，积极探索古镇游与现代休闲游的结合途径和合作方式，在旅游市场的整合性营销和推广上实现创新。淀山湖镇旅游部门强化服务意识，提高服务水平，积极做好3A级景区的创建工作，加强硬件设施的规划配套建设，营造优良的旅游文化，特别是注重将旅游文化与生态文化紧密地结合起来，一丝不苟地做好游客接待中心、停车场、星级公共厕所的选址规划和建设工作。

淀山湖镇注重加强生态小康和人与自然和谐共生的生态现代化进程中的生态品牌建设。生态品牌是社会公众对区域生态状况的一种综合性的认知和评价，能给本地居民和旅游者带来独特的精神享受，给区域带来社会、经济、生态环境效益的增值，提升区域的竞争力和综合实力。生态品牌并不是各种独立要素的简单集合，而是将生态、人文、历史和社会等各个要素整合而形成并突出生态环境状况的一种价值系统。淀山湖镇高度重视绿色发展中的生态品牌的培育和推广，在推进建设生态小康和人与自然和谐共生的生态现代化进程中加大生态品牌建设的力度，取得了显著的经济效益、社会效益和生态效益。

淀山湖镇充分利用淀山湖的湖景资源和旭宝高尔夫球场、梦莱茵帆船等特色资源，紧紧抓住环湖大道建成通车的有利时机，通过资源整合，逐步推出运动休闲游、水上体验游、环湖观光游、人文追逐游、田园风光游等特色项目，打响了"淀山湖现代休闲游"特色品牌。淀山湖镇水上休闲运动，如帆船、赛艇、水上摩托等观赏性强的水上运动项目及赛事档次高、影响力大，已经成为闻名遐迩的体育运动品牌。淀山湖镇的自行车骑行活动吸引了众多的参与者，淀山湖镇 11.8 千米的环湖景观大道是湖景观光的美丽窗口，环湖大道、盈湖路、新乐路三个环道共 38 千米的自行车环道为骑行一族提供了绝佳的场所。淀山湖镇还在大力创建中国门球之乡上做文章，积极发展群众性门球运动，争取承办更多门球赛事，努力打造中国门球之乡。

淀山湖镇还通过深度挖掘以古树、古寺、古潭、古桥为代表的历史文化资源，在恢复、重建福严禅寺和规划建设度城遗址公园等重要文化旅游项目的基础上，形成具有淀山湖特色的一系列文化旅游品牌，让旅游文化在优质品牌的影响下不断繁荣兴盛。

二、多管齐下的举措

淀山湖镇加强生态小康建设和推进人与自然和谐共生的生态现代化，注重采取扎实的保障措施，主要做法有：推进绿色生态型政府建设，加强企业生态责任建设，加快培育居民生态文化，注重借鉴和吸收国外生态现代化的经验与理论，注重加强对外宣传推广，等等。

淀山湖镇认识到，加强生态小康建设和推进人与自然和谐共生的生态现代化建设，推进绿色生态型政府建设是关键。建设中国 21 世纪示范镇和推进新时代社会主义生态文明建设，政府重视和践行是至关重要的大事，必须发挥好政府的主导作用。

淀山湖镇政府把推进生态小康建设和人与自然和谐共生的生态现代化、生态文明建设列入重要议事日程，加强组织领导与协调、监督，明确目标，落实责任，形成生态文明建设的强大合力，确保生态文明建设各项工作部署落到实处。更重要的是，鉴于政府关于生态文明建设的各项工作需要企业和公众的参与，政府自身的生态文明行为需要企业和公众的监督，政府整合社会各界的资源以及在此基础上获得一种绿色发展的整体合力，具有十分重要的价值。

淀山湖镇政府把生态文明建设作为考核干部政绩的重要内容之一，引入绿色GDP观念，不仅看经济指标，还要看人文指标、资源和环境指标。进一步完善生态保护工作目标责任考核，加大考核力度，切实体现政府对辖区内生态环境质量高度负责的法定要求，进一步突出对改善环境质量、生态修复和建设、主要污染物减排、环保基础设施建设、环保能力建设等内容考核有关指标的权重，倒逼该镇各级基层组织和领导干部牢固地树立社会主义生态文明观，以实际行动加快推进生态文明建设的步伐。

淀山湖镇政府成立了由环保、城管、工商、税务、公安联合组建的执法小组，对涉危、涉化、涉重等污染企业，违法排污企业，不符合国家产业发展政策企业，按照有关规定予以否定环评审批，拆除设备，吊销工商营业执照，注销税务登记。与此同时，对生态环境突出问题及群众反复投诉的热点、难点问题，成立了特设机构，整合相关部门职能集中予以解决。淀山湖镇政府积极培育环境保护工作做得比较好的企业，在项目审批、资金申报等方面由环保、财政等部门开辟绿色通道，大力扶持。淀山湖镇通过构建"大环保"工作格局，切实增强环保执法力度，将环保纳入法治轨道，发挥了依法治理的积极作用，提高了企业环保责任意识。淀山湖镇在建设法治政府的同时，加强环境保护方面的法规执行力度，认真履行对企业环境保护方面的监督和扶持。

淀山湖镇把推进企业生态责任建设当作建设生态小康和推进人与自然和谐共生的生态现代化的重要内容。淀山湖镇党政部门督促企业自觉地履行绿色环保等社会责任，做绿色发展的楷模，以实际行动加强环境保护。淀山湖镇认识到，企业作为经济领域和经济活动的主体，改变其在生态环境问题处于主要肇事者的身份，在享有利用和处置社会共有自然资源权利的同时，必须承担起自己应有的生态责任，这既是落实科学发展观和新发展理念的必然选择，也是企业自身生存和发展的需要。首先，企业的生态责任意识本身就是企业文化的重要内容，只有建立以企业生态伦理为核心的内部企业文化机制，才能推动企业把外部的生态环境保护的强制力转化为企业内部的绿色发展的强大动力，以增强企业的自我约束力，用企业文化的力量去规范员工的行为。其次，企业应该从源头上防止环境污染，要在业务流程中强化生态责任，以绿色生产和绿色管理的理念对产品进行"环境友好设计"。最后，企业还要制定企业生态责任审计制度，与环保部门一起严把生态环境责任关，推动企业朝着绿色企业的目标发展。

淀山湖镇高度注重生态文化建设，将社会主义生态文明观的教育和践行当作社会主义核心价值观建设的重要内容，着力培育全镇居民的生态文化，以促进人民群众生态意识的强化和生态文明素质的提高。淀山湖镇将实施生态文化培育行动和加强生态文明宣传教育活动融入各项工作之中，引导广大干部群众强化"生态环境就是生存空间、生态环境就是生活品质、生态环境就是战略资源"的意识，把生态文明的理念渗透到生产生活的各个领域。淀山湖镇通过亲水节、旅游节以及文艺活动，发动各行各业和广大人民群众，深入开展环境优美乡镇、生态村、生态理性人和节能环保企业等创建活动。大力倡导勤俭节约的低碳生活，积极鼓励绿色消费，养成节约资源、保护环境的生活方式和消费方式，在全镇营造出了以绿色为时尚、以绿色为美丽的良好风气。

淀山湖镇在贯彻落实开放发展理念的过程中，以世界性视野，大力加强对国外生态建设取得重大成效的国家有关人与自然和谐共生的生态现代化的经验与理论借鉴。随着工业文明的发展和人口的不断增加，许多国外专家学者对人与自然和谐共生的生态现代化从理念、制度、政策等层面进行了探讨，许多地区开展人与自然和谐共生的生态现代化积累了一些经验，这些都是淀山湖镇以海纳百川的心胸认真学习借鉴的。淀山湖镇认真学习借鉴生态环境保护出色的德国、日本、北欧等一些国家的经验，学习这些国家如何围绕资源高效利用和环境友好进行社会生产和再生产活动。这主要包括发展资源节约和综合利用、废旧物资回收利用、环境保护等产业形态，运用清洁生产、物质流分析、环境管理等技术手段，以尽可能少的资源、环境代价获取最大的经济效益、社会效益和生态效益，实现人类社会的可持续发展。学习这些国家如何通过控制人口、调节财富收入的再分配以及提高资源利用效率等实现经济稳步发展。学习这些国家如何开展"绿化"工作道德，如何加强劳动所得应符合绿色运动所提出的道德规范建设，使劳动成为促进人的自由而全面发展的活动。如何提倡大力发展可以促进人与自然和谐相处的小型经济区域，通过这种自助型经济模式促进对环境的保护和改善。

淀山湖镇把建设生态小康社会和推进人与自然和谐共生的生态现代化划分为既有区别又有紧密联系的不同阶段，确定了不同阶段的不同目标。就近期目标而言，淀山湖镇的主要任务是大力发展循环经济，使循环经济的发展重点逐步转移到可再生能源的开发、利用和生产上来；从根本上改变那种"大量生产、大量消费、大量抛弃"的浪费型生产方式和消费模式，在全社会倡导循环型、清洁型工作方式、生活方式和消费方式。从中远期目标而言，淀山湖镇的重点任务是积极借鉴生态经济和推进人与自然和谐共生的生态现代化理论的有益观点，如从满足人民群众美好生活需要出发来实现经济发展而不是单纯追求经济增长，使劳动超越纯粹的经济行为而成为促进人的自由而全面发展的活动，按照符合社会道德规范的原则分配劳动所得，实现人与自然的真正意义上的"亲密接触"以达到对自然的保护等。淀山湖镇将这些有益经验都当作在推进中国21世纪示范镇建设中必须认真加以吸纳的宝贵思想资源,当作确立淀山湖镇未来经济社会发展战略的有益参考。

淀山湖镇结合信息化网络化时代的特点,加强对建设生态小康和推进人与自然和谐共生的生态现代化的舆论宣传,以营造推进绿色发展的浓厚氛围。淀山湖镇有计划、有步骤地开展滨水国际社区的宣传推介工作。以提高知晓度和美誉度为目标,以平面推介、电视推介、网络推介为主要手段,有计划、有步骤、有重点地开展宣传推介工作,有针对性地做好形象广告、优势阐述和信息发布,打响"淀山湖滨水国际社区"品牌,有力地促进了板块房产销售,集聚了淀山湖滨水国际社区的人气,提升了该社区的品牌影响力和形象力。与此同时,突出重点做好淀山湖滨水生态商务社区的宣传推介工作。以提升旅游度假区形象为目标,以自建网站为基础,结合沪上相关媒体,努力做好区域优势推介、区域规划介绍,不断提升淀山湖滨水生态商务社区的知名度和形象影响力,吸引了更多的客商来此地投资建设,吸引了更多的游客来休闲观光,打造了国际知名湖区、国际商务胜地和休闲度假知名品牌。淀山湖镇建立和统筹生态宣传教育的各种机制。淀山湖镇切实加强对生态宣传教育工作的领导,把生态宣传教育的目标任务纳入淀山湖镇宣传教育的总体规划,建立健全了适应生态宣传教育发展要求的协调联动机制,统一规划、指导、协调宣传教育工作的开展并适时组织总结、交流。建立健全环境宣传教育工作目标责任制,做到责任明确和责任到人。淀山湖镇制定了绩效评估标准和考核办法,创新生态文明建设奖惩机制;同时,统筹各机制的协调运转,推进生态宣传教育工作逐步走上制度化、规范化、科学化的轨道。

三、指标体系的引导

淀山湖镇在实践中深深地感到,制定生态文明建设规划和发挥指标体系的引领作用,有助于淀山湖镇生态文明建设朝着科学化、规范化、法治化、有序化方向推进。经过反复论证，淀山湖镇形成了2016年到2020年生态文明建设五年规划纲要。

淀山湖镇将以人民为中心的发展作为价值追求和行动指南，以"尚美淀山湖"为主题，以"和谐自然，示范未来"为愿景，以"绿色淀山湖，生态现代化"为实践目标，明确了生态文明规划的指导思想。就是要以新发展理念为指导，紧紧围绕"昆山之路从头越"总任务，坚持生态立镇，夯实绿色发展底色，把"绿色发展"导向始终贯穿于转型升级创新发展的全过程。加速优化产业结构，改善生态环境，提升人文素质，全面开创经济发展平稳、人民生活富裕、文化繁荣昌盛、生态环境良好的新局面。

淀山湖镇生态文明规划的主要目标是：到2020年，高标准完成昆山生态文明建设指标，基本形成节约资源和保护环境的空间格局、产业结构、生产方式和生活方式，促进人口、环境、资源和经济社会协调发展，实现"尚美淀山湖"目标，持续提高人民群众对生态环境的满意度，使淀山湖镇生态文明建设走在昆山市的前列，争当建设生态小康和推进人与自然和谐共生的生态现代化的排头兵。

淀山湖镇从总体规划出发，坚守"立足区域实际，统筹城乡协调，便捷交通引导，节约利用资源，动态质量增长，环境宜业宜居"的绿色发展理念，以发展轴线推进、中心片区带动、景观轴线催化、生态廊道升华的可持续发展模式，形成"一心两轴五片区"产、城一体化空间布局。大力推进"四大片区"规划控制，其中生活服务单元形成"两心两轴三片区"结构，维持自然水域生态环境，注重资源节约利用和循环利用；生产研发单元规划形成"一廊两片"结构，严格控制工业污染，促进节能减排，推动绿色企业壮大连片；仓储物流单元配套商务办公、商业服务等设施，积极发展特色物流产业；旅游度假单元着力打造滨湖休闲度假胜地、滨水生态商务社区，形成功能多元化、服务高端化、发展低碳化、生态人文化的经济增长新引擎。

淀山湖镇绿色发展的努力方向和所要达到的目标主要包括：

一是产业生态化指标。万元产值能耗下降5%，服务业增加值占GDP的比重超过60%，新兴产业产值占规模以上工业产值的比重超过55%，高新技术产业产值占规模以上工业产值的比重超过30%，高新技术企业总数超过30家，品牌企业产值占规模以上工业产值比重的15%。主要农产品"三品"种植面积比重达95%，农业灌溉用水有效利用系数达0.704，秸秆综合利用率达100%。

二是环境生态化指标。淀山湖城镇林木覆盖率达22.68%，建成区绿化覆盖率达41.19%，建成区绿地率达35.59%。建成区污水处理率提高到98%，规划保留村庄污水处理设施覆盖率达100%。水环境功能区水质达标率达80%以上，Ⅲ类以上地表水比例超过60%。工业固体废物、医疗废物处置利用率保持100%。镇、村生活垃圾集中收运率达100%，村庄综合环境整治率达100%。

三是人文生态化指标。环境保护宣传教育普及率达100%，党政干部参加生态文明培训比例达100%，举办生态文明讲坛15场，中小学生文明教育普及率达100%。省级以上生态村比例达100%。环保志愿者人数占常住人口的比例超过3%，建成生态教育基地5个。预防和处理各类信访问题，提高化解人民内部矛盾的能力，提高基层治理法治化水平，实现群众满意度100%。

淀山湖镇生态文明规划的重点任务有：全面实施绿色拉动战略，加快实现产业经济生态化、环境保护生态化、人文建设生态化三大重点任务。

淀山湖镇在推进生态小康和人与自然和谐共生的生态现代化中的产业经济生态化的主要任务有：

一是提速生态旅游业。明确旅游发展的定位及方向。围绕"乡村生态、休闲度假"定位，完善旅游总体规划和公共服务体系规划，加快筹备3A级景区创建，促进乡村旅游业发展。有序提升民宿经济规范化、组织化程度。加快农村改造和规划提升，支持房地产向休闲娱乐、养老度假业态转型。推动工业向旅游业延伸。建立八十五度、吉纳尔等工业旅游工厂，推出淀山湖民生产品O2O平台。加快旅游要素开发。建设六如墩—东阳界慢行系统，挖掘千年古银杏、度城潭遗址等历史文化资源，推进环湖人家、水岸公园、水上运动等多个功能组团，加快环湖休闲度假、七彩田园、万亩稻米基地、红星果品基地生态农庄等生态休闲载体建设，积极创建江苏省生态旅游示范镇和江苏省乡村旅游示范点，逐步打造旅游品牌。

二是提升现代服务业。巩固加强服务业引领效应。扶持和培育一批服务业龙头企业及其配套企业，重点把电子商务和"互联网+"作为服务业发展的"一号工程"，力争开展跨境贸易电子商务服务试点等新型业态。加快发展现代服务业总部经济。推进唯品会现代电子商务运营总部和金田世纪集团运营中心落地，通过总部经济影响力，带动现代服务业企业形成集聚。发挥载体平台孵化作用。积极发挥神州数码、研祥智能、唯品会、金田世纪等几大产业平台，引进一批顺应淀山湖镇产业发展导向的优质项目。加快发展新模式新业态。依托"滨湖邻沪"优势，着力打造与上海"一小时经济圈"，放大"同城效应"，把握大虹桥发展和国家会展中心开放的机遇，加快引进会务会展配套产业，探索发展供应链金融等新模式、新业态。力争到2020年实现服务业增加值占GDP的比重达60%。

三是提质生态制造业。全面落实转型升级创新发展扶持政策。通过转变财政资金支持方式，设立产业转型专项扶持资金，鼓励企业实行"机器换人"，加大技术改造投资，引入先进管理和技术人才。每年奖励扶持资金不少于3 000万元。提高存量盘活力度和精准性。积极落实"腾笼换鸟""插柳成荫"和"老树开花"三大举措,提高资源要素利用率,十三五期间力争盘活土地500亩,嫁接一批优质的产业项目,新增盘活产能30亿元。大力发展新兴产业。培育引进一批拥有自主知识产权、自主品牌的创新型企业,到2020年实现新兴产业产值占规模以上工业产值的比重超过55%。

四是优化科技人才创新创业生态环境。健全产学研协同创新机制。围绕企业技术需求扩大企业研发机构覆盖率,优化各类科技创新载体,探索高校专家人才特派员柔性进企业制度,到2020年实现拥有研发机构企业所占比重达60%,研发经费支出占地区生产总值的比重达2%。持续加大对制造业工业4.0的扶持力度。鼓励企业开展"机器换人"等提升企业整体竞争力的创新技改活动。到2020年实现高新技术产业产值占规模以上工业产值的比重达30%,高新技术企业总数30家,品牌企业产值占规模以上工业产值的比重达15%。集聚一批创新创业型领军人才。利用好"滨湖邻沪"的区位优势,依托神州数码、研祥智能两大载体平台,促进更多具有自主知识产权的科技成果转化为现实生产力,加快形成具有淀山湖特色和自主创新能力的现代服务业产业体系,到2020年万人发明专利拥有量达30件,高层次人才数达250人,每万劳动力中研发人员数达580人。

五是提升现代生态农业。毫不放松地抓好粮食生产。稳定粮食播种面积,提升万亩高产创建示范区,亩均产量稳定在650千克以上。转变农业发展方式。统筹推进现代农业和乡村旅游融合发展,盘活存量优势,规划新建集绿色餐饮、生态种养、户外休闲等产业于一体的现代农业发展综合园区。挖掘一批"三品"农产品。力争到2020年"三品"种植面积比重达95%。结合农业旅游,创建绿色品牌农产品,加大绿色品牌农产品的包装和宣传营销力度,积极发展电子商务、直销配送、农超对接等新型营销模式,实现借农兴旅,以旅富农。开发农业多种功能。提高农业生态价值、休闲价值和文化价值，运用新技术、新产业、新业态，促进一二三产业融合发展，提升农业全产业链附加值。

淀山湖镇在推进生态小康和人与自然和谐共生的生态现代化中，环境保护生态化的主要任务有：

一是实施清水专案。加强淀山湖水质提升。加大水利环境建设投资力度，注重源头治理，关停重污染企业，稳步推进河道疏浚、生态修复、河道畅通、防洪除涝工程，消除河道的填、堵、束现象，盘活河网水系。实施淀山湖水系生态系统恢复与修复。加强氮磷污染治理，形成更加完善的管控机制，统筹抓好湖泊、河道水环境治理。加强工业废水处理设施和污水处理厂建设。提高污水处理能力，加大污水管网接管力度，推广节水生产和生活方式，减少污水排放。经过努力，完成了小千灯浦、官西江、官里江、官里人家江等 6 条河道的综合整治，完成了晟泰集团工业废水接管，维盛精密五金有限公司和隆富纸品加工有限公司等企业管道的施工与接管，完成了污水处理厂提标改造及二期扩建项目前期方案设计。大力整治黑臭河道，落实了全镇 190 条河道、200 点位，按照黑臭河道标准进行定期体检式检测，完成了市政污水管网长度 30 398.6 米、农村污水管网长度 3 270 米、小区污水管网长度 30 907 米、雨水管网长度 53 467.4 米；完成管网改造 2 千米前期工程。

二是实施净空专案。持续推进《大气污染防治专项整治行动》，坚持不懈地开展"净空行动"。治理工业废气粉尘。加强对有锅炉、木制品、建材等粉尘生产和涂装类、化工类企业的治理。加强工地扬尘整治力度。全面推行"绿色施工"，加强监管，严格落实施工扬尘管控措施。加强机动车污染控制。积极推进机动车尾气超标排放和黄标车、老旧机动车的管理与整治力度。防控秸秆焚烧污染。强化秸秆综合利用,严禁秸秆焚烧,签订秸秆禁烧目标责任书,坚决遏制秸秆露天焚烧造成的大气环境污染。注销了宝波树脂、晟泰集团原燃煤锅炉,改用了天然气。申坤保险箱厂改用了柴油锅炉。注销了美泰纸业1台锅炉、圣地亚包装2台燃煤锅炉、方氏家具2台锅炉、万事达化工厂2台锅炉,共计完成削减1 292吨燃煤。

三是环境综合治理。重点是以城镇环境综合整治为龙头兼顾农村环境综合整治。加大对全镇范围内个体餐饮、农家乐、农贸市场的监督和管理,以及违章搭建、垃圾偷倒、小区内家禽饲养现象的监管和查处,力争公众对环境质量的满意度达85%。提升基础设施建设。新建及修缮道路、桥梁、污水管网、农贸市场、护栏等基础设施,完善路灯、停车场、公厕等公共服务配套设施。提倡绿色低碳出行。完善慢行交通系统,加快公共自行车道系统建设及沿路绿化增设。同时加快推进新客运站的使用及交通线路调整。提高农村客运覆盖面和通达广度,进一步满足人民群众出行需求。加强噪声管控。合理设置噪声隔离带,加强道路绿化隔离带建设。强化交通噪声管控。完善交通路网系统,分流车流量,有效降低居民生活区的噪声。强化企业及公共娱乐商业场所噪声防治,有效减少对周围环境的影响。

四是优化城镇发展格局。整合资源科学规划各大功能区,解放生产空间、改善生活空间、发展生态空间。实现规划提升。修改并完善城乡总体规划、控制性详规、城镇主体功能区规划和农村建设规划。加大"绿色银行"储备。五年内完成储备18万平方米,约5 000株树苗。严格"城镇绿线"管理,提升绿化覆盖率、绿地率和人均公共绿地面积。建设"城林交融"的宜居环境。提高绿色生态功能和绿地景观质量,增强绿地林地综合服务功能和防灾避险能力。

五是加强美丽乡村建设。完善农村公共服务体系,精细化推进美丽村落翻建,探索"小规模、组团式、生态化"宜居模式。实现村庄功能提升。努力把一个村当作一个景来设计，把一户农家当作一个小品来改造，稳步推进美丽乡村建设行动。此项活动以村村优美、家家创业、处处和谐、人人幸福为主要目标，通过三年时间，把全镇所有村创建成人美、环境美、生活美的省级生态村。对居住与生产生活、公共服务、社会综合治理等方面进行统筹安排，新建及修缮村级道路、桥梁、污水管网等基础设施，打造新型农村社区。挖掘二次开发潜力。大力盘活闲置农房、集体厂房、历史遗迹等潜在资产，通过市场手段把普通资源转化为可经营、有价值的资产，形成旅游富民新增长点。加快实现富民增收。支持强村公司发展现代农业、乡村旅游，参与资产收购，使其成为富民强村的稳定剂。落实村庄环境长效管理。创新考核评分机制，推广生活垃圾分类、清洁生产、循环经济。

香馨佳园太阳能设施

六是打造现代生态社区。推行社区绿色建筑。重点建设一批浅层地源、空气源等热泵供热制冷、太阳能采暖照明等可再生能源社区建筑。建立新型社区管理机制。加大社区管理力度,完善社区基础设施建设,建立多元化功能的社区服务中心,努力营造优美、舒适的生活空间。深入开展绿色社区创建,重点加大社区绿化景观配套,有效提升社区绿化覆盖率,加强社区绿化环保理念宣传,提高社区居民生态文明程度。

淀山湖镇在推进生态小康和人与自然和谐共生的生态现代化中的人文建设生态化的主要任务有:

一是加强生态文明宣传。推动全民生态意识提升,以社会主义核心价值观宣传教育为主线,大力弘扬社会新风正气,积极开展"好家风好家训"家庭美德建设,以家风带民风促社风。积极培育社会公益组织,推进志愿服务体系建设,推动志愿服务规范化、项目化、特色化。扎实推进农村精神文明建设,完善农村公共文化服务体系,持续推进文化惠民工程,成立戏曲馆、少儿戏曲培训基地,组织开展系列群众文化活动。引导各类新经济组织、社会组织参与文明创建,不断提高社会文明程度。

二是开展创建生态示范活动。进一步推进绿色系列创建的广度和深度,全方位开展绿色机关、绿色学校、绿色企业、绿色工地、绿色社区、绿色家庭和生态村等系列创建活动,深入推进文明餐桌行动和"光盘行动",开展文明餐厅、文明食堂评选,上下联动、合力推进,在全镇形成关心环保、支持环保、参与环保的良好氛围。

三是着力化解信访矛盾。一方面要完善和落实领导接访制度。贯彻落实党政领导每日参与信访接待。另一方面要注重源头防控机制。依靠基层主力,坚持抓源头,早发现、早解决。还要抓好逐级转办制度。对于群众反映的信访问题,根据不同的类别和归属,由分管领导将信访事项批示转交给相关单位做出答复。实行限时答复制度。相关单位在收到交办件后,需在规定时间期限内给予信访人答复。

　　四是优化公共产品服务。以"学有优教、病有良医、劳有厚得、老有颐养、住有宜居"为目标,不断提高城乡居民基本公共服务均等化水平。加快民生工程建设,优化老人日间照料中心布局,启动镇人民医院、中学规划建设,加大专业技能人才的培养与引进,着力提升公共产品供给能力,逐步实现城乡公共服务全覆盖,形成高水平政府公共服务体系。

　　五是完善决策评价体系。科学把握淀山湖镇资源总量和环境容量,完善对全局性优化配置的定期评估制度。充分发挥项目评审小组的作用,从严落实区域规划及重大项目环境影响评价制度,建立健全经济社会发展与资源环境综合决策机制。推行绿色评价体系,实施绿色采购和绿色信贷制度。落实政府强制采购节能产品制度和环境标志产品优先采购制度,提高绿色采购份额。加强对企业环保工作的定期评价,与银行实行环境信息共享,对限制和淘汰类项目进行信贷控制。加强与周边乡镇及青浦的沟通协调,探索建立环淀山湖区域生态共建机制。

　　六是促进公众参与。依法保障人民群众的知情权、参与权、表达权和监督权;采取现场走访调研、平台网友互动、数字城管等方式,广泛采纳意见,主动查找推进绿色发展和城镇建设管理等方面的薄弱点,及时跟进整改;定期举行"我为'尚美淀山湖'建设献一计""公共文明行动日"等活动,调动全社会参与生态文明和城镇建设管理的积极性、主动性和创造性,增强广大居民群众的认同感和参与度。

　　淀山湖镇以强有力的保障措施确保生态文明规划的落实,淀山湖镇制定的保障措施主要有:

　　一是切实加强领导。充分发挥生态文明建设工作领导小组的作用,以强有力的组织力统筹全镇生态文明建设,制订年度工作方案,全镇各部门明确责任，齐抓共管，增强执行力。各村、各社区、各部门、各单位成立相应的工作小组，健全工作网络，落实具体工程项目和措施，确保各项创建工作和目标任务落到实处不走样。

二是加大资金投入。统筹建设资金，确保建设目标和重点项目按计划推进。强化政府对生态文明建设工程的主导作用，镇财政每年安排一定的引导资金，用于生态产业发展、生态环境保护与建设、环境基础设施、农村环境综合整治等重点项目，确保生态文明建设工作取得成效。在金融创新方面，淀山湖镇积极转变政府财政理财观念，采取"多条腿走路"的办法，以镇财政为主，综合运用税收、贴息、银行融资等手段，积极争取上级各类专项资金，形成多元化、多渠道的城镇化建设投资体系。用好用足棚户区改造资金和改造贷款资金，推进保障房建设，同步建设相关配套设施。淀山湖流域水环境综合整治项目纳入太湖水环境综合治理，利用生态修复专项补偿资金开展水环境整治。认真贯彻财政资金管理政策，城镇建设从项目立项到竣工决算均通过财政部门审计，保障资金合理支出。还积极引入民间资本参与生态文明建设和绿色小城镇建设，以政企合作模式开展基础设施、公共服务设施改造建设，取得了良好的效果。

三是强化执法监管。将生态文明建设自觉地纳入法治轨道，依法治理，加强部门联动配合，严厉打击污染环境、破坏生态的违法行为。深入开展各项环保专项行动，营造良好的环境秩序。高度重视环境信访工作，健全环境纠纷定期排查等制度，维护社会和谐稳定。加强环境监测、环境监察能力建设，提高监测预警和应急处置能力。构建环境管理大平台、名木古树管理、数字城管、雨污水管网养护、绿化养护、道路保洁、河道管护、垃圾收运、社区服务、工地管理等一系列管理体系。部门联动，把日常督查、排查上报、民生反映的突出问题全部纳入体系流转，形成高效的问题发现和处理标准化流程机制，大幅提升绿色发展和城镇管理效率效能。

四是严格监督考核。成立淀山湖镇生态文明建设督查小组，明确责任分工，督查小组负责统计、汇总完成情况及年底的考核。建立并完善生态文明建设考核和"回头看"机制，把生态文明建设指标完成情况作为年度考核的重要内容。各责任部门对照生态文明建设分解表，每月上报完成进度、存在困难及原因。不定期对生态文明建设情况进行总结。由督查小组组织专家、相关部门以及人民群众代表参与，以求考评的客观性、真实性和科学性。

五是营造浓厚氛围。充分发挥党政机关、社会团体和民间组织的宣传优势，利用宣传栏、横幅、报刊、网络等多种形式广泛宣传，使生态文明理念深入人心、低碳生活成为时尚。鼓励各类环保志愿组织、企业开展生态公益活动，监督环境保护工作，以实际行动增强群众的环保意识。广泛调动全社会的积极性、主动性和创造性，努力营造全民共建共享生态文明的良好氛围。

淀山湖镇在制定生态文明规划过程中，认真学习党中央、国务院和环境保护部有关加强社会主义生态文明建设的文件精神，认真学习中华人民共和国制定实施的有关环境保护的法律法规，认真学习环境保护做得好的一些国家的生态文明建设的经验做法，广泛听取全镇居民、企业以及绿色环境保护民间组织的意见，广泛参照了其他地区和乡镇的生态文明建设规划，广泛征集了生态文明专家学者的意见，实地进行了长期和深入的调研，使生态文明规划集中了人民群众的经验和智慧，反映了企业的要求，改变了过去那种"规划规划，笔头写写，墙上挂挂"的完全不把规划当回事的现象，保证了生态文明规划的科学性、客观性、法治性、务实性、超前性、可评估性以及可操作性，发挥了生态文明规划教育人、鼓舞人和推动全镇人民积极参与生态文明和建设美好家园的重大作用。

第三章　社会责任的履行

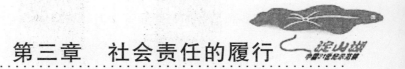

"枯萎了湖上的蒲草，消匿了鸟儿的歌声"，这是《寂静的春天》作者美国环境保护先驱蕾切尔·卡逊在该书扉页上引用的英国著名诗人济慈的诗句。

《寂静的春天》于 1962 年问世，正值美国工业化、城市化、现代化快速发展，同时也是美国绝大多数企业唯利是图，一味向自然环境索取而不愿意承担环境责任，导致环境污染十分严重和人民群众深受环境污染之苦的时期。

当时美国的公共政策中还没有"环境"这一款项，环境保护意识还没有成为企业的社会责任，没有成为公民社会意识的内容，人们为工业化、城市化、现代化狂飙凯歌式的神奇进展而欢欣鼓舞，丝毫没有意识到潜在的危险就在眼前。

《寂静的春天》出版两年后，蕾切尔·卡逊逝世于乳腺癌。具有讽刺意味的是，科学研究有力地证明了这一疾病与生态环境的恶化有着必然联系。从某种意义上说，蕾切尔·卡逊是在为她的生命而写作。

《寂静的春天》犹如旷野中的一声惊天动地的呐喊，用其深切的感受、全面的研究和雄辩的论点改变了历史的进程。它告诉人们，特别是告诉那些不顾环境污染和自然资源承载力而发展的企业，建立在牺牲环境基础上的现代化只能将人们带进一个无绿色的坟墓，只有走人与自然和谐共生的生态现代化的绿色发展道路，才能迎来"仲春冻初解,阳气方满盈。旭日照原野,万物皆欣荣"的充满生机活力的喧闹春天。

淀山湖镇推进绿色发展和建设生态小康走向人与自然和谐共生的现代化,向人们示范的一个重要内容是,企业自觉履行生态责任,并在强烈的社会主义生态文明观的支配下推进绿色发展。淀山湖镇的企业在"和谐自然,示范未来"和"绿色淀山湖,生态现代化"的理念引导下,不断增强和充分发挥企业在中国21世纪示范镇建设中的主体作用,为淀山湖地区的科学发展、绿色发展、创新发展、率先发展、开放发展、共享发展以及企业转型升级增添着新的发展动力。

第一节 生态责任的缘起

淀山湖镇党政部门联手企业推进绿色发展,增强和充分发挥企业在绿色发展中的主体作用,推动企业履行生态责任,以绿色工业园区、绿色制造、绿色科技、绿色营销为主线,促进人与自然和谐共生,构建人与自然的生命共同体,呵护好绿色淀山湖,建设尚美新家园,争当绿色发展的主力军和先行军。

一、"八大公害"的教训

企业生态责任从某种程度上来说,是用非绿色的传统发展付出了惨痛的代价换来的。在利润至上的大旗指挥下,资本贪婪的本性加剧了人与自然关系的紧张,为了资本增值而不择手段地向自然界索取,既使企业成了一味赚钱的机器,又使企业不断地在地球上上演着一个又一个损害生态环境的"公有地的悲剧",最终酿成了全球性的严重生态危机。

揭露企业对自然和社会犯下的罪责并敦促企业良心的觉醒,成为一些有识之士的环保壮举。蕾切尔·卡逊的《寂静的春天》,首次向世人披露了农药等化学工业品泛滥造成的大自然生命被毒害的惨象，说明如果企业不讲良心，将一味获得高额利润作为自己的使命，那么，人类只能迎来一个没有鸟语花香的死一般寂静的春天。

殷鉴不远，20 世纪 30 年代到 70 年代在欧洲、美国、日本等工业发达国家都发生了由于环境污染而震惊全球的公害事件，给当地许多无辜百姓造成了莫名的病痛与死亡，企业的工业污染和对生态环境的不负责任则是其罪魁祸首。

大气中的污染物主要来自煤、石油等燃料的燃烧，以及汽车等交通工具在行驶中排放的有害物质。全世界每年排入大气的有害物质总量为 5.6 亿吨，其中一氧化碳（CO）2.7 亿吨，二氧化碳（CO_2）1.46 亿吨，碳氢化合物（CH）0.88 亿吨，二氧化氮（NO_2）0.53 亿吨。美国每年因大气污染而死亡的人数达 5.3 万多人，其中仅纽约市就有 1 万多人。大气污染能引起各种呼吸系统疾病，由于城市燃煤煤烟的排放，城市居民肺部煤粉尘沉积程度比农村居民严重得多。

20 世纪震惊全球的"八大公害"事件如下：

一是比利时马斯河谷烟雾事件。

马斯河谷是比利时境内马斯河旁一段长 24 千米的河谷地段。这一段中部低洼，两侧有百米的高山对峙，使河谷地带处于狭长的盆地之中。马斯河谷地区是比利时国家的一个重要的工业区，建有 3 个炼油厂、3 个金属冶炼厂、4 个玻璃厂和 3 个炼锌厂，还有电力厂、硫酸厂、化肥厂和石灰窑炉。这个工业区全部处于狭窄的盆地中，空气流动性很差。

1930 年 12 月 1 日至 15 日，整个比利时大雾笼罩，气候反常。由于特殊的地理位置，马斯河谷上空出现了很强的逆温层。在通常情况下，气流上升越高则气温越低。但当气候反常时，低层空气温度就会比高层空气温度还低，发生"气温的逆转"现象，这种逆转的大气层叫作"逆转层"。逆转层会抑制烟雾的升腾，使大气中烟尘积存不散，在逆转层下积蓄起来，无法对流交换，造成大气污染现象。

在这种逆温层和大雾的作用下，马斯河谷工业区内13个工厂排放的大量烟雾弥漫在河谷上空无法扩散，有害气体在大气层中越积越厚，其积存量接近危害健康的极限。第三天开始，在二氧化硫（SO_2）和其他几种有害气体以及粉尘污染的综合作用下，马斯河谷工业区有上千人发生呼吸道疾病，症状表现为胸疼、咳嗽、流泪、咽痛、声嘶、恶心、呕吐、呼吸困难等。一个星期内就有60多人死亡，是同期正常死亡人数的十多倍。其中以心脏病、肺病患者死亡率最高。许多家畜也未能幸免于难，纷纷死去。

这次事件曾轰动一时，虽然日后类似这样的烟雾污染事件在世界很多地方都发生过，但马斯河谷烟雾事件是20世纪最早记录下的大气污染惨案。

二是美国多诺拉烟雾事件。

多诺拉是美国宾夕法尼亚州的一个小镇，位于匹兹堡市南边30千米处，有居民1.4万多人。多诺拉镇坐落在一个马蹄形河湾内侧，两边高约120米的山丘把小镇夹在山谷中。多诺拉镇是硫酸厂、钢铁厂、炼锌厂的集中地，多年来，这些工厂的烟囱不断向空中喷烟吐雾，以致多诺拉镇的居民们对空气中的怪味都习以为常了。

1948年10月26日至31日，持续的雾天使多诺拉镇看上去格外昏暗。气候潮湿寒冷，天空阴云密布，一丝风都没有，空气失去了上下的垂直移动，出现逆温现象。在这种死风状态下，工厂的烟囱却没有停止排放，就像要冲破凝住了的大气层一样，不停地喷吐着烟雾。

两天过去了，天气没有变化，只是在大气中的烟雾越来越厚重，工厂排出的大量烟雾被封闭在山谷中。空气中散发着刺鼻的二氧化硫气味，令人作呕。空气能见度极低，除了烟囱之外，工厂都消失在烟雾中。随之而来的是小镇6 000多人突然发病，症状为眼病、咽喉痛、流鼻涕、咳嗽、头痛、四肢乏力、胸闷、呕吐、腹泻等，其中有20人很快死亡。死者年龄多在65岁以上，大多原来就患有心脏病或呼吸系统疾病，情况与当年的马斯河谷事件相似。

这次烟雾事件发生的主要原因，是由于小镇上的工厂排放的二氧化硫等有毒有害气体及金属微粒在气候反常的情况下聚集在山谷中积存不散，这些有毒有害物质附着在悬浮颗粒物上，严重污染了大气。人们在短时间内大量吸入这些有毒有害的气体，引起各种症状，以致暴病成灾。

多诺拉烟雾事件和比利时马斯河谷烟雾事件、多次发生的伦敦烟雾事件、1959年墨西哥的波萨里卡事件一样，都是由于工业排放烟雾造成的大气污染公害事件。

三是伦敦烟雾事件。

1952年12月5日至8日，一场灾难降临了英国伦敦。地处泰晤士河谷地带的伦敦城市上空处于高压中心，一连几日无风，风速表读数为零。大雾笼罩着伦敦城，又值城市冬季大量燃煤，排放的煤烟粉尘在无风状态下蓄积不散，烟和湿气积聚在大气层中，致使城市上空连续四五天烟雾弥漫，能见度极低。在这种气候条件下，飞机被迫取消航班，汽车即使在白天行驶也须打开车灯，行人走路都极为困难，只能沿着人行道摸索前行。

由于大气中的污染物不断积蓄，不能扩散，许多人都感到呼吸困难，眼睛刺痛，流泪不止。伦敦医院由于呼吸道疾病患者剧增而一时爆满，伦敦城内到处都可以听到大声而痛苦的咳嗽声。仅仅4天时间，死亡人数就达4 000多人。就连当时举办的一场盛大的得奖牛展览中的350头牛也惨遭劫难。一头牛当场死亡，52头严重中毒，其中14头奄奄待毙。2个月后，又有8 000多人陆续丧生。这就是骇人听闻的伦敦烟雾事件。

酿成伦敦烟雾事件的主要凶手有两个,冬季取暖燃煤和工业排放的烟雾是元凶,逆温层现象是帮凶。伦敦工业燃料及居民冬季取暖使用煤炭,煤炭在燃烧时,会生成水(H_2O)、二氧化碳(CO_2)、一氧化碳(CO)、二氧化硫(SO_2)、二氧化氮(NO_2)和碳氢化合物(CH)等物质。这些物质排放到大气中后,会附着在飘尘上,凝聚在雾气上,进入人的呼吸系统后会诱发支气管炎、肺炎、心脏病。当时持续几天的"逆温"现象,加上不断排放的烟雾,使伦敦上空大气中烟尘浓度比平时高10倍,二氧化硫的浓度是以往的6倍,整个伦敦城犹如一个令人窒息的毒气室。

可悲的是,烟雾事件在伦敦出现并不是独此一次,相隔10年后又发生了一次类似的烟雾事件,造成1 200人的非正常死亡。直到20世纪70年代后,伦敦市内改用煤气和电力,并把火电站迁出城外,使城市大气污染程度降低了80%,骇人的烟雾事件才没有在伦敦再度发生,而伦敦作为雾都的称呼才成为历史。

四是洛杉矶光化学烟雾事件。

洛杉矶位于美国西南海岸,西面临海,三面环山,是一个阳光明媚、气候温暖、风景宜人的地方。早期金矿、石油的开发和运河的开通,加之得天独厚的地理位置,使它很快成为一个商业、旅游业都很发达的港口城市。洛杉矶市很快就空前繁荣起来,著名的电影业中心好莱坞和美国第一个"迪斯尼乐园"都建在这里。城市的繁荣又使洛杉矶人口剧增。白天,纵横交错的城市高速公路上拥挤着数百万辆汽车,整个城市仿佛一个庞大的蚁穴。

然而好景不长,20世纪40年代初开始,人们就发现这座城市一改以往的温柔,变得疯狂和怪异起来。每年从夏季至早秋,只要是晴朗的日子,城市上空就会出现一种弥漫天空的浅蓝色烟雾,使整座城市上空变得浑浊不清。这种烟雾使人眼睛发红,咽喉疼痛,呼吸憋闷,头昏,头痛。1943年以后,烟雾更加肆虐,以致远离城市100千米以外的海拔2 000米高山上的大片松林也因此枯死,柑橘减产。仅1950—1951年,美国因大气污染造成的损失就达15亿美元。1955年,因呼吸系统衰竭死亡的65岁以上的老人达400多人。光化学烟雾是由于汽车尾气和工业废气排放造成的,一般发生在湿度低、气温在24℃~32℃的夏季晴天的中午或午后。汽车尾气中的烯烃类碳氢化合物和二氧化氮(NO_2)被排放到大气中后,在强烈的阳光紫外线照射下,会吸收太阳光所具有的能量。这些物质的分子在吸收了太阳光的能量后,会变得不稳定起来,原有的化学链遭到破坏,形成新的物质。这种化学反应被称为光化学反应,其产物为含剧毒的光化学烟雾。

洛杉矶在20世纪40年代就拥有250万辆汽车,每天大约消耗1 100吨汽油,排出1 000多吨碳氢(CH)化合物,300多吨氮氧(NO_x)化合物,700多吨一氧化碳(CO)。另外,还有炼油厂、供油站等燃烧石油产生的排放物,这些化合物被排放到阳光明媚的洛杉矶上空,不啻制造了一个毒烟雾工厂。

光化学烟雾可以说是工业发达、汽车拥挤的大城市的一个隐患。20世纪50年代以来,世界上很多城市都不断发生过光化学烟雾事件。光化学烟雾的形成机理十分复杂,其主要污染物来自汽车尾气。因此,目前人们主要在改善城市交通结构、改进汽车燃料、安装汽车排气系统催化装置等方面做出积极努力,以防患于未然。

五是日本水俣病事件。

日本熊本县水俣湾外围的"不知火海"是被九州本土和天草诸岛围起来的内海,那里海产品丰富,是渔民们赖以生存的主要渔场。水俣镇是水俣湾东部的一个小镇,有4万多人居住,周围的村庄还居住着1万多农民和渔民。"不知火海"丰富的渔产资源吸引着众多的商贩和游客，使小镇格外兴旺。

1925年，日本氮肥公司在这里建厂，后又开设了合成醋酸厂。1949年后，这个公司开始生产氯乙烯（C_2H_5Cl），年产量不断提高，1956年超过6 000吨。与此同时，工厂把没有经过任何处理的废水直接排放到水俣湾中。

1956年，水俣湾附近发现了一种奇怪的病。这种病症最初出现在猫身上，被称为"猫舞蹈症"。病猫步态不稳，抽搐、麻痹，甚至跳海死去，被称为"自杀猫"。随后不久，此地也发现了患这种病症的人。患者由于脑中枢神经和末梢神经被侵害，轻者口齿不清、步履蹒跚、面部痴呆、手足麻痹、感觉障碍、视觉丧失、震颤、手足变形，重者精神失常，或酣睡，或兴奋，身体弯弓时常莫名高叫，直至死亡。当时这种病由于病因不明而被叫作"怪病"。

这种"怪病"就是日后轰动世界的"水俣病"，是最早出现的由于工业废水排放污染造成的公害病。水俣病的罪魁祸首是当时处于世界化学工业尖端技术的氮（N）生产企业。氮用于肥皂、化学调味料等日用品以及醋酸（CH_3COOH）、硫酸（H_2SO_4）等工业用品的制造上。日本的氮产业始创于1906年，其后由于化学肥料的大量使用而使化肥制造业飞速发展，甚至有人说"氮的历史就是日本化学工业的历史"，日本的经济成长是"在以氮为首的化学工业的支撑下完成的"。然而，这个"先驱产业"在日本肆意的发展，却给当地居民及其生存环境带来了无尽的灾难。

氯乙烯和醋酸乙烯在制造过程中要使用含汞（Hg）的催化剂，这使排放的废水含有大量的汞。当汞在水中被水生物食用后，会转化成甲基汞（CH_3HgCl）。这种剧毒物质只要有挖耳勺的一半大小就可以置人于死命，而当时由于氮的持续生产已使水俣湾的甲基汞含量达到了足以毒死日本全国人口2次都有余的程度。水俣湾由于常年的工业废水排放而被严重污染了，水俣湾里的鱼虾类也由此被污染了。这些被污染的鱼虾通过食物链又进入了动物和人类的体内。甲基汞通过鱼虾进入人体，被肠胃吸收，侵害脑部和身体其他部分。进入脑部的甲基汞会使脑萎缩，侵害神经细胞，破坏掌握身体平衡的小脑和知觉系统。据统计，有数十万人食用了水俣湾中被甲基汞污染的鱼虾。

早在水俣病事件发生的多年前，就屡屡有过关于"不知火海"的鱼类、鸟类、猫等生物异变的报道，有的地方甚至连猫都绝迹了。水俣病危害了当地人的健康和家庭幸福，使很多人身心受到摧残，经济上受到沉重打击，甚至家破人亡。更可悲的是，由于甲基汞污染，水俣湾的鱼虾不能再捕捞食用，当地渔民的生活失去了依赖，很多家庭陷于贫困之中。"不知火海"失去了生命活力，而伴随它的是污染导致的长期的萧索。

日本在第二次世界大战后经济复苏，工业飞速发展，但由于当时没有相应的环境保护和公害治理措施，致使工业污染和各种公害病随之泛滥成灾。除了水俣病外，四日市哮喘病、富山县"骨痛病"等都是在这一时期出现的。日本的工业发展虽然产生了丰厚的经济利益，但难以挽回的生态环境的破坏和贻害无穷的公害病使日本政府与企业日后为此付出了极其昂贵的治理、治疗和赔偿的代价。直至今日，因水俣病而提起的旷日持久的法庭诉讼仍然没有结束。

六是日本富山骨痛病事件。

富山县位于日本中部地区，在富饶的富山平原上，流淌着一条名叫"神通川"的河流。这条河贯穿富山平原，注入富山湾，不仅是居住在河流两岸人们世世代代的饮用水源，也灌溉着两岸肥沃的土地，使之成为日本主要粮食基地的命脉水源。然而，谁也没有想到多年后，这条命脉水源竟因严重污染而成了"夺命"水源。

20世纪初开始，人们发现该地区的水稻普遍生长不良。1931年又出现了一种怪病，患者大多是妇女，病症表现为腰、手、脚等关节疼痛。病症持续几年后，患者全身各部位会发生神经痛、骨痛现象，行动困难，甚至呼吸都会带来难以忍受的痛苦。到了患病后期，患者骨骼软化、萎缩，四肢弯曲，脊柱变形，骨质松脆，就连咳嗽都能引起骨折。患者不能进食，疼痛无比，常常大叫："痛死了！""痛死了！"有的人因无法忍受痛苦而自杀。这种病由此得名为"骨癌病"或"骨痛病"。1946—1960年，日本医学界从事综合临床、病理、流行病学、动物实验和分析化学的人员经过长期研究后发现，"骨痛病"是由于神通川上游的神冈矿山废水中的镉（Cd）中毒引起的。

据记载，由于日本工业的快速发展，富山县神通川上游的神冈矿山从19世纪80年代起成为日本铝矿、锌矿的生产基地。神通川流域从1913年开始炼锌，"骨痛病"正是由于炼锌厂排放的含镉废水污染了周围的耕地和水源而引起的。

镉是重金属，是对人体有害的物质。人体中的镉主要是由于被污染的水、食物、空气通过消化道与呼吸道摄入体内的，大量积蓄就会造成镉中毒。神冈的矿产企业长期将没有处理的废水排放注入神通川，致使高浓度的含镉废水污染了水源。用这种含镉的水浇灌农田，稻秧生长不良，生产出来的稻米成为"镉米"。"镉米"和"镉水"把神通川两岸的人们带进了"骨痛病"的阴霾中。

1961年，富山县成立了"富山县地方特殊病对策委员会"，开始了国家级的调查研究。1967年研究小组发表联合报告，表明"骨痛病"主要是由于重金属尤其是镉中毒引起的。1968年开始，患者及其家属对金属矿业公司提起民事诉讼，1971年判决原告胜诉。被告不服上诉，1972年再次判决原告胜诉。

七是日本四日市哮喘病事件。

四日市位于日本东部伊势湾海岸，因历史上曾每隔4天有一次集市而得名。四日市原本是一个人口不到 25 万的小城市，市内建有纺织厂和窑厂。由于四日市临海，交通方便，很快成为发展石油工业的窗口。1955 年，四日市的第一座炼油厂建成后，其他一些相关企业纷纷上马，石油联合企业逐渐形成较大的规模。1957 年，昭石石油公司所属的四日市炼油厂投资 186 亿日元；1959 年，这个石油公司中心企业开始投产，四日市很快发展成为一个"石油联合企业城"。然而，正当人们对这个即将带来滚滚财源的大型企业艳羡不已时，可怕的公害病却已悄然潜入了人们的生活中。

从 1959 年开始，昔日洁净的城市上空变得污浊起来。每到春天，在邻近石油联合企业的盐滨地区，居民住宅周围弥漫着恶臭，甚至在炎热的夏天也不能开窗通风换气。由于工业废水排入伊势湾，水产发臭不能食用；石油冶炼产生的废气使天空终年烟雾弥漫。全市平均每月每平方千米降尘量为 14 吨（最多达 30 吨），大气二氧化硫含量浓度超过标准 5～6 倍，大气中烟雾厚达 500 米，其中漂浮着多种有毒有害气体和金属粉尘，很多人出现头疼、咽喉疼、眼睛疼、呕吐等症状，患哮喘病的人剧增。1964 年，四日市有 3 天烟雾不散，致使一些哮喘病患者痛苦地死去。1967 年，又有一些哮喘病患者因不堪忍受疾病的折磨而自杀。1970 年，哮喘病患者人数达 500 多人。1972 年，达 817 人，死亡 10 余人。到 1979 年 10 月底，确认患有大气污染性疾病的患者人数为 775 491 人。

化石燃料（煤、石油等）在燃烧时会排放出大量的二氧化硫，当其在大气中的浓度达到 10% 以上时，就会强烈地刺激和腐蚀人的呼吸器官，引起气管和支气管的反射性挛缩，使管腔缩小，黏膜分泌物过多，呼吸阻力增加，换气量减少。严重时会造成喉痉挛，甚至使人窒息死亡。特别是当大气中的二氧化硫吸附在漂浮的金属粉尘中时，就能随粉尘侵入人体的肺泡。

四日市的居民长年累月地吸入这种被二氧化硫及各种金属粉尘污染的空气，呼吸器官受到损害，很多人患有呼吸系统疾病，如支气管炎、哮喘、肺气肿、肺癌等。由于四日市呼吸系统病症患者大多一离开大气污染环境，病症就会得到缓解，所以把这种病统称为"四日市哮喘病"。

八是日本米糠油事件。

1968年3月，日本九州、四国等地区的几十万只鸡突然死亡。经调查，发现是饲料中毒，但因当时没有弄清毒物的来源，也就没有对此进行追究。然而，事情并没有就此结束，当年6—10月，有许多人因患原因不明的皮肤病到九州大学附属医院就诊，患者初期症状为痤疮样皮疹，指甲发黑，皮肤色素沉着，眼结膜充血等。此后3个月内，又确诊了112个家庭325名患者，之后在全国各地仍不断出现。至1978年，确诊患者累计达1 684人。

这一事件引起了日本卫生部门的重视，通过尸体解剖，在死者五脏和皮下脂肪中发现了多氯联苯，这是一种化学性质极为稳定的脂溶性化合物，可以通过食物链而富集于动物体内。多氯联苯被人畜食用后，多积蓄在肝脏等多脂肪的组织中，损害皮肤和肝脏，引起中毒。初期症状为眼皮肿胀，手掌出汗，全身起红疹，其后症状转为肝功能下降，全身肌肉疼痛，咳嗽不止，重者发生急性肝坏死、肝昏迷等，以致死亡。

专家从病症的家族多发性了解到食用油的使用情况，怀疑与米糠油有关。经过对患者共同食用的米糠油进行追踪调查，发现九州一个食用油厂在生产米糠油时，因管理不善，操作失误，致使米糠油中混入了在脱臭工艺中使用的热载体多氯联苯，造成食物油污染。由于被污染的米糠油中的黑油被用做了饲料，还造成数十万只家禽死亡。这一事件的发生在当时震惊了世界。

第二次世界大战后的最初10年可以说是日本的经济复苏时期。在这个时期，日本对追赶欧美趋之若鹜，发展重工业、化学工业，跨入世界经济大国行列成为全体日本国民的兴奋点。然而，日本人在陶醉于日渐成为东方经济大国的同时，却没有多少人想到破坏生态、肆虐环境将带来的灭顶之灾。正是由于这种急功近利，20世纪发生的世界8件重大公害事件中，日本就占了4件，足见日本当时生态环境问题的极端严重性。

淀山湖镇以世界八大公害事件教育企业，必须将经济效益与社会效益、生态效益紧密地结合起来，绝不走竭泽而渔、杀鸡取卵的发展道路，绝不将功利与伦理对立起来，牺牲自然价值和子孙后代的价值争取所谓的经济增长和利润倍增，必须推进人与自然和谐共生的生态小康建设和生态现代化建设，建设"尚美淀山湖"，构建幸福新家园，满足人民群众日益增长的美好生活需要。

二、环境问题的严重

淀山湖镇努力建设中国21世纪示范镇，加快生态小康建设和人与自然和谐共生的现代化建设步伐，对于中国推进绿色发展既有重大的国内意义，还呼应了积极解决全球性的生态危机的国际意义。

就全球性的环境问题来看，企业的工业污染是罪魁祸首。当今人类所遭受的环境污染、生态失衡、资源短缺、生存困境等全球性问题，企业是重要的责任方。日益严峻的全球性环境问题，以气候变暖、臭氧层破坏、生物多样性减少、酸雨蔓延、森林锐减、土地荒漠化、大气污染、水体污染、海洋污染、固体废物污染等样式表现出来，严重影响和破坏着人民群众的生态权益，动摇着人类健康生存与发展的根基，企业则是造成这些环境问题的主要推手。

鸡蛋可以挑选，地球只有一个。保护环境、拯救地球是人类自救的不二选择。严重的环境问题，催生着人们环境意识的觉醒。美国公众于 1970 年 4 月 22 日首次掀起了生态环境保护运动——"地球日"运动。1972 年，联合国环境规划署在首届人类环境会议上紧急呼吁"人类只有一个地球"，并规定在每年的 6 月 5 日全球共同发起"世界环境日"运动。20 世纪 90 年代以后，缘起于西方发达国家的企业社会责任运动浪潮与环保运动浪潮合流，共同把企业推向环境问题的"被告席"，认定现代企业对全球生态危机负有不可推卸的生态责任。

我国也走了一条先污染后治理的道路，改革开放初期的乡镇企业普遍没有环境保护意识，制造业水平也不高，粗放型经济发展模式没有能力和技术治理污染。近年来，企业的环境意识得到了增强，但是，冰冻三尺非一日之寒，多年积累的环境污染问题难以一下子解决，我国的环境污染仍在加剧，环境质量还在恶化。大气二氧化硫含量居高不下，环境质量总体上还是呈恶化趋势，固体废弃物污染面广量大，噪声扰民严重，环境污染事故时有发生。据中国社会科学院公布的一项报告表明：中国环境污染的规模居世界前列。尤其是水污染、大气污染、固体废弃物污染较为严重。

企业是环境污染的主体，在大力加强社会主义生态文明建设的过程中，企业理所当然也应该成为环境责任的主体。我国工业企业污染约占总污染的 70%，其中工业企业污染中的 50% 是因为企业管理不善造成的。尤其是化工、石油等部门的一些重点企业，由于可持续发展责任意识淡薄，这些企业的废料流失率高达 86%。

在大力建设中国 21 世纪示范镇的过程中，淀山湖镇加大对以亲水、爱水、护水、节水为内容的水文化的宣传教育，让每一个企业懂得，我国是世界上缺水严重的国家，虽然水资源总量在世界水资源总量中的占比为第六位，但人均淡水资源占有量只有 2 300 立方米，仅为世界平均水平 10 000 立方米的四分之一，其排位在世界 100－117

位之间，是世界缺水国之一。在我国的600多个城市半数以上缺水，其中严重缺水的城市有108个，日缺水量达1 600万立方米，几百万人的生活用水紧张，污染性缺水的城市日益增多。每年因缺水而影响工业产值约达2 300亿元。随着城市的发展和人民生活水平的提高、城市人口的增加，缺水势将扩大；农业年缺水约300亿立方米，全国有8 000万农村人口，3 000多万头牲畜得不到饮水保障，有0.067亿公顷农田由于缺水得不到充足灌溉，造成粮食产量降低一半。从水资源质量看，我国的水环境局部有所改善，但全国七大水系中一半以上河段水质受到污染，35个重点湖泊中有17个被严重污染，全国三分之一的水体不适于鱼类生存，四分之一的水体不适于灌溉，70%以上城市的水域污染严重，50%以上城镇的水源不符合饮用水标准，40%的水源已不能饮用。水污染已成为水资源利用中的一大障碍，成为威胁人民健康和制约社会经济发展的重要因素之一。因此，我国的水环境污染已经到了非治理不可的地步。

以太湖而言，水污染严重侵蚀着这颗江南明珠。太湖流域面积占全国的0.38%，但承担着全国10%的工业废水和居民生活污水，远远超过了太湖的生态极限。众多各类化工企业、纺织企业等把千百年来养育了一代又一代江浙沪老百姓的母亲湖、母亲河，污染成了只有达到Ⅳ－Ⅴ类水质的臭水湖和臭水沟。2007年5月到6月间，太湖爆发严重蓝藻污染，造成无锡全城自来水污染。生活用水和饮用水严重短缺，超市、商店里的桶装水被抢购一空。一些有钱的人跑到了周边城市避难，他们自称自己是生态难民。

通过水文化的宣传教育，使淀山湖镇所有企业都明确了这个基本道理，淀山湖是淀山湖人民的母亲湖，是供养淀山湖人民的生命湖，绝不污染淀山湖，是企业的良知和社会责任。

为了保护淀山湖这一母亲湖，淀山湖镇政府投资，于2004年新建了一座日处理 2 000 吨的污水处理厂。又通过扩容、加快污水管网延伸，污水处理能力不断提高，达到了日处理 10 000 吨，促进了镇村河道的整洁和河水质量的改善。根据镇经济社会发展的趋势，已经规划对该污水处理厂进一步扩容，提升对镇域绿色发展的服务能力。镇区污水排放系统取 0.9，地下水渗入量按照 10% 计算，日变化系数取 1.5，预测 2030 年镇域用水量将会达到每天 80 000 吨。那么，到 2030 年用水量将会达到每天 50 000 吨。

淀山湖镇在进行水文化教育的同时，还对企业进行大气污染的教育，以使企业自觉地推进能源结构的调整，以清洁生产推进绿色发展。大气污染与企业能源结构直接有关。目前，中国能源结构以煤为主，占一次能源消费总量的 75%，中国大气污染主要是由燃煤造成的，属于能源结构性的煤烟型污染。主要污染物是烟尘和二氧化硫。大气污染程度随能源消耗的增加而不断加重。另外，在一些发达的大城市，汽车行驶总量常达上百万辆之多，因此交通污染也成为大气污染的原因之一。城市大气污染的主要来源是工业排放和机动车尾气排放，目前人们谈论的大气中的主要污染物是指二氧化硫（SO_2）、二氧化氮（NO_2）、臭氧（O_3）和总悬浮颗粒物（TSP）。大气中的二氧化硫主要来源于各类工业排放气体，在工厂比较集中的地区，二氧化硫的浓度往往较高。排放到大气中的二氧化硫在适当的气候条件下（如逆温、微风、日照等）极容易形成硫酸雾和酸雨，从而对人体健康（尤其是损害呼吸系统和皮肤等）和农作物等造成很大的危害。

大气环境的不断恶化，其后果之一是人们自身的健康受到严重威胁，造成某些疾病发病率和死亡率的不断上升。据联合国环境规划署统计，全世界每年约有 120 万人成为新的皮肤癌患者，呼吸系统和心血管疾病患者也呈增加趋势。我国十大城市癌症的死亡病人调查结果显示，肺癌的死亡人数居首位。诚然，所有这些不能全部归咎于空气污染，但有理由认为，这无疑与当前的大环境恶化密切相关。

认识到了生态环境问题的严重性，淀山湖镇的企业加快了节能减排的步伐，在企业发展中始终坚持以生态环保为准则，把资源消耗、环境损害、生态效益等指标纳入社会经济发展评价系统，制定严格的污染排放标准、环保准入门槛和考核问责制度，自觉地推进循环发展、低碳发展、绿色发展，承担企业对人民群众和大自然应尽的社会责任。

三、责任时代的到来

淀山湖镇作为中国 21 世纪示范镇，肩负着时代赋予的重大责任、国家赋予的重大责任和全社会赋予的重大责任。这个责任的分解大部分要落实在淀山湖镇所有的企业身上。淀山湖镇的企业既是物质财富的主要贡献者，又是环境污染的主要源头，因为诸多令人担忧的环境问题，同样也是企业生产环境成本负外部化的必然结果。

通过参与中国 21 世纪示范镇的实践，使淀山湖镇的许多企业深深地认识到，如果企业缺乏环境意识，不将环境价值、人的价值与物质价值、经济价值紧密地结合起来，就会割裂这些价值之间的内在联系，导致企业急功逐利和唯利是图，为了利润而采取一味索取和征服自然的生产方式，会严重割裂生产与生态环境的内在统一性，激化人与自然之间的矛盾，破坏人与自然的相互依存、相互作用以及相互反馈的和谐关系。企业以自然为敌，结果必然会招致自然的严厉报复，也即是自然对人们恣意妄为行为的严厉惩罚。淀山湖镇的企业在中国 21 世纪示范镇建设过程中还深刻地认识到，从本质上看，生态危机的罪魁祸首不是别人，正是企业自己，是缺乏生态伦理责任和资本逻辑恶性膨胀的结果。解铃还须系铃人，企业对当今严重的生态环境问题负有不可推卸的历史责任。

淀山湖镇的企业通过生态文明教育开始意识到，在以"人文权益关怀"和"生态权益关怀"为核心的企业社会责任浪潮风起云涌的当今时代，人类已经进入了一个"责任时代"。淀山湖镇只有把企业生态责任浪潮引入中国 21 世纪示范镇建设的主流之中，才能敦促企业将生态责任当作重大的社会责任。

1924 年，英国学者谢尔顿首次提出企业社会责任的概念，认为企业社会责任应把企业的社会责任与企业经营者满足产业内外各种人类需要的责任联系起来，并认为企业社会责任含有道德因素在内。1953 年，霍华德·R. 鲍恩在《企业家的社会责任》一书中指出，企业在追求自身权利的同时必须尽到责任和义务，一定程度上在企业管理领域树立起现代企业社会责任观念。但此阶段，全社会对企业社会责任的主要认识停留在"企业利润最大化"的概念中，即在自由市场经济条件下，企业的社会责任就是追求利润的最大化。

在环境问题日益严重的态势下，专家学者对企业社会责任内涵的解读众说纷纭。大多数人认为，企业除了承担起应有的法律责任和经济责任外，还应对员工、消费者、社区等一切利益相关者予以"人文权益关怀"，这种认识逐渐成为国际社会和企业界的共识。

在历经近两个世纪的发展后，企业社会责任已经由理论研究转化为一场席卷全球的实践运动，并成为影响全球企业发展的一股重要推动力量。尤其是 20 世纪 70 年代以来，随着生态危机的严峻化和全球化，以"生态权益关怀"为特征的企业生态责任，日益凸显为当代企业社会责任运动中的又一核心主题。

美国著名经济伦理学家乔治·恩德勒较早强调，环境（生态）责任是与经济责任和政治文化责任相并列的企业三大责任之一。所谓环境（生态）责任，主要是指"致力于可持续发展——消耗较少的自然资源，让环境承受较少的废弃物"。2010 年 11 月，国际标准化组织向全球公开发布了社会责任指南标准（ISO26000）。该标准由 450 名专家共同起草,由 99 个参与国家、77 个投票国家,经 3 轮投票、5 年博弈,终于完成,成为继企业质量管理标准体系(ISO9000)和环境管理标准体系(ISO14000)之后的又一国际化标准。根据 ISO26000 的定义,企业社会责任是"通过透明和道德行为,组织为其决策和活动给社会和环境带来的影响承担责任。这些透明和道德行为有助于可持续发展"。

由此可见,企业社会责任实质上是在一定时期国家和社会赋予企业的经济、法律、伦理以及人道主义的期望,包括需要企业遵纪守法、保护环境、保护消费者权益、保护劳工的基本权利和人权、支持慈善事业、捐助社会公益、保护弱势群体等,促使企业树立企业与社会、企业与公众、企业与自然环境和谐共生、合作共赢的理念,在追求自身利益的同时,关注消费者、股东、员工、政府和社区等相关利益者的需要,达到多元主体包括自然环境这个主体的利益共同体的保全。

可见,企业生态环境责任已凸显为社会责任的核心主题,这标志着生态环境责任作为企业的重要社会责任,已被国际社会正式认可。由此,21 世纪的全球企业进入了一个以人文与生态同步关怀为特征的"双核"责任化时代。淀山湖镇的企业自觉地勇立社会责任时代的潮头,争当中国 21 世纪示范镇的先锋,为绿色淀山湖建设生态小康社会和人与自然和谐共生的生态现代化而尽职尽力,勇于担当。

企业生态责任与政府生态责任是紧密联系不可分割的,两者处于相互影响和相互作用之中。淀山湖镇将企业生态责任与政府生态责任结合起来,形成社会责任共同体,在经济社会发展中形成了"立足区域、城乡统筹、交通引导、资源约束、动态增长、弹性引导"的绿色发展规划和绿色发展实践范式,以发展轴线推进、中心片区带动、景观轴线催化、生态廊道升华的发展模式,形成"一心两轴五片区"产、城一体化空间布局。从控规入手,推进"四大片区"规划控制,其中生活服务单元形成"两心两轴三片区"结构，保护自然水域环境，注重资源节约利用；生产研发单元规划形成"一廊两片"结构，严格控制工业污染；仓储物流单元配套商务办公、商业服务等设施，积极发展特色物流产业；旅游度假单元着力打造滨湖休闲度假胜地、滨水生态商务社区，形成功能多元化、服务高端化、发展低碳化的绿色经济增长的新引擎。

第二节 企业公民的角色

淀山湖镇企业社会责任的履行与企业公民角色的塑造是紧密联系和不可分割的。在企业公民意识和公民责任意识的指导下，才具备了自觉地呵护生态环境的强烈义务心和不断地回馈社会的生态伦理道德良知。

一、生态责任的蕴涵

淀山湖镇企业的生态责任是企业重大社会责任倡导的一个绿色理念，正被淀山湖镇企业界广泛认同并深入践行。同时，淀山湖镇企业生态责任也随着中国 21 世纪示范镇建设而日益成为促进绿色发展和绿色增长的企业的一种核心竞争力，在新一轮的转型升级和全球绿色经济竞争中，正发挥着越来越重要的作用。

企业公民是国际上用来表述企业社会责任的一个新术语，始于 20 世纪 80 年代。其核心观点是，企业的成功与自然和社会的健康发展密切相关。企业在获取经济利益的时候，要通过各种方式来关爱自然和回报社会。企业公民的要素构成，有社会责任和道德责任两大类。主要是指法律规定必须承担的责任，它具有强制性，如为政府提供税收，为社会提供就业机会，为市场提供产品和服务，执行政府的宏观政策，维护职工的权利，遵守市场竞争秩序等。企业的道德责任主要是指支持社会的公益活动、福利事业、慈善事业、社区建设等，其特点是自觉自愿。企业公民建设的目的是寻求企业发展与社会和谐的契合点，达到互惠与双赢。目前，企业公民建设在全球越来越受到重视，并开始着手制定国际标准。

世界经济论坛是以研究和探讨世界经济领域存在的问题、促进国际经济合作与交流为宗旨的非官方国际性机构，总部设在瑞士日内瓦。论坛会员是遵守论坛"致力于改善全球状况"宗旨，并影响全球未来经济发展的1 000多家顶级公司。由于在瑞士小镇达沃斯首次举办，所以日后也称其为"达沃斯论坛"。

2004年世界经济论坛概括了企业公民四方面的内涵：一是好的公司治理和道德价值，主要包括遵守法律、现存规则以及国际标准，防范腐败贿赂，包括道德行为准则问题以及商业原则问题；二是对人的责任，主要包括员工安全计划、就业机会均等、反对歧视、薪酬公平等；三是对环境的责任，主要包括维护环境质量，使用清洁能源，共同应对气候变化和保护生物多样性等；四是对社会发展的广义贡献，主要是指广义的对社会和经济福利的贡献，比如传播国际标准、向贫困社区提供要素产品和服务，如水、能源、医药、教育和信息技术等，这些贡献在某些行业可能成为企业核心战略的一部分，成为企业社会投资、慈善或者社区服务行动的一部分。

当然，无论人们如何从多种不同的角度分析企业作为公民的角色担当，企业的生态责任都是企业公民必不可少的核心内涵，要求企业公民在享受社会和自然提供的各种获取经济利润的条件及权利时，要保护、补偿和改善环境，并将其作为企业公民应尽的义务和责任。因此，淀山湖镇在大力推进中国21世纪示范镇建设中十分重视企业公民的作用，一再强调企业是实行清洁生产、发展循环经济和低碳经济的主力军，是淀山湖镇绿色发展中的重要主体。

二、呵护自然的义务

淀山湖镇为企业履行生态责任积极营造良好的社会环境，在十二五规划和十三五规划中都明确提出要以转变经济发展方式为契机，大力度淘汰高能耗和高污染企业，大力发展资源节约型、环境友好型、生态健康安全保障型企业。同时，激励企业积极主动承担相应的环保责任，自觉节能减排，高效利用资源，促进绿色生产。倡导企业不断强化在建设中国21世纪示范镇中的主体意识，推进企业公民勇担生态补偿之责，在建设淀山湖镇生态小康和人与自然和谐共生的现代化进程中彰显企业"生态良心"，逐渐走向生态文明自觉。

淀山湖镇的企业以实际行动呵护自然，着力点是大力发展绿色经济。绿色经济是生态文明时代的新经济。绿色经济是经济学家皮尔斯于1989年为呼应西方绿色运动而提出的。2008年，联合国环境规划署首次在全球发起"绿色经济倡议"，倡导全球各国通过增强环境投资推动世界产业的转型升级，使经济的"绿化"不是经济增长的负担，而是拉动增长的引擎。

绿色经济以保护和改善自然环境、实现人与自然的可持续发展为目标，主张通过发展生态工业、生态农业和生态服务业来构建生态化的经济体系；强调经济发展必须抛弃以高消耗、高排放、高污染、高破坏和低效能为特征的不可持续的生产方式，走向以低消耗、低（零）排放、低（零）污染、低破坏和高效能为特征的资源节约型、环境友好型、生态健康安全保障型的可持续的生产方式；倡导经济的绿色增长，即经济增长不再以环境退化和生态失衡为代价，而是以自然保护、生态恢复、环境优化为前提；绿色经济强调企业生产理念的绿色化、生产过程的低碳清洁循环化、生产结果的无害化和健康化。

淀山湖镇认为，企业作为绿色经济的主体，是实现经济发展模式和发展道路生态化转型的重要力量。企业能否承担起生态环境责任，将直接影响淀山湖镇创建中国21世纪示范镇的成败与否。没有绿色的企业，便不可能生成淀山湖镇绿色的经济体系；没有绿色的经济体系，淀山湖镇制定的生态文明目标不可能实现，"和谐自然，示范未来"和"绿色淀山湖，生态现代化"的理念就不可能成为现实。因此，淀山湖镇的企业只有明确自身在推进绿色发展和促进绿色经济中的主体责任，充分发挥生态文明建设中的主力军作用，才能明确自己肩负的社会责任，积极作为，以绿色经济推进生态小康，构建人与自然和谐共生的现代化，为绿色淀山湖、幸福新家园做出应有的贡献。

三、回馈社会的良知

淀山湖镇在中国21世纪示范镇建设进程中，教育企业正确地摆正企业与自然、企业与公众、企业与环境之间的关系，明确企业生态责任的最大化是企业利润最大化的基础性前提，牢固地确立生态责任是企业社会责任的核心要素的理念，将企业自觉地拯救环境当作是拯救社会最终也是拯救企业自身的重要内容。

企业的生态责任意识包括时间的维度和空间的维度，既要对当代人负责，牢固地树立向当代人负责任和向当代的生态环境负责任的理念，对生于斯、长于斯、祖祖辈辈繁衍于斯的淀山湖人民负责任，不能以污染环境来危害当代人，不能将金钱的获得建立在牺牲当代人的身体健康和牺牲当代人赖以生存发展的生态环境的基础上；又要对祖先负责，树立强烈的历史责任理念。淀山湖这一方风水宝地是历史长期发展的产物，是世世代代的淀山湖先辈们筚路蓝缕、励精图治的结果，落脚于淀山湖这方水土的企业脚下的每一寸环境都是从祖辈那里继承下来的，这就是所谓前人栽树，后人乘凉。祖辈改造了的环境优势，企业在今天的发展中不仅不能丢弃，还要不断发扬光大。这就要求今天的企业在享受和进一步创造丰富物质成果的同时,更加珍惜、呵护好大自然赋予我们的原生态的江南水乡和淀山湖这一方风水宝地。企业还要对子孙后代负责,树立强烈的未来责任理念和代际发展思想。企业发展的资源环境要素既是从前辈那里继承的,也是从子孙那里借来的。"地球只有一个",企业不能干吃祖宗饭、砸儿孙碗的蠢事,应当为子孙后代留下同等发展的机会。这就是要对祖祖辈辈人民群众的生命安全和生活质量负责任,要以绿色发展的实际行动为可持续发展奠定基础。

因此,增强淀山湖镇企业的生态责任,既是中国21世纪示范镇建设的重要内容,又是绿色淀山湖的要求、生态文明时代的期待和人民的心声,也是企业自身可持续发展的内在要求与必然的理性选择。

淀山湖镇企业社会责任教育,促使企业意识到自己作为淀山湖地区的社会公民,是权利与义务、索取与贡献的统一体。企业来自社会,必须随着能力的壮大不断地回馈社会,这是企业公民应有的立世准则。企业的发展得益于社会提供的良好的人文生态环境,因而企业公民对于社会具有不可推卸的生态责任。企业对社会的生态责任,主要包括企业对相关社区的生态环境和相关社会的生态环境,承担起应有的保护、修复和改善的生态责任。

淀山湖镇企业的生态责任是企业社区责任的核心议题。社区是社会的细胞,企业是社区的重要成员。社区生态环境是企业得以生存与发展的基础,而企业的生产经营活动则或多或少地对社区环境产生负面影响,对社区公众的环境权益有着直接或间接的责任关联。因此,企业具有与社区环境相关的污染防治责任、社区生态环境的补偿责任、社区生态环境的改善责任和社区生态文化的建设责任。

淀山湖镇企业的社会责任突出表现在促进绿色经济发展上。加快经济转型升级,远离高污染、高能耗、高排放的"黑色"经济,推进绿色经济快速发展，是淀山湖镇构建中国 21 世纪示范镇肩负的一项重大历史使命。企业是推进绿色经济和生态文明的主体，因此，企业的绿色转型关系重大。创建绿色企业，要以中国 21 世纪示范镇建设的目标为指导，以促进经济社会可持续发展和打造"尚美淀山湖"为价值诉求，确保企业活动对资源的消耗和环境的负面影响降到最低限度，并自觉将环境成本内部化，改善和优化社会的生态环境。

淀山湖镇创建绿色企业的主攻方向是：

牢固地确立对环境负责的绿色企业理念。理念是行动的先导和向导，建立对环境负责的绿色企业，首先必须在企业内部开展环境保护和可持续发展方面的教育，在企业上下牢固确立起以绿色发展实现绿色增长的思想意识，牢固确立社会主义生态文明观。

大力使用和创新绿色技术。所谓绿色技术，是指遵循生态原理和生态经济规律，节约资源和能源，避免、消除或减轻生态环境污染和破坏，生态负效应最小的"无公害化"或"少公害化"的技术、工艺和产品的总称。其内容主要包括：污染控制和预防技术、源头削减技术、废物最少化技术、循环再生技术、生态工艺、绿色产品、净化技术等。总之，绿色技术是一种与生态环境系统相协调的环境友好型的技术系统，是破解企业高消耗、高排放和高污染的主要办法，绿色技术的使用和创新程度，决定着企业的节能减排、清洁生产和循环经济的实施水平，是创建绿色企业的关键。

实施绿色生产，即开展清洁生产和循环经济。所谓清洁生产，是指不断采取改进设计、使用清洁的能源和原料、采用先进的工艺技术与设备、改善管理、综合利用等措施，从源头上削减污染，提高资源利用效率，减少或者避免生产、服务和产品使用过程中污染物的产生和排放，以减轻或者消除对人类健康和环境的危害。所谓循环经济，是指在生产、流通和消费等过程中进行的减量化、再利用、资源化活动的总称。前者主要着重于企业的污染防治，后者着重于企业的减排和资源的高效利用。

开展绿色采购和绿色营销。绿色采购是产品原材料的选择应尽可能地不破坏生态环境，选用可再生原料和利用废弃的材料，并且在采购过程中减少对环境的破坏，采用合理的运输方式，减少不必要的包装物等。同时，企业对供应商明确提出绿色供货要求，即要求下游供货商供应的产品必须符合企业认可的国内外有关绿色标准，世界跨国公司如沃尔玛、家乐福等零售企业已经按国际企业社会责任标准开展绿色采购。绿色营销，即在市场绿色需求调研、绿色产品研发、绿色产品定价、绿色产品促销等营销全过程中，以绿色理念为指导，遵循企业效益、消费者效益、生态效益和社会效益相统一原则，使企业的营销能满足消费者绿色消费、社会绿色经济和生态环境保护的需要。这是一种企业顺应人类社会更加注重消费质量、环境保护、安全健康及社会可持续发展需要的营销绿色革命。

推行绿色管理。绿色管理，即企业管理者把绿色理念渗透到每一个管理环节中，确保企业的绿色转型与可持续发展。绿色管理主要包括公开企业环境信息、开发绿色投资、实行绿色会计、执行绿色审计、参加ISO14000与ISO14064认证体系和ISO26000企业社会责任国际标准指南体系等。

淀山湖镇大力鼓励和支持企业通过机器换人、节能减排、运用绿色科技、确保绿色增长、淘汰落后产能等措施，实现企业提质、增效、升级和可持续发展。

淀山湖镇围绕转型升级创新发展的主线，以技术改造为主要抓手，走内涵式发展实体经济道路，推动经济低碳、绿色、可持续发展。一是建立技术改造"数据库"。镇招商部门通过深入企业走访、摸底，将全年有技术改造计划的企业纳入技术改造"数据库"，细化技改类别、投资金额、形象进度等参数。二是更新《2016年淀山湖镇转型升级创新发展奖励政策》。鼓励和支持企业通过机器换人、节能减排、淘汰落后产能等措施，实现企业提质、增效、升级。三是扩大技改典型企业的宣传示范作用。八十五度的食品自动化生产线技术改造项目，总投资1.9亿元，其中设备投资9 000万元，全面投产后可新增销售3亿元。帕捷的汽车发动机零部件生产线自动化技改项目，通过购置一系列自动化去刺机、钻孔攻丝等生产设备，使每条生产线由原来的16人减少到6人，在提高生产效率的同时，大大降低了用工成本。中荣印刷的包装彩印生产线智能仓库技改项目，通过购置智能自动化立体仓库设备、配套自动化输送物流系统与包装彩印自动化生产线的对接，实现一体化智能配送物流。苏州科陆东自电器有限公司以科技创新为核心，着重智能设备的研发生产和专利技术的申请，销售收入同比增幅达90%。昆山同日工业自动化有限公司以创新为基础，成功将信息化、模块化、柔性化、智能化应用于产品和服务过程，在工业智能制造及物流输送分拣装备行业占有一席之地。昆山吉纳尔车料有限公司、昆山白玉兰家具有限公司通过水性涂料生产技术的率先应用，提高产品竞争力，抢占市场份额。通过对技改典型的宣传，带动其他企业的转型升级，催生传统产业的新芽。

针对经济结构调整和转型升级过程中部分企业产出效益低、资源闲置等现状，淀山湖镇创新盘活举措，实施"暖企行动"，激发新活力。一是摸清家底为闲置资源建"户口"。通过全面清查，摸清家底，对闲置土地及厂房的闲置原因、分布、面积、结构及存在困难等要素进行登记造册，全面掌握全镇的存量资产，将第一手情况牢牢掌握在手里。二是多举措盘活嫁接。充分发挥嫁接招商的生命力，唤醒"沉睡"资产，破解用地难题，实现企业发展与集约用地双赢。方式有：其一就地盘活：引导和支持传统企业充分利用土地资源，实现企业扩产增值、做大做强。如中荣印刷利用原有空地，建设包装彩印生产线智能仓库，实现智能化生产。思凯林家具利用闲置土地，建设 6 000 平方米的家居体验中心，汇集思凯林家具旗下所有款式的沙发，通过线下体验的方式，提升品牌体验度，增强市场竞争力。其二租赁盘活：引导效益差、低产出企业将闲置厂房作为平台对外租赁，出租给优质企业。旭日重工、苏州智业电气通过租赁方式嫁接承递自动化设备和钜科斯自动化系统机器人产业项目。其三选资嫁接：招商部门积极牵线搭桥，如协调日丰特钢将 40 亩土地转让给盈新实业，在盘活存量的同时，扩大优质老企业产能，实现再发力。其四政府回收：结合规划、地理位置等因素，依法通过政府回收部分企业闲置土地，再将其转让给新的优质项目。如回收仙妮蕾德 76.8 亩闲置土地转让给科技型企业科陆东自电器。三是严把关口，加强监管。深化租赁企业评审制度，对拟租赁淀山湖镇的企业，由招商、安环、劳动等部门进行实地考察，再通过召开联席会议对入驻企业进行会审，从而严把项目的质量关。

第三节　强化责任的路径

　　淀山湖镇将强化企业生态责任作为一个系统工程，从企业生态文化的营造到构建以党政为领导、企业为责任主体和公众广泛参与的多元主体推进绿色发展队伍建设，再到对于企业生态责任的制度建设和评价以及监督反馈，形成了科学有序、举措扎实的强化企业生态责任的实践路径图。

一、多元主体的联手

　　淀山湖镇将中国 21 世纪示范镇建设当作凝聚党政部门与企业以及与社会公众多元主体共同参与的宏大建设工程。将培育和增强企业生态责任，不仅仅视为企业的事，而当作需要汇聚多方力量共同协作推进的一项重大工程。以企业为主体，加强企业在生态责任感召下的绿色发展步伐；以政府为主导，加强政府自身绿色化建设，发挥政府对于绿色发展的组织者和引导者的作用；以市场为依托，加强市场的规制和驱动以推动绿色化进程；以社会公众的参与为支撑，加强社会公众对于生态环境保护和建设的监督，开辟多元主体共同推进绿色发展的路径，合力促进企业履行生态责任，最终形成资源节约型、环境友好型和生态健康安全保障型企业，真正实现企业在推进中国21世纪示范镇建设中的价值功能。

淀山湖镇在中国21世纪示范镇建设中认识到，淀山湖镇的企业能否在与自然和谐协调中保持基业长青，关键在于企业本身生态责任意识的强弱与否；关键是加强企业生态文化教育，培育企业生态文明软实力并以此提升企业可持续发展的综合实力。生态危机本质上是文化的危机、企业发展的危机和工业化、现代化进程中人的危机。文化是人类将自身与自然界既联系又区别开来的重要标志，是人类在大自然中的生存方式，是人与自然关系的人文尺度。生态危机本质上并不是生态环境出现了病态，而是人类文化面临着生死存亡的重大危机。

淀山湖镇发挥具有悠久历史的戏曲文化的功能，在戏曲文化中增加生态文化的内容，以便于通过生动活泼的文学艺术形式宣传生态文化，让生态文化进入企业的心田，助推企业积极顺应绿色发展的趋势，主动反思和抛弃工业文明掠夺自然、征服自然的主客对立的生态文化价值观，确立企业与自然、企业与社会之间的内在有机联系、共存共荣的整体思维方式，推动形成以人民为中心的发展思想，培育起与自然界协调相处的生态文化价值观和生态伦理道德观，自觉谋求企业与自然、企业与社会、企业与消费者之间的和合共生、协同发展。

淀山湖镇充分发挥以文化人、以文育人的功能，将企业生态责任理念的培育视为一个由上而下和由外而内的发展过程。企业生态责任理念的培育关键在于上层，即在于企业的决策层和领导管理层。他们的生态责任理念的有无和强弱，直接决定生态责任能否进入企业的使命和愿景，能否上升为企业的发展战略，能否形成企业的生态文化以及能否转化为企业的生态化生产和生态化管理，最终影响企业能否转型成生态型可持续发展企业。淀山湖镇通过培训教育以及运用奖励等激励机制，激发企业领导带头以生态责任意识促进企业绿色发展，同时，推动他们将企业生态责任意识转化为企业文化，经常对全体员工开展以生态责任理念为核心的社会主义生态文明观教育，从员工入职的那天起，就把生态责任理念培育与员工的上岗培训同步展开，把生态责任理念融入员工的管理操作理念与知识之中，从而形成一种内在自觉的企业生态文化，达到将企业生态文化渗透、转换和融入企业文化的目的。

　　淀山湖镇将营造良好的生态文化氛围作为先进文化建设的重要内容，作为社会主义核心价值观教育的重要组成部分。淀山湖镇在中国21世纪示范镇建设中深切地感到，企业生态责任要成为企业上下的自觉选择和行动，需要良好的生态文化氛围作为心理精神基础的支撑。企业有责任以丰富多彩的生态文化教育形式为员工普及和宣传生态共同体意识与环保科学知识；弘扬尊重自然、敬畏生命、关怀地球、生态公正、天人和合等生态道德观念。淀山湖镇积极开展多层面、多样化的绿色低碳、环境保护和生态建设活动。增强企业文化的绿色底蕴和责任意识，塑造企业以绿色发展赢得未来的文化精神和企业之魂，使企业员工浸润于浓郁的生态文化之中，渐渐成长为具有生态文明理性的生态责任主体，推动其在工作生活实践中自觉地履行生态责任，为满足人民群众对美好生活的需要和淀山湖镇美好的生态文明新时代的到来做出应有的贡献。

　　淀山湖镇注重推动企业在绿色发展的实效性上下功夫。促进企业明确环境保护与生态认知、生态责任信念的确立与生态文化的持续繁荣，归根结底在于能否转化为促进绿色发展的实际成效。企业只有努力创建节水、节能、节约原材料、低碳循环等绿色车间、绿色科室等绿色细胞，加强先导示范，促进绿色细胞发育完善并遍布企业的每个环节，才能最终建成具有高品位生态责任意识和生态文明建设能力的绿色企业。

淀山湖镇在增强企业生态责任教育的同时，在生态文明制度建设上狠下功夫，以制定和完善生态责任履行的制度来保障企业绿色发展法治化、规范化、有序化和常态化。一方面，淀山湖镇在各企业大力宣传和推行ISO14000认证体系，以确保企业生态责任知晓度、信守度和践行度。通过宣传教育和认真学习，淀山湖镇许多企业都认识到遵守生态责任的重要性和紧迫性。ISO14000是由国际标准化组织于1996年在全球颁布实施的环境质量管理的国际系列标准认证体系。ISO14000系列标准意在规范企业的环境行为，促进企业节约资源能源、减少污染、废物回收利用，在保护环境中降低成本，谋求经济与环境的协调统一和可持续发展。另一方面，淀山湖镇许多企业都将完善碳核算制度和环境审计制度作为促进自身生态责任落实的重要举措。碳核算制度也称温室气体排放体系，它是指国际标准化组织于2006年颁布的ISO14064认证体系，它是用于自愿量化和报告温室气体排放的国家化标准，旨在帮助排查摸清企业的碳排放量（碳足迹），并建立碳排放管理体系，以减少企业的碳排放，并通过碳交易获取经济效益。碳核算制度的确立，是企业生态责任履行的又一个可操作的量化标准。它使得企业担当低碳减排责任的目标明确、执行标准清晰、方法举措切实可行，确保了低碳责任的有效履行。

淀山湖镇还通过大力推进企业环境审计，推动生态责任的履行。所谓企业环境审计，是指国家审计机关或社会审计机构，依据国家的方针、政策、环保和财经法规，对与企业的环境及其治理相关的财政及财务收支情况进行审计监督，并向授权人或委托人提交书面报告和建议的一种活动。这是促进企业提高环境管理水平，从中找出差距，提出改进建议，确保有效履行生态责任的审计制度。企业引入和实施碳核算和环境审计制度，对于企业生态责任的有效履行无疑能起到引导、规范和促进的巨大作用。

淀山湖镇促进企业大力推行ISO26000社会责任指南，保障企业生态责任的规范履行。2010年11月1日，国际标准化组织向全球正式发布的首个社会责任国际标准指南，即ISO 26000。其中保护环境的责任是企业社会责任的七大主题之一，这为企业履行应对气候变化等生态责任，提供了一系列可操作的标准指南，从而使企业生态责任有章可循、有规可遵。同时，也有助于企业生态责任的规范化履行和制度化保障由自身内部扩大到外部。尽管目前企业社会责任国际标准指南还仅仅是一个自愿性标准，但随着行业和第三方组织的强行推进，ISO26000将最后成为继ISO14000之后的又一个促进企业担当生态责任的国际化和国家化的制度保障。这将为淀山湖镇企业的绿色发展带来重大的机遇和挑战，推动淀山湖镇的企业朝着绿色发展的方向大踏步地前进。

二、公正有效的激励

淀山湖镇把建立公正有效的环保激励制度，作为促进企业践行社会责任从而自觉地推进绿色发展的重要举措。激励制度有正激励和负激励之分。所谓的正激励制度，是指企业作为自然环境的最大受益者，通过设立环境贡献奖，对积极履行生态责任的企业员工给予一定的物质和精神激励，强有力地推动企业绿色发展。所谓负激励制度，即对造成浪费资源能源、污染环境和破坏生态、使利益相关者的权益受损的企业员工，给予相应的批评和经济惩罚，迫使他们纠正错误，从而激励员工切实负起生态责任，自觉增强企业生态责任的意识。近年来，淀山湖镇政府随着情况的变化不断动态调整对企业履行生态责任、推进绿色发展的激励制度，发挥出该制度对于"尚美淀山湖"建设的最大效能。

企业生态责任管理体系是规范企业绿色发展的重要保障。淀山湖镇将努力构建企业生态责任管理体系，作为激励企业在中国21世纪示范镇建设中建功立业的重大举措。对于企业是否通过加强环境保护来赢得利益，人们会以"黑金"和"绿金"这两种称号来加以评价。人们通常把企业以牺牲环境为代价而得到的利润称为"黑金"，将这些企业当作无良企业，从心底里加以鄙视。而把那些通过绿色投资、绿色开发实现的盈利则称为"绿金"，对这些绿色发展的企业加以赞扬。淀山湖镇在推动企业绿色管理和绿色发展中感到，如何使企业的盈利绿色化，使企业的经济效益由"黑"变"绿"，即确保企业的生态责任自觉走向可持续，企业生态责任管理体系的构建尤为重要。

淀山湖镇推动企业按照生态学原理和生态责任原则，再造企业流程。即在企业的每一个环节构建生态责任管理体系，从绿色使命和绿色战略的制定到绿色机构（生态经理）和绿色决策，从建筑和产品的绿色设计到绿色采购和绿色生产（清洁生产、循环经济、低碳经济），从绿色技术的研发到绿色营销，从绿色管理到绿色回收等全过程，严格按照国际和国家的社会责任标准与生态责任标准，实施企业流程的再造。通过生态责任管理体系的建设和有序管理，使企业生态责任的履行形成一个有机统一的责任体系。

绿色淀山湖是人与自然和谐的美丽清洁的淀山湖，因此，促进企业构建清洁生产和循环经济体系是政府和企业联手合作的一项重大任务。1997年，联合国环境规划署将清洁生产定义为：在工艺、产品、服务中持续地应用整合且预防的环境策略,以增加生态效益和减少对于人类和环境的危害与风险,同时充分满足人类需要和有利于人类可持续发展,使社会经济效益最大化的一种生产模式。企业清洁生产体系,将进一步促进企业设计绿色产品——生产过程清洁化——生产资料和产品的清洁化,将废弃物减量化、资源化和无害化,或消灭在生产过程之中,不仅要实现生产过程的无污染,而且生产出来的产品也没有污染。这是生产者、消费者、社会三方面谋求利益最大化的集中体现。所谓循环经济体系,即模仿大自然的整体、协同、循环和自适应功能去规划、组织和管理企业的生产、消费、流通、还原和调控活动的简称,是一类融自生、共生和竞争经济为一体,具有高效的资源代谢过程,完整的系统耦合结构的网络型、进化型复合生态经济。其目的是通过资源高效和循环利用,实现污染的低排放甚至零排放,保护生态环境,实现社会、经济与环境的三方共赢与可持续发展。清洁生产和循环经济体系的构建,将大大增强企业生态责任的履行能力,并极大地拓展企业生态责任的市场驱动路径,推动企业更好地实现经济效益、社会效益和生态效益。

淀山湖镇还将大力培育和发展"社会企业",作为推动企业生态责任履行的重要市场路径。企业通过开展清洁生产、中水回用、节能降耗等环保行动,有助于凝练节约资源环境友好的生态工业文化内涵。企业通过优化结构、转变方式、构建生态产业链,能够不断推动绿色经济发展。在全球市场已经开始流行"社会企业"时尚的重要历史时期,淀山湖镇的企业只有顺势而为,才能抢得绿色可持续发展的先机,在国际绿色发展的制高点上占有自己的地位。淀山湖镇的企业通过走向国际看到自己与先进国家在这方面的巨大差距。2004年,意大利的"社会企业"已经占到意大利GDP的2%。"社会企业"根据它的经营情况,将分红基金拿来发展社会事业和环保事业。让"社会企业"按照市场化运作自我发展,以其盈利来推动可持续发展,如提高环保意识,提倡可持续消费,鼓励物品循环再用等,实现社会发展及环保目标。

淀山湖镇大力制定和推进行业与市场的绿色指令,加强企业的自我生态约束。行业规章对企业的生态责任具有引导和规范作用。如欧盟的"双绿指令",即由欧盟2006年正式生效的RoHS指令(《电气、电子设备中限制使用某些有害物质指令》)和电器与电子设备废料指令(《WEEE-第2002/96/EC号指令》),前者要求整个电子电气供应链相关产品的六种有害物质,包括铅(Pb)、镉(Cd)、汞(Hg)、六价铬(Cr^{6+})、多溴二苯醚(PBDE)、多溴联苯(PBB)的含量不得超出欧盟规定的指标,否则将被拒绝进入市场或遭到处罚,后者要求企业对电子垃圾进行回收。行业中跨国公司的生产责任守则、SA8000、ISO26000、"绿色采购"与供应链制度等,均要求生产制造企业、零售企业必须按照行业和市场认定的生态责任条款或标准进行生产或服务,否则将被取消订单。

淀山湖镇的许多外资企业能够自觉地遵照绿色指令行动,推行和实施了"绿色采购"制度,企业与企业之间建立了"绿色伙伴"评审制度。淀山湖镇及时总结推广其做法,促进企业,特别是促进一些规模小、环境压力大的民营企业按照市场生态责任准则,加强行业绿色自律和企业生态责任的担当,坚守企业生态责任的伦理底线,以海纳百川的心胸吸纳和践行全球绿色规范与先进的绿色制度。

三、党政善治的施行

淀山湖镇党政部门认识到,提升企业生态责任,党政机关应该有所作为。党政机关作为市场经济的监管者和生态文明建设的主导者,有责任为增强企业生态责任提供社会良序和路径选择,有效发挥引导、规范、监督等生态善治的党政生态责任,为企业生态责任的履行创造良好的条件。为此，淀山湖镇党委和政府自觉地以绿色执政和绿色行政的理念加强自身的绿色执政能力建设并大力帮助企业推进绿色发展。

在"尚美淀山湖"建设中，淀山湖镇党委和政府将理念的端正当作十分重大的事情，意识到，党和政府的执政、行政理念是执政党和政府的内在灵魂与精神文化旗帜，是执政党和政府执政与行政实践的思想指导。执政和行政理念是昭示执政机关如何执政以及行政机关如何行政的理论化、系统化的思想认识，是用以规范和指导整个执政和行政实践过程的根本原则与价值导向，也是基层党组织和政府制定路线、方针和政策的基本依据，体现了基层党组织和政府的政治责任、政治使命和政治价值观，展示了基层党组织和政府的执政与行政态度、执政与行政行为以及执政与行政形象。

基层党组织的执政理念和政府的行政理念既是对执政和行政环境的总体反映，又受执政和行政环境的深刻影响。执政环境和行政环境包括执政和行政的经济环境、政治环境、文化环境、生态环境和社会环境以及外部国际环境诸多因素。其中，构成执政和行政环境之重要因素的生态环境是执政和行政不可或缺的自然基础，它与政治环境、经济环境、文化环境和社会环境存在着内在紧密联系，成为影响政治、经济、文化以及社会发展的重要因素和重要变量。

淀山湖镇在建设中国21世纪示范镇的实践中认识到，生态环境问题并不是生态环境本身的问题，从深层次看，是与执政和行政理念密切相关的重大政治问题。外在于人类社会的各种自然现象，不存在所谓生态环境问题。山呼海啸、地动山摇以及各种自然变异现象，如果不与人类生活实践相联系，都只不过是纯粹的自然现象，不会作为生态环境问题或生态环境灾难而存在。人类社会产生后，就与自然界发生紧密联系，与人类社会生活实践相联系的生态环境就成为影响其生存和发展的重要自然基础，与人类社会形成命运共同体、共生共同体、利益共同体、发展共同体。绿色执政和行政理念就是将生态环境问题与政治问题结合起来考量的一种生态执政和生态行政观,是将生态环境问题上升到政治问题,将政治问题衍生到生态环境问题上的生态政治化和政治生态化的执政行政观。生态政治化,即将生态环境问题从自然领域衍生到社会政治领域,从生态环境现象中考量政治对生态环境的影响,特别是考量执政者和行政人员的执政与行政理念、执政与行政路线、执政与行政方略以及执政与行政实践对生态环境产生的影响。而政治生态化,即将政治与生态环境内在地联系起来,从政治的高度认识生态环境问题,将生态环境问题当作重大的政治问题、民生问题、社会问题和文化问题,当作重大的人和人类社会的问题。把生态治理放在更加突出地位,上升到基层党组织和政府的政治意志、价值导向和政治实践活动,从而将经济发展、民生幸福、生态优化、文化繁荣、社会和谐作为执政和行政的重大价值追求,作为促进政治文明、经济发展、社会和时代进步的重要标志,推动经济社会发展与生态环境优化同步化和一体化。

淀山湖镇认识到,作为中国21世纪示范镇,不仅要示范生态优化和绿色发展,还要示范政治进步、社会文明、公平正义、共同富裕、精神文化生活丰富以及人的综合素质提升。因此,从生态环境与政治紧密联姻的高度认识生态环境危机的发生原因以及从生态政治的高度实施生态治理以及推进绿色发展,是在生态文明建设中牢固地确立绿色执政和绿色行政理念的内在依据。

流经淀山湖镇的碛礇塘是一条有着深厚历史文化积淀的河流,在短短几里的流程中,横跨和倚建了五座十分雄伟精美的古代石拱桥,自西往东依次有度城桥、善渡桥、白龙桥,小香花桥和崇福桥(又名大香花桥),这些桥的名称和桥上镌刻的楹联,都寄托着人们祈求人与自然和谐以及人与社会和谐以达到幸福安康的美好愿望。如位于度

智者乐水淀山湖

度城善渡桥

城桥东侧的南北走向的善渡桥，桥身采用了青石、花岗石两种石材，桥的拱券分节并列砌置，造型精美，匠心独具。该桥的桥联将自然和人文有机地融合起来，既生动形象地描绘了当时的繁华景象，又表达了人与自然和谐、人与社会和谐以及人际关系和谐的愿望。桥东侧为"潭涵明月规古今，驿认官程渡去来"，西侧为"津接吴淞笼晓日，虹凝薛淀数归帆"，对句工整，极具有文学色彩和丰富的想象力。善渡桥上的各类雕刻图案，如太极图案的龙门石、螺旋形水纹图案的桥心石等，亦十分精巧，细节处，无不寄托着当时人们对于和谐幸福美好生活的追求和向往。而碛碾寺的山墙上则写着八个烫金大字"风调雨顺，国泰民安"，直接道出了生态政治的文化价值观。几千年来，淀山湖地区的人们总是将风调雨顺与国泰民安联系起来，将风调雨顺作为国泰民安的自然条件和坚实基础，将国泰民安作为风调雨顺的必然结果，以自然生态与社会政治生态之间的内在联系的通俗易懂说法，显示了古代朴素生态政治学的思想。

淀山湖地区民间的许多关于天人感应的传说，也突出了自然生态与人的行为以及与政治生态的关联性。淀山湖的度城潭古称度城湖，关于它的形成原因，有一种传说是，度城潭原住着一户金姓大户，因主人奸诈，得罪上天，被沉落；还有一种传说是，香山匠人（半仙）吃到了落坑鸡而沉落，表达了人与自然之间相互作用的关系，突出了天人感应的思想。

我国古代一些有识之士也清晰地认识到政治与自然生态之间的紧密联系。据《左传·昭公七年》记载，晋国发生日食，晋国君王问吉凶于大臣文伯，文伯对曰："不善政之谓也。国无政，不用善，则自取谪于日月之灾。故政不可不慎也。务三而已：一曰择人，二曰因民，三曰从时。"文伯这段话生动地说明：国家具有良好的执政理念与治国方略是促进人与自然关系和谐的最根本因素，而与天灾无关，天灾背后往往是人祸，任何灾难实质上都是人为造成的，"不用善"是导致灾难发生的最终原因。要求人们从事政治活动必须小心谨慎处理好人与自然、人与社会以及人与人的关系。人们只有从客观规律出发，以整体性思维为方法论，紧紧地抓住"择人""因民""从时"这三个重要环节，才能达到善政和善治。

淀山湖镇在推进中国21世纪示范镇建设中，党政部门的作用尤其重要。由于党政处于高度集中、统一领导的地位以及具有决策力，绿色执政意识的淡漠和缺失，会导致政治决策、政治路线和政治实践对生态环境带来巨大而深远的负面影响。我国20世纪50年代所谓的"大跃进"和大炼钢铁运动，对马寅初人口理论的批判，60年代农业学大寨运动，推行所谓"种稻种到山顶，插秧插到湖心"的反生态发展战略，大肆毁林造田和围湖造田，埋下了生态退化的祸根。淀山湖地区也不例外，其生态退化的主因在于违背自然规律的做法。改革开放以来，各地以GDP论英雄的政绩观，"先污染后治理"的"黑色"

发展观，都是引发生态环境危机的重要根源。因此，只有牢固地确立将生态与政治联姻的绿色执政和绿色行政理念这一新型生态执政和行政观，才能以绿色发展的成就促进经济社会可持续发展。

淀山湖镇通过采取经济杠杆和行政监管并举的方式防治扬尘污染，调动企业开展扬尘污染防治的积极性，切实扭转以往单一行政处罚造成的"守法成本高，违法成本低"的局面。一方面，通过建立严格的考评和激励机制，使信誉佳、管理优的企业能在市场竞争中充分体现其优势，激发其加强扬尘污染防治的内在动力。另一方面，进一步督促建设工地健全完善各项防尘降尘设施，落实管理措施，明确专项经费，规范操作规程，并禁用散装水泥和砂浆，特别是对拆迁工地、建筑垃圾临时堆场等必须采取严格的降尘防尘措施；进一步提出对道路两侧绿化带建设要改善设计标准，日常养护要规范操作，防范泥水外溢产生扬尘；革新淀山湖镇道路建设中的灰土施工技术，探索实施灰土袋装化，减少施工扬尘；对较长时间闲置的储备土地要进行清理，实施临时绿化，做到裸土不见天，最大限度减少扬尘污染，等等。努力"让青山绿水成为储存的绿色 GDP，让蓝天沃土成为永恒的不动产"成为淀山湖镇的现实。

淀山湖镇党政部门还将扩大社会成员参与生态治理当作优化企业生态责任的一条重要的社会监督路径。

淀山湖镇在实践中体会到，企业生态责任的履行，除了企业自律、市场驱动、政府引导外，公众和非政府组织的监督不可或缺。因为资本力量的干预、市场的失灵和政府的失效，将导致企业生态责任履行乏力。因此，充分发挥社会的绿色监督力量，将有助于企业经济发展与责任履行的共赢之路在阳光下延伸。

淀山湖镇注重维护公众的环境知情权、参与权和监督权，积极鼓励公众进行生态环境问题举报，对涉及公众环境权益的发展规划和建设项目,通过听证会、论证会或社会公示等形式,广泛听取人民群众的意见,接受舆论监督。同时,大力支持媒体加强生态环境方面的舆论监督。媒体历来是社会实施舆论监督的主要力量。除了传统的三大媒体外,当今网络媒体等新媒体的力量超出人们的想象。媒体对于倡导绿色观念、弘扬环境道德、褒扬环保先进企业、鞭挞企业的环境失范行为等,具有舆论监督优势。因此,淀山湖镇注重大力提升媒体机构和媒体人的生态责任意识。同时,淀山湖镇注重弘扬媒体的社会正义和生态公正精神,使媒体的监督成为环境监管的第三只慧眼。淀山湖镇充分发挥网络媒体对"尚美淀山湖"建设的积极作用,人民群众踊跃参加,对"绿色淀山湖、生态现代化"建设起着十分重要的作用。

淀山湖镇还大力扶持民间环保组织(NGO),促进其在中国21世纪示范镇建设中发挥积极作用。非营利环保团体是推动绿色运动和推进社会责任运动的主体力量,是帮助政府监督企业履行生态责任的重要力量,是组织和动员公众广泛参与生态文明建设不可替代的第三方力量。因此,引导、支持和扶持绿色社团,充分发挥绿色民间环保组织的监督、教育功能,可以大大增强企业履行生态责任的自觉性。淀山湖镇党政部门通过开展"我爱淀山湖"和举办淀山湖亲水节等活动,调动社会各界建设生态文明的主动性和积极性,并积极支持环境健康安全协会、低碳产业联盟协会的绿色活动,充分发挥非政府组织在企业环境管理中的作用,强化企业生态责任意识,推动企业建立信息公开制度、环境监督员制度和环境管理委员会制度,鼓励企业进行"绿色采购",开展企业年度社会责任公报制度试点。目前,淀山湖镇非政府组织的企业社会责任运动正以星星之火燃成燎原之势,成为推进企业绿色转型和绿色发展的重要力量。

第四章　农耕文明的新生

诗经《七月》生动地反映了农民一年四季春耕、夏耘、秋收、冬藏的农耕生活，以艺术的形式再现了农民日出而作、日落而息的有条不紊、有滋有味、有甘有苦、有乐有忧的生活景象，叙述了当时的生产关系和人民群众的日常生活图景：

七月流火，九月授衣。一之日觱发，二之日栗烈。无衣无褐，何以卒岁？三之日于耜，四之日举趾。同我妇子，馌彼南亩，田畯至喜！七月流火，九月授衣。春日载阳，有鸣仓庚。女执懿筐，遵彼微行，爰求柔桑？春日迟迟，采蘩祁祁。女心伤悲，殆及公子同归。七月流火，八月萑苇。蚕月条桑，取彼斧斨，以伐远扬，猗彼女桑。七月鸣鵙，八月载绩。我朱孔阳，为公子裳。四月秀葽，五月鸣蜩。八月其获，十月陨萚。一之日于貉，取彼狐狸，为公子裘。二之日其同，载缵武功。言私其豵，献豜于公。五月斯螽动股，六月莎鸡振羽。七月在野，八月在宇，九月在户，十月蟋蟀，入我床下。穹窒熏鼠，塞向墐户。嗟我妇子，曰为改岁，入此室处。六月食郁及薁，七月烹葵及菽。八月剥枣，十月获稻。为此春酒，以介眉寿。七月食瓜，八月断壶，九月叔苴，采荼薪樗，食我农夫。九月筑场圃，十月纳禾稼。黍稷重穋，禾麻菽麦。嗟我农夫，我稼既同，上入执宫功。昼尔于茅，宵尔索绹。亟其乘屋，其始播百谷。二之日凿冰冲冲，三之日纳于凌阴。四之日其蚤，献羔祭韭。九月肃霜，十月涤场。朋酒斯飨，曰杀羔羊。跻彼公堂，称彼兕觥：万寿无疆！

　　淀山湖地区经过了漫长农耕文明的发展历史。农耕文明作为人类文明发展的重要阶段，在历史上给淀山湖地区留下了希望与失望、喜悦与痛苦交织在一起的深刻记忆。今天，历史上沿袭下来的农耕文明也对淀山湖镇建设美丽的绿色家园带来了重要机遇和挑战。如何处理好、协调好农耕文明和工业文明、生态文明的关系，如何推进现代生态农业发展，如何在城镇化和现代化进程中再现农耕文明新的辉煌，这是淀山湖镇面临的新的重大历史性课题。

　　淀山湖镇在中国21世纪示范镇建设中认识到，虽然工业文明是对农耕文明的超越，但是，在全面建成小康社会和实现人与自然和谐共生的现代化进程中并不能抛弃和否定农耕文明，而要通过保护好耕地和发展现代农业、现代生态农业旅游观光业，促进农耕文明在生态文明建设中获得新生，使农耕文明与工业文明在绿色发展进程中交相辉映、熠熠生辉。

第一节　眷恋土地的情怀

　　土地不仅是农耕文明的根基和维系人类生存与发展的命脉，而且也是工业文明和生态文明不可或缺的自然条件，是所有人类文明发展都需要的宝贵的生态资源。淀山湖地区的先民从洪荒时代走向文明时代、由渔猎经济走向农耕和渔猎相结合的经济、再由传统村落步向现代繁华而美丽的乡镇，不管发生多么巨大的变化，丰富的山水自然资源和灿烂的农耕文明历来都是作为淀山湖地区最为根基的东西而存在着和发展着的。今天，在农耕文明与工业文明和生态文明交织并存的新的历史时期，如何做到像好家长呵护好孩子那样呵护好土地，促进经济社会持续健康发展，达到人与自然和谐共生，是淀山湖镇在建设中国 21 世纪示范镇过程中始终加以重视的重大问题，也是淀山湖镇推进绿色发展始终坚守着的一种强烈而神圣的生态责任和生态义务。

一、稻作文化的奇葩

淀山湖镇在建设中国 21 世纪示范镇的过程中，注重耕地的保护和可持续利用，让耕地成为推进绿色发展的重要生态资源条件，将"留得方寸地，让给子孙耕"的观念，发展为注重耕地质量和可持续利用的"留得方寸好地，让给子孙好耕"的绿色发展理念，以实际行动节约用地、爱护耕地，发挥农耕文明对建设全面小康社会和推进人与自然和谐共生的现代化的积极作用，让农耕文明与工业文明和生态文明携手并进和交相辉映。

种田大户秋收忙

由于长期以来对耕地的严格保护，淀山湖镇是目前为止在整个昆山乃至苏南地区耕地面积最多的乡镇之一。在这些耕地中，水稻占了大多数。到了秋收季节，淀山湖镇上万亩水稻面积给人以一望无际的视觉印象，一束又一束颗粒饱满笑弯腰的稻穗在灿烂的太阳光下闪耀着一道又一道金灿灿明晃晃的光芒。淀山湖镇的稻作文化继往而开来，返本而开新，将传统农耕文明和现代农业文明紧密地连接了起来。

稻作文化可谓是淀山湖地区社会经济发展中的主体文化，是淀山湖镇绿色发展中最可值得珍视和传承的文化。在稻作文化产生之前，淀山湖地区的先民们靠山吃山、靠水吃水，以捕鱼为生，渔猎经济是其主要的经济形态。淀山湖畔目前还存在的一些小渔村的生活方式和劳作方式延续了渔猎经济的文化形态。远古的文字对渔猎经济的记载同样适用于淀山湖地区。《小雅·南有嘉鱼》曰："南有嘉鱼，烝然罩之。君子有酒，嘉宾式燕以乐。"《陈风·衡门》曰："岂其食鱼，必河之鲂。岂其取妻，必齐之姜。"《乐府江南曲》曰："江南可采莲，莲叶何田田，鱼戏莲叶间。鱼戏莲叶东，鱼戏莲叶西，鱼戏莲叶南，鱼戏莲叶北。"

作为苏州所属之地的淀山湖镇与吴文化紧密关联。苏州的苏字，在古代繁体字为"蘇"，就是上面一个草字头，草字头下面左边一个"鱼"，右边一个"禾"。表明绿草茵茵，禾苗青青，鱼儿成群。而古代吴地的吴字，是鱼的象形字，其发音也是鱼字。因此，吴文化是充满着浓郁的江南水乡地域特色的鱼文化和水文化。

古诗中常以"鱼"为比，或以"鱼"起兴。《陈风·衡门》曰："衡门之下，可以栖迟。泌之洋洋，可以乐饥。岂其食鱼，必河之鲂。岂其取妻，必齐之姜。岂其食鱼，必河之鲤，岂其取妻，必宋之子。"将人与自然联系起来，以鱼隐喻恋人与爱情，以食鱼比喻娶妻。《卫风·硕人》曰："河水洋洋，北流活活。施罛濊濊，鳣鲔发发。"以捕鱼喻娶妻和新婚，赞美了人与自然和谐的关系。《卫风·竹竿》中以钓鱼喻求爱，以网鱼比得妻，以网破喻失妻，以钓鱼喻求爱，对于人与自然关系的想象力十分丰富。

中华人民共和国建立以后，考古学家在挖掘的淀山湖地区的古代陶器上发现了鱼的图案，说明在原始的渔猎经济时代鱼对于淀山湖地区人们生存和生活的重大价值。淀山湖地区的先民们常以鱼为礼物相互馈赠，发展到现代，淀山湖镇还保留着家家都挂画鱼的年画，待客用鱼，过年吃鱼，以图"年年有鱼（余）"的风俗习惯，养成了多吃鱼的生活习惯。由于淀山湖地区的渔猎经济是与风浪搏斗的短缺经济，是食物来源严重不足的饥饿经济，必然要向农耕经济转移，推动淀山湖地区的渔猎文化向稻作文化发展。

淀山湖镇人民群众对土地的眷恋来自对源远流长的稻作文化的珍爱。稻作文化是淀山湖地区闪耀着农耕文明绚丽色彩的一朵奇葩。淀山湖地区和长江三角洲一样是中国稻作文化的重要发祥地之一。

据草鞋山遗址和度城潭考古资料考证，淀山湖地区的水稻人工栽培技术已有将近7 000多年的古老历史。研究出土的炭化稻谷（或米）可以清晰地发现，已有籼稻和粳稻的区别，从而表明籼稻和粳稻这两个亚种的分化早在淀山湖地区的原始农业时期已经出现。上述稻谷遗存的测定年代多数较亚洲其他地区出土的稻谷为早，是中国稻种发展史的源头，也是中国稻种通过淀山湖地区的先民们培育野生水稻而具有独立起源的证明。

淀山湖地区因具有充沛的雨水而适宜耕种水稻。中国水稻原产自有鱼米之乡之美誉的南方地区。古代关于"民以食为天"的食，主要是指大米，大米一直是长江流域及其以南人民群众的主粮。魏、晋、南北朝以后经济重心开始南移，北方人口大量南迁，更促进了南方水稻生产的迅速发展。唐、宋以后，南方一些稻区包括太湖流域的淀山湖地区进一步发展成为全国稻米的供应基地。唐代韩愈称"赋出天下，江南居十九"，民间也有"苏湖熟，天下足"之说。古代的苏湖是一个泛指，包括淀山湖地区。"苏湖熟，天下足"的说法，充分反映了江南如淀山湖地区水稻生产对于供应全国粮食和保证国家财政收入的重要性。据《天工开物》估计，明末时的粮食供应，大米约占十分之七，麦类和粟、黍等占另外的十分之三，而大米主要来自南方。黄河流域虽早在新石器时代晚期已开始种水稻，但由于受该流域居民生活方式以及自然条件的影响，水稻种植面积时增时减，其比重始终低于麦类和粟、黍等。

　　淀山湖地区的农耕文明孕育和形成了颇具江南水乡地方特色的包括农事、农谚、民风、民俗等在内的丰富多样的稻作文化，尤其是精耕细作的传统农技农艺，被誉为世界农业文明的精华。在此基础上渐次发展起来的古代制陶工艺技术、纺织工艺技术、冶炼技术和造船技术也都在世界上处于领先地位。淀山湖地区的先民们在洪荒时代就发挥聪明才智，兴利除害，发展水利技术和灌溉技术。传说大禹治水多次来淀山湖，为如何控制与驯服茫茫湖泊中的地表水与地下水，使之不能为害而殚精竭虑。而治理淀山湖留下的各种有关"水政"制度设施和水利技术，至今还有重大的借鉴意义和影响力。不少水利工程至今还在造福淀山湖人民。淀山湖地区变水患为水利的生态治理实践开创了以"天人合一"为理念的人与自然和谐相处的农耕文明的理想境界。

　　稻作文化的诞生是淀山湖地区文明形态的一大飞跃。无论是水稻的生产过程还是对水稻农作物的管理以及修建农田基础设施，都需要大量的劳动力。一方面促进了淀山湖地区人口的不断增长，为生产力的发展提供了源源不断的人力资源；另一方面人口的不断增长也给农业生产带来了巨大的压力。为了生产粮食以满足人们生存的需求，淀山湖地区不断地改良土壤和兴修水利，共同抵御随时而来的各种各样的自然灾害，并祈求冥冥之中的神灵的保佑，由此而形成了淀山湖地区物质、社会、政治、精神、生态以及宗教信仰等多个层面的丰富多样的稻作文化印记。

二、大地母亲的馈赠

淀山湖地区告别渔猎经济时期的物资短缺阶段而走上相对丰衣足食阶段，依靠的是超越以往文明形态的新型的农耕文明。

在生产力水平极其落后的历史时期，淀山湖地区长期以来只能靠湖吃湖，以渔猎经济作为谋生方式，其经济是短缺而不稳定的，而农耕经济则是淀山湖地区先民们更可靠和较为稳定的经济，人们依赖收获的稻谷为生，这些稻谷能够长期储存以供四季所需。从总体上来说，农耕经济是生产资料和生活资料相对充裕并有助于促进种族生存和繁衍的一种定居而相对稳定的经济。由于在同等自然和土地条件下以同等的作业就能获得基本相同的作物收获量，农业生产在获得产出物方面具有极大的稳定性，是有着游牧经济与渔猎生产活动无法相比的优越性的经济活动。所以，淀山湖地区人工种植的谷物最终成为该地区获得维持人们生存、成长的基本营养的主要来源，并推动了渔猎经济文化向农耕经济文化大踏步发展。

淀山湖地区的农业耕作是循环的、年复一年反复地进行的生产和生活活动，维持了当地人民群众生产和生活的稳定性和可持续性。农业生产表现为最有稳定性和规律性的生产活动，同游牧经济与渔猎生产方式比较，在自然环境还没有因为人为活动的破坏而变得恶化的漫长时期，在不发生或少发生自然灾害的情况下，这种按照季节变化呈现出"春耕夏耘秋收冬藏"的稳定性和连续性的生产活动只有很小的变化。伴随着不断重复的农业生产活动，淀山湖地区人们对天象和天文与季节变化、与气候变化的关系的观察更加深入了，在此基础上推动了对耕作与对作物的培育技术的发明与改进。土地的开垦、耕作，作物的播种、培育、收获，对节气和农时的掌握，以及伴随着在这些方面的科学与技术进步的水利和灌溉设施的建设，这些在历史上不断重复的生产和生活活动，使得淀山湖地区天文、气象等科学认识的积累和水利、冶炼、铁器农业工具制作以及农艺学等技术的改进得以实现，使淀山湖地区在历史上创造了更为发达的农耕文明时期的科学技术。

根据20世纪50年代考古学家对淀山湖镇度城遗址的研究，当时的制陶技术已经发展到较为精致的阶段，出现了灰陶和黑陶两种陶器。而这两种陶器的烧制和在日常生活中的应用是制陶技术发展到一个高级阶段的象征。灰陶的烧成，是陶器在窑中将要烧成时，将陶窑封闭，使窑内形成高温和缺氧，迫使陶土中的铁元素还原，因而出现灰陶。伴随灰陶的烧制，淀山湖地区还出现了一种灰胎黑衣陶，其制法是在窑中陶器即将烧成时，不但封窑，还塞入浸水的湿柴，使之在窑内闷烧冒烟，让黑烟渗入陶器的器表。这类黑陶，由于器表微小的孔隙为黑烟所渗填，因此具有不渗水和更加坚固耐用的特点。乌黑发亮的泥质黑衣灰胎陶是良渚文化陶器的一大特色，这类陶器在淀山湖地区农耕文明中的出现和大量应用，既是体现淀山湖地区农耕文明发展到一个高级阶段的象征，也是淀山湖地区生活水平显著提高的标志。

淀山湖地区进入农耕文明时期，显示人们的生产和生活活动逐渐成为定居的或很少迁徙的活动，这是农耕文明显著地不同于早期的渔猎和游牧生产生活方式的优点和特点。农田耕作首先要处理土地，使之成为可灌溉的、可以持久利用来耕种和获得持久收获的土地。这不仅需要大量的人工作业，而且需要人力资源的高度组织管理。灌溉水源的控制和管理，耕作作业的实施，收获物的储藏和流通，都需要在具有一定规模的、稳定的社会中完成，从而促进了人际交流沟通，也推进了乡村治理组织结构和治理水平的提高，促进了乡村维护和谐稳定与推动文化教育事业以及济贫帮困慈善事业的发展，加快了各类民间组织发展的步伐。同时，谷物较为稳定的收获量提供了支持人口聚居与繁衍的食物资源。淀山湖地区栽培谷类作物所获得的收获，促进了人口的繁衍和人口规模的扩大，推动着村落这种人口定居地的诞生。

三、崇拜土地的信仰

淀山湖地区先民一直将大地视为生活和发展的母亲，并将这种情感寄托在敬畏土地神（土地菩萨）的宗教信仰上。土地是人类重要的生态资源，对土地的崇拜从某种意义上来说，就是一种朴素的生态自然观，是对人与自然关系的比较正确的一种定位。这种朴素的以崇拜土地为核心内容的生态自然观也是今天淀山湖镇建设中国 21 世纪示范镇和推进绿色发展可资借鉴的重要的生态文化思想资源，对于珍惜土地资源、爱护土地资源以及可持续地利用土地资源有着十分重大的现实意义。

在淀山湖地区古代人的心目中，天地虽然都是人类生存和发展必须依赖的自然生态环境，是紧密联系而不可分割的，但是天和地还是有区别的，这种区别不仅是空间上的，而且还是功能上和生态位上的。生态位是指一个种群在生态系统中，在时间和空间上所占据的位置及其与相关种群之间的功能关系与作用。淀山湖地区先民认为，天地具有明确的分工，两者和谐共事促进万物生长和社会进步，天时、地利、人和是人类生存与发展的最佳的生态环境。《周易》云："天行健，君子以自强不息；地势坤，君子以厚德载物。"这两句话的意思是说：天（即自然）的运动刚强劲健，相应于此，君子为人处世，应像天一样，自我力求进步，刚毅坚卓，发愤图强，永不停息；大地的气势厚

第四章 农耕文明的新生

实和顺，君子应增厚美德，容载万物。

祭拜灶头菩萨（灶神、灶君）是淀山湖地区土地崇拜的重要形式。淀山湖地区传统的厨房间都有用于烧饭做菜的土灶头，而灶头菩萨在人们的心目中是生存的衣食父母，必须时时放在心中并加以顶礼膜拜。在人们的心目中，灶头菩萨是冥冥之中的神仙，逢年过节，灶头菩萨就要上天向玉皇大帝汇报这家人一年来的操行表现以决定对其褒奖或惩罚。因此，对灶头菩萨的态度是每户人家的大事，人们总是希望灶头菩萨能够在玉皇大帝面前美言两句，以保障一家人丰衣足食，为此，人们都要郑重其事，举行膜拜仪式，送灶头菩萨，以保佑家庭财源广进、五谷丰登和衣食无忧。每到祭祀灶头菩萨的时候，每家每户都十分虔诚认真，做足准备工作，如把灶头打扫得干净整洁，不洁的物品不能放上去。有些人家的灶台上设有灶头菩萨神龛，或者贴一张神像，常年放置香炉。小年夜晚饭前，家里准备好酒肉菜，放在托盘内，摆在灶头上。主人点好蜡烛，上三支清香，向灶神鞠三个躬，然后烧些纸钱，将供奉的米酒倒在地上，在天井和大门口放几个炮仗，恭恭敬敬送灶头菩萨上天。只有送灶头菩萨的仪式结束了，一家人才开始吃饭。

敬畏土地神是淀山湖地区土地崇拜的又一重要形式，这一信仰源于远古淀山湖地区先民对土地权属的崇拜。土地能产出五谷杂粮，是淀山湖地区先民不可或缺的生活资料和生产资料，因而人们膜拜和祭祀土地。淀山湖地区有句俗语云："人非土不立，非地不活，非谷不食。"广大无边的土地，负载着万事万物，是人们赖以生存的重要物质基础，一旦离开土地或缺少土地，人类就无法生存和发展，这就促使淀山湖地区的人民群众以十分虔诚的心情感谢土地的恩惠；但有时土地又会与人类过不去，又像是在向人们发怒，不愿负载，把地上的东西震倒、震毁，遇到旱涝灾害时，则出现赤地千里、寸草不生、饿殍遍野、民不聊生的惨境，使人害怕土地与人过不去，必须主动讨好土地神仙。所以，淀山湖地区民间自古以来便崇拜土地，尊称土地为"后土"或称为"土地公"，建立庙宇，按时祭拜，以表其内心崇敬报功的心意。土地庙作为淀山湖地区集中祭祀土地神的地方，自然随之兴盛起来。

　　古代淀山湖地区有众多土地庙，基本上村村都有。每到农历二月初二，人们都要涌到土地庙，烧香和供奉食品，为土地爷过生日。按照当地的习俗，每个人出生都有各自的"庙王土地"，亦即每个人都有属于养活自己的土地庙，类似于每个人的籍贯地。人去世之后行超度仪式，即做道场时都会获取其所属土地庙，以便让灵魂有寓寄的场所。一般土地庙都要贴上对联，上联为：土能生万物；下联为：地可发千祥。表达人们对土地的深厚感情。如果有人生病了，家人都要去土地庙烧香，祈求土地庙神仙保佑。烧香后要取一点儿香灰带回，放在碗里和一点儿水给病人喝。一旦病好了，更使人们加深了这种土地神仙保佑的信仰。如果村里有哪家人死了，家属必须一路哭叫着到土地庙来"招魂""供水饭"，否则的话，据说死者就要沦为"野鬼"或"饿鬼"，活着的人当然不愿发生这种事情。

　　随着传统的土地崇拜观念在淀山湖地区民间得到普遍信仰，对于土地神仙的传说不断增多，其人格化现象也越来越明显。有的土地庙中的土地神仙苍髯赤面，形似关公；有的葛衫布履，如农夫状；还有的家室齐全，老稚满堂。并且常有某人死后受天帝任命为某地土地神仙的传说，据说土地神仙也与人间的官吏一样，需要更代轮换。

　　淀山湖地区这些关于土地神仙的种种传说，虽然带有迷信而神秘的色彩，但是对于教育人们尊崇土地、爱护土地、促进土地可持续利用，协调好人与自然的关系，具有十分重要的意义。

第二节　人地和谐的景观

淀山湖镇将保护耕地和节约集约利用耕地以及加强湿地保护作为建设中国 21 世纪示范镇的重要内容来抓，如同爱护自己的眼睛那样爱护每一寸土地，让湿地发挥对于环境优化的积极作用，催生出人地和谐的绿色景观，成为在工业化、城镇化、现代化进程中"留得方寸好地，让给子孙好耕"的苏南农业现代化的示范镇。

一、土地利用的精细

习近平总书记说："中国人的饭碗任何时候都要牢牢端在自己手上。我们的饭碗应该主要装中国粮。"在绿色发展实践中，淀山湖镇将粮食问题不仅仅看作是单纯的经济问题，同时也看作是十分重大的政治问题和战略问题。淀山湖镇坚信，一个国家只有立足于粮食基本自给自足，才能牢牢地掌握粮食安全主动权，进而才能牢牢地掌控经济社会发展这个大局。中国是一个大国，人口基数大，必然粮食需求大，可以说粮食掌握着整个国家的命脉，只有保证粮食安全，才能实现经济发展、社会稳定、国家安全。淀山湖镇地处江南水乡，历来是盛产粮食的好地方，在推进人与自然和谐共生和促进绿色发展中必须为国家粮食供应和粮食安全承担应尽的责任。

淀山湖镇认识到，粮食的种植最主要的便是耕地，如何保护耕地资源，保证耕地质量，切实、有效地进行土地集约化利用，这些才是粮食生产的基础。2016 年年初，淀山湖镇党委和政府对全镇现阶段未整治农田建设进行了一次摸底调查，并制订了精细化利用土地的三年行动计划。通过近三年的时间，对淀山湖镇所有待整治区域进行农田平整及基础农水配套设施建设。该项目的制定有利于淀山湖镇农业的现代化发展，也为推进人与自然和谐共生的现代化建设提供坚实的来自于土地资源作为重要保障的自然基础。

淀山湖镇节约集约利用土地有利于该镇社会主义新农村建设，是振兴乡村战略的重要内容。农村一般都与农田相毗邻，社会主义新农村建设和乡村振兴离不开田、水、路的综合治理。通过农田特别是基本农田整治，加强农田基础设施建设，可以有效改善农业生产条件，提高农田产出能力，降低农业生产成本；可以有效改善传统的农用地利用格局，扩大经营规模，促进农业增效和农民增收；可以有效改变传统农村面貌，提高农民居住水平和生活质量。

淀山湖镇节约集约利用土地有利于保护耕地资源。耕地是粮食生产的第一资源，粮食作为国家的命脉，必须自给自足方能不留后患。粮食生产过程中耕地尤为重要，耕地减少必然导致国家粮食安全的压力日益加重。稳定耕地质量及数量尤其是基本农田，是淀山湖镇农田治理开发的重要任务，基本农田的土地整治将是加强基本农田基础设施建设、提高基本农田质量、改善基本农田生产条件的主要手段。

淀山湖镇将注重土地集约节约利用作为绿色增长和可持续发展的实际举措。淀山湖镇认识到，实行集约节约用地，以尽可能少的土地资源消耗获得最大的综合效益，是党中央、国务院的重大战略决策，是落实科学发展观的一项基本要求，是关系我国构建人与自然和谐共生的现代化建设全局的重大问题。淀山湖镇还存在很大一部分闲置土地、宅基地及废塘，这些土地均属于待开发状态，对其进行规范化整治及利用，既有利于增加淀山湖镇的耕地面积，保证粮食生产，又有利于淀山湖镇各村经济增长、农民增收。

晟泰农民新村是2000年由村民和村股份制企业——晟泰集团共同投资建成的现代农民集中居住小区，占地116亩，总投资6 500余万元，建筑面积5万余平方米。区内建有风格迥异的公寓式住宅楼32幢、252套，配套有多功能中心会所、中心广场、人工河道和绿化景

第四章 农耕文明的新生

晟泰农民新村

观,小区绿化率达63%。晟泰农民新村集生活环境园林化、工作交通便捷化、居住条件星级化、配套设施现代化、信息管理智能化于一体,是一个低碳生态型农民集居小区。古典欧式风格的公寓大楼错落有致,极具匠心的人文布景,透出舒适怡人的气息。人工河道盘曲如丝带缠绕其间,过河小桥与新村大门、中心会所在同一轴线上,使新村既有浓郁的现代气息,又体现小桥流水、模山范水、亲水公园的江南水乡特色。区内闭路电话、电子安防、宽带网络等配备齐全,并建有秸秆气化站和污水处理设施,体现了人与自然的和谐统一。

在六如墩村等淀山湖镇的一些旧村改造中,淀山湖镇注重按照生态文明的理念进行整体规划设计,注重把乡村放在大自然中,把绿水青山留给农村居民;注意保留村庄千百年流传下来的原始风貌,做到慎砍树,慎挖草,不填湖,少拆房,尽可能在原有村庄形态上通过采用绿色新材料、新工艺改善居民的生活条件；注重传承村落优秀的传统文化，发展有淀山湖历史记忆、江南水乡地域特色、淀山湖水文化靓丽特点的美丽村落。尽可能使房屋建筑与周边生态环境保持协调和谐，让房屋节能减排，做到美观与舒适实用的统一，让村民们看得见水，记得住乡愁，留得住淀山湖的历史文化记忆。

二、湿地保护的行动

淀山湖镇拥有众多的湿地。加强对湿地的保护对淀山湖镇推进绿色发展显得尤为重要。

1971年2月，来自18个国家的代表在伊朗南部海滨小城拉姆萨尔签署了《关于特别是作为水禽栖息地的国际重要湿地公约》（以下简称《湿地公约》）。《湿地公约》第1条给湿地下的定义是：湿地系指不论其为天然或人工、长久或暂时之沼泽地、湿原地、泥炭地或水域地带，带有或静止，或流动，或为淡水、半咸水或咸水水体者，包括低潮时水深不超过6米的水域。

在整个生态系统中，湿地是连接陆地与水之间的重要纽带。湿地与森林、海洋并称为地球的三大生态系统，是自然界最重要的生态系统之一。淀山湖镇领导干部和广大人民群众都充分认识到，保护湿地就是保护生态环境，就是保护淀山湖人民群众自己。

淀山湖镇在推进21世纪示范镇建设中，对于湿地保护格外重视。他们通过正反两方面的经验教训深刻地认识到，湿地不但具有丰富的自然资源，还有着巨大的环境调节功能和生态效益。淀山湖以及周边的一些湿地有保护生物多样性、调蓄水量、防浪促淤及平衡淡水水源之诸多环保作用，特别是在提供水资源、涵养水源、调节气候以及降解污染物方面发挥着极其重要的作用。

湿地在生物学上就像是一个超级市场，它们为许多动物种群提供了大量食物。这些动物把湿地当作它们部分或全部的生活圈。落叶和折断在水中的根茎形成了一小部分有机质，这些丰富的有机质供养了许多水生昆虫、贝壳、小鱼，而它们又成了其他鱼类、爬虫类、两栖类、鸟类及哺乳动物的食物。

  鉴于湿地在生态系统中的重要地位，在生态文明建设中，湿地被冠以地球之"肾"的美誉。湿地具有强大的降解污染和净化水质功能，湿地的生物和化学过程可使有毒物质降解与转化，使当地和下游区域受益。泥炭地具有较强的离子交换性能和吸附性，是湿地廉价的净化材料，对防止污染起着十分重要的作用。还有，河水中的凤眼莲能转化和消除有毒物质，如汞、银、酚等。凤眼莲从水中吸收酚进入体内后，与其他物质形成复杂的化合物从而使酚失去毒性，有利于净化水源。此外，人工水塘系统对降水有缓冲功能，对来自农业非点源污染物具有拦截和过滤作用，因此能净化水体减少污染，稳定相邻的生态系统。

  湿地的微生物、植物和野生动物是地球上水、氮、硫循环的一部分。科学家已经开始认识到对空气的调节是湿地的另一个功能。湿地把应该以二氧化碳形式释放到空气中的碳存储在其中的植物和土壤中，这样一来，湿地就有助于化解空气中某些物质的含量。湿地的水分蒸发和湿地植物叶面的水分蒸腾，使得湿地与大气之间不断进行着广泛的热量交换和水分交换，因此在增加局部地区空气湿度、削弱风速、缩小昼夜温差、降低大气含尘量等气候调节方面有明显的作用。

  湿地处于水陆过渡带，既有来自水陆两相的营养物质而具有较高的肥力，又有与陆地相似的阳光、温度和气体交换条件，因而具有特殊的生产力价值。据联合国环境规划署 2002 年的权威研究数据显示，1 公顷湿地生态系统每年创造的价值高达 1.4 万美元，是热带雨林的 7 倍，是农田生态系统的 160 倍。

因此，无论从生态学还是从经济学上看，湿地都是最有价值和生产力最高的生态系统。然而，由于历史遗留以及人们对湿地资源的开发需求等原因，淀山湖镇在湿地的保护与开发利用上一度也存在着一些问题，如对湿地生态系统的重要性认识不足，任意侵占、破坏湿地的现象时有发生。在20世纪五六十年代，农业以粮为纲，为了增加粮食产量，就要扩大耕种面积，在"种稻种到山顶，插秧插到湖心"的口号下，曾经大量围湖造田，占用淀山湖的湖滨湿地，使生态环境遭到极大的破坏。近年来，由于占用土地受到严格控制，有些地方"向水面要土地"，导致了乱搭乱建乱围、违法占用水面现象不断发生。加上工业化、城市化、现代化消耗着大量农田，而其中大部分是水稻田和低洼圩田，导致湿地的类型和面积急剧减少，生物多样性逐步丧失，湿地功能日趋下降。湿地的生态系统遭到比较严重的破坏。

德华生态科技公司的外籍专家德国生态工程协会主席盖勒先生多次去淀山湖镇商讨加强人工湿地建设问题。他以自己的研究成果以及在苏南实施的污水处理人工湿地项目证明，五类劣质水流入湿地后经过净化，流出时就被净化为三类以上的水质。盖勒先生多次亲临淀山湖镇指导推进该镇的人工湿地工程项目，以充分发挥人工湿地对于优化生态环境的积极作用。

淀山湖镇在生态文明建设中以国家关于湿地保护的法规为指导，大力贯彻落实苏州市在全省率先制定出台的湿地保护法规，加大湿地保护的力度。2011年10月27日，《苏州市湿地保护条例》由苏州市第十四届人大常委会第二十八次会议通过，并于2011年11月26日经江苏省第十一届人大常委会第二十五次会议批准，于2012年2月2日正式施行。《苏州市湿地保护条例》第1条开宗明义，明确提出了该条例的立法宗旨：加强湿地保护，维护湿地生态功能，促进湿地资源可持续利用。"可持续利用"既保证了当代人实现最大的持续性利益，又保持了湿地的潜力以符合后代人的需要和期望。《苏州市湿地保护条例》确立了合理利用的原则。所谓合理利用,就是为了人类利益的可持续性利用,这种利用应与生态系统、自然财富的保持不相冲突的方式进行。这一原则对于过度开发湿地资源行为的限制有着现实的指导意义。《苏州市湿地保护条例》还确立了"保护优先"的原则。公共利益与私人利益的平衡,经济效益与社会公正的价值调整,一直是摆在法律面前的难题,苏州市毫不犹豫地选择了保护优先。

淀山湖镇在建设中国21世纪示范镇的过程中,坚决贯彻执行流域性湖泊保护法律,将湿地保护纳入规范化和法治化的轨道,并以德国先进的生态湿地保护利用技术为指导,有效提升绿色发展的水平,推进人与自然和谐共生的现代化,实现好、维护好和发展好人民群众的生态权益。

三、留住记忆的乡愁

淀山湖镇将绿色发展与对传统文化的挖掘和利用结合起来,注重将传统文化积淀的成果通过固化的形式加以传承和推广利用,使现代化不是告别传统,而是与传统相得益彰,让人们在现代化进程中能够留住记忆的乡愁。

在淀山湖镇文化挖掘保护项目中,大力实施淀山湖镇乡村文化记忆工程是一项重要内容。该项目计划建造一座淀山湖乡村文化记忆博物馆,形象地再现从新石器时代以来淀山湖地区渔民们的生产方式和生活方式,展示淀山湖地区先民们历经数千年的捕鱼方式的变迁,从桩鱼时代到草网捕鱼、芦苇捕鱼、举刀砍鱼,再到现在的科学捕鱼,与此相对应的是展示出丰富的渔民用具和船用工具,各式渔网、嘎线用具、手工织网、顺风凳、太平斧等,还有火炕、灶台、年画,挖蛤蜊的铁耙和整理柴堆的竹耙,以及纺线机、织布机等物具,再现出极具乡土特色的"男捕女织"的渔家生活。

在规划中的淀山湖乡村文化记忆博物馆里，篇幅较大的是农耕文化展示。展现出淀山湖地区农耕文化的历史沿革，结合实物形态配以声、光、电等高科技形式，展示该地区农耕方式的发展历程，通过土地制度的沿革和税赋制度的演变以及历代农业著作的展示，让人们深刻了解淀山湖地区农耕文化的发展轨迹。通过以缩微实际地形的方式，展示淀山湖地区的桑基鱼塘、梯田、圩田、沙田、涂田等的由来与形成过程，让人们认识到人与自然的关系本质上是一种共生共荣的关系。通过梳理乡村能源发展运用的历史，展示传统和现代方式的风能、水能、沼气能、太阳能在农村的运用，让人们认识到能源在现代社会的价值以及节约利用能源的重要性。通过淀山湖地区的作坊反映出当时的生产方式和生活方式以及消费方式，通过豆腐坊、酿酒坊、织布坊、篾匠铺、铁匠铺、弹棉花作坊、染坊、布鞋坊、风筝制作铺、手工编织铺等再现淀山湖地区人民群众在农耕文明时期的衣食起居。通过展示斗笠、蓑衣、磨石以及各类耕作工具、浇灌工具、收割脱粒工具、晾晒工具、运输工具、储存工具、编织工具、量器用具、捕捞工具等种种具有淀山湖地区农耕文明特色的农耕工具，向人们呈现异彩纷呈的农耕文化的主要内容。

在淀山湖镇，有一座让人们留住记忆中的乡愁的"活化石"，这就是享誉江南水乡的六如墩村。

六如墩的原名是"缺水墩"，由于长期以来该村比较独特的地理位置以及缺乏水利工程，导致水脉不够畅通，缺水现象非常严重，出现了紧靠淀山湖而缺水喝的奇特现象。相传，清代同治年间江南大旱，六如墩村农民种植的水稻几乎颗粒无收，一下子陷入了饥饿境地。村上有一姓陆的大户人家慈悲为怀，开仓放粮，救济村民，使全村顺利渡过了难关。为了纪念这位陆善人，村民们通过讨论，一致同意将村

第四章 农耕文明的新生

名改为"陆氏墩"。后因历史文化变迁和语言发展，演变成了现在的"六如墩"，也寓意该村六六大顺、事事如意和富贵吉祥。

如今，人们进入六如墩村，仿佛到了一个自然风光十分优美宁静的世外桃源，时光由工业文明社会一下子退回到了田园牧歌般的农耕文明时代。

六如墩村坐落在一个形似宝葫芦的河塘周边，河面上波光粼粼，水中鱼虾成群，翔行浅底。河的两旁是具有原始村落形状的农民住宅，河边铺成的木栈道穿行在芦苇和水草丛中，自然而舒适，干净而整洁，体现了人与自然和谐的审美意境，散发出江南水乡古村落特有的生态韵味的文化气息。

目前，六如墩村已经被评为江苏最美乡村，它以延续了江南水

六如墩自然村

乡小桥流水人家和粉墙黛瓦的传统水乡风格特色而吸引了来自上海等地的游客。许多游客或者是朋友三五成群前来，或者是全家同行，在六如墩村或住一到两天，或住一个星期，愉悦心情，悠闲地享受自然风光，舒适地体验农家生活。

如今的六如墩村，已经成为新农村的样本和农家游的好住处。不管是春夏秋冬四季的变化，还是骄阳似火或细雨霏霏的日子，六如墩村永远如同一幅灵秀淡雅的水墨画，令人流连忘返。迈步在自然朴实极具水乡韵味的沿河木栈道上，人们会因脚下接触到自然界的泥土气息而心旷神怡。而在茅草亭里，边品茶聊天，边静赏碧水蓝天，能使人抛却任何烦恼和杂念而进入物我两忘的美好境界。在河边的钓鱼台挥竿垂钓，微风拂面，水波轻轻荡漾，身旁芦苇青草掩映，渔趣无尽，使人们忘却了时光的流逝。晚上丰富而别致的农家菜和香味绵长的当地糯米酒更让游客兴高采烈和情趣盎然。六如墩村成了淀山湖镇构建美好生活的一个典范。

第三节　绿色农业的靓丽

淀山湖镇将大力发展绿色农业作为推进人与自然和谐共生的农业现代化的主攻方向，将农业现代化示范区建设作为中国 21 世纪示范镇建设的重要内容，使传统农业焕发出勃勃生机和旺盛活力，使传统的脸朝黄土背朝天的农民成了新时代有知识、懂科技、会经营的新型智慧农民，使传统的灰头土脸脏乱差的旧农村成为欣欣向荣繁华兴盛的新时代的新农村。

一、现代农业的示范

淀山湖镇在绿色发展中深深地感到，全面建设小康社会在于全面性，而构建人与自然和谐共生的现代化也是一个系统工程，农业现代化是人与自然和谐共生的现代化的十分重要的组成部分,农业现代化也是绿水青山就是金山银山的重要内容。淀山湖镇的现代化农业主要由"一个园区和三个基地"组成。其中一个园区为苏州现代农业(昆山淀山湖)示范区,三个基地分别为晟泰优质稻米示范基地、红星果品种植基地以及百亩蔬菜基地。

淀山湖镇将努力建设好一个园区,即建设好苏州现代农业(昆山淀山湖)示范区作为推进人与自然和谐共生的现代化以及加快绿色发展步伐的重要举措。

苏州现代农业(昆山淀山湖)示范区,位于淀山湖镇苏虹机场路西侧,总体规划1 515亩,自1999年立项以来,按照"总体规划,滚动开发"的原则,始终坚持农业招商和示范区建设紧密结合,始终坚持项目建设与示范区发展深入统筹,始终坚持高效农业和特色农业统一协调,通过不断招商引资,示范区建设日益完善,逐步形成集休闲、观光、高效为一体的现代农业示范园区。截至目前,建设规模已达763亩,累计投入2 200万元进行基础设施建设,引进内外资企业12家,实现了年产值超过4 000万元的良好的经济效益。

淀山湖镇在大力建设好苏州现代农业(昆山淀山湖)示范区的同时,在建设好三大基地上下功夫,取得了显著的成效。

一大基地是昆山市淀山湖镇晟泰优质稻米示范基地,以高产稳产的优质稻米传承着江南水乡稻米之乡的美誉。晟泰优质稻米基地是淀山湖镇"部级粮食高产增效创建万亩示范片"中的核心示范基地,总面积5 708亩。在建设该优质稻米基地的过程中,管理人员不断转变观念,创新机制,实行政府引导、农民入股、公司化管理,基地管委会负责日常管理,农民专业合作社实行统一流水线播种、统一收割及统一联防代治病虫害。作为园区传统的示范型基地,在推动农业现代化发展的过程中起到了关键作用。

另一大基地是淀山湖镇红星果品种植基地，以现代特色果品让江南水乡瓜果飘香。红星果品种植基地位于淀山湖镇红星村，于1999年规划种植，经过不断的探索发展，现已形成种植规模达1 012亩的特色果品种植基地。基地按照"村委会＋基地＋种植承包户"的生产模式实行规模经营。目前，果品种类达10余种，其中"淀甜"牌锦绣黄桃已成功申报国家级绿色食品。为进一步发展农业观光旅游，红星果品种植基地于2012—2015年投资3 800多万元，分两期建设"七彩田园"项目，使红星果品种植基地成为集果品种植、旅游观光及生态休闲农业为一体的现代农业示范区。

第三大基地是百亩蔬菜基地，以无公害有机蔬菜为人民群众提供营养丰富且安全放心的蔬菜。淀山湖镇百亩蔬菜基地于2012年开始规划实施，项目位于淀山湖镇民和村，规划总面积372亩，分多期实施，经过2012年基础设施建设以及2013年配套设施的完善。2014年在原有建设基础上对基地进一步进行提升，通过增加配套管理用房、道路升级改造等项目，已逐渐完成配套设施建设。目前，该基地已通过农业招商的形式引进农业企业运营，采取"基地＋企业"的联合运营模式组织生产，并探索实施订单农业，带动周边农户增加收益，利用企业的资源优势，以电子商务的营销模式推进农业品牌化建设。

当城里人告别钢筋水泥组成的现代都市，来到淀山湖镇如诗如画的现代绿色田园，顿时会有进入了一个万花筒般的绿色世界的美好印象。走进淀山湖镇蔬菜基地，人们都有如同进入一个色彩斑斓的美丽迷人的果蔬王国的感觉，在有机肥和现代农业科技催生下生长的青紫色的茄子与金黄色的南瓜、红色的辣椒以及白色的花椰菜给人们以五颜六色和美不胜收的视觉印象。人们可以自由自在地采摘玉米、圣女果、萝卜、菜花、红薯等蔬果，收获着土地恩赐给人类的美味佳肴，尽情地享受着丰收的喜悦。

第四章 农耕文明的新生

全心全意为顾客服务好，让人们能够便捷地享受淀山湖镇的新鲜、健康的绿色瓜果，是蔬菜基地的经营之道。除了产品远销日本等绿色壁垒十分严苛的国家外，还充分运用现代信息技术开展订购和配送服务，官网上下单或者电话下单都可以。只要顾客需要，随时可以将健康安全的蔬菜送到人们的餐桌上。

除"一个园区三大基地"之外，淀山湖镇自2013年开始连续三年进行国家级综合农业开发项目建设以及连续两年市镇两级财政补助的"农田整治工程"，现已完成基础设施改造农田共5 000多亩。

2016年为加快淀山湖镇现代化农业发展进程，淀山湖镇进行2016年苏州市市级现代农业产业园区认定申报，2016年11月15日淀山湖镇以全镇作为主要主体完成苏州市市级农业园区认定。

淀山湖镇积极响应国家振兴乡村战略，充分彰显农耕文化，调动

稻香节文艺演出

社会各界对农村的关注，特别是让城里的孩子们和年轻人感性体验农村的自然美，亲身感受农产品粒粒皆辛苦的种植过程。从 2016 年开始，在"稻花香里说丰年"的秋收季节，淀山湖镇都要举办稻香节，将该节作为昆山乡村旅游十大主题活动之一。举办稻香节的系列活动丰富多彩，有观农民农耕展示、赏稻草雕塑景观、玩趣味农事运动、品原生稻香风情、忆悠悠乡愁等众多内容，让人们深度体验传统农耕文化的底蕴和魅力。举办稻香节不仅是传播稻米文化的途径，还是让大人们与孩子们"大手拉小手"亲子活动的深化，更是谋划农业与旅游业深度融合发展的有力举措。

在 2017 年淀山湖镇稻香节的开幕式上，主办方精心准备了昆山市乡村旅游发展协会淀山湖分会授牌仪式，农委介绍了昆山水稻种植情况，淀山湖之"稻"不尽的风情视频播放等精彩环节，以此来象征淀山湖镇的丰收，同时也让城市中的青少年感受到传统农耕文明的丰富样式。另外，还有淀山湖镇的特色演出：戏歌《淀山湖之恋》、民族舞《茶香中国》、鼓舞等一个个精彩好看的节目轮番上阵，博得了现场观众的阵阵喝彩。来到此次稻香节的活动现场，参加一场独具匠心的稻田体验游必不可少。在现场体验割稻、打稻、捆稻、碾米——从稻田里的稻到餐桌上的米，一整套流程的体验让游客切身感受到丰收的喜悦。除此之外，还有稻田迷宫、稻知识挑战、稻田运动会、米食制作、五谷画、跳房子、滚铁环、石磨体验等趣味游戏，瞬间带人们重返童年，重拾野趣。在江南水乡，食之五谷以稻为先，除了农事体验外，稻香节活动现场还有米字签到、节气展、五谷展、丰收展、稻故事馆、农具展、稻科普、农耕展、稻草编制展等，让人们在漫步于淀山湖的稻田的同时，体验一次特殊的文化之旅。来到淀山湖，当然不能少了淀山湖美食。稻香餐厅、农夫集市提供了桂花糕、橘子、粽子等淀山湖美食。另外，活动现场还为大家精心准备的咸肉菜饭以及儿时糙米，让人们特别是年岁较大的人能够重获记忆最深处的味蕾体验。

二、攻坚克难的开拓

淀山湖镇的农业现代化之路是艰巨的开拓发展之路，是以问题为导向在攻坚克难中曲折前进之路。淀山湖镇不断瞄准国际先进的农业现代化技术和管理，学习借鉴国内农业现代化发展较为先进区域的经验，找出自身的差距和不足，开辟独具淀山湖江南水乡特色的崭新的农业现代化之路。

淀山湖镇在克服了粮食收割难的问题后，继而着力解决又出现的粮食烘干难的问题，以保证丰收的成果安全入库。随着土地经营规模的不断扩大，淀山湖镇农业机械化水平较之以前有了大幅度的提高，全镇在粮食机收方面取得了长足的进步，收割机的使用快速普及，大大提高了收割功效，缩短了收割季节，但是在粮食收获难的问题逐步解决后，粮食干燥难的问题在粮食生产中越发凸显。以往淀山湖镇粮食干燥主要是通过马路晒粮的方式进行的，这种方式具有诸多弊端。

淀山湖镇传统粮食干燥方法的弊端之一是露天晒粮。天气不可控因素大，淀山湖镇地处于亚热带，属季风性气候，气候温和，湿润多雨。夏收受夏涝和台风困扰；秋收又常常阴雨连绵，往往造成粮食变质、发芽、霉烂。近两年，淀山湖镇由于天气原因导致粮食霉变的案例屡见不鲜，这给农民带来了巨大的损失。

淀山湖镇传统粮食干燥方法的弊端之二是马路晒粮。由于晒粮场地缺乏，村民纷纷在马路上晒粮，但存在一定的违法性。由于农事和民情需要，交管部门也只能睁一只眼闭一只眼，然而即使这样也只能解决部分晒粮问题，场地因素仍然存在巨大的不足，部分农户时常因晒粮场地发生小摩擦。而马路晒粮由于占用原行驶道路，其存在的安全隐患必然增加，近几年虽没有大的事故发生，但小摩擦、小问题时有发生。加上，传统马路晒粮影响粮食品质，车辆的行驶必然会带来许多砂石，农民在收粮时很难将混入粮食中的砂石剔除出去，与此同时车辆行驶会对靠近堆放在路边的粮食进行多次碾压，形成一定损耗，另外，车辆尾气的排放必然对粮食品质具有一定的影响。

淀山湖镇传统粮食干燥方法的弊端之三是劳动强度大，晒粮运作的劳动力成本逐步增高，年轻人愿意从事体力劳动的数量逐步减少，这导致现阶段人工成本费用逐年增加。预计未来几年内，晒粮成本将超过烘干成本。

淀山湖镇着力破解农产品销售渠道单一，无法为农民提高创收增收的难题，不断拓宽销售渠道，为农民持续增收广开财源。

农业作为基础性产业，在决胜全面建成小康社会和基本实现现代化进程中起着基础性和决定性作用。然而，我国农业供给侧结构落后严重，改革势在必行，尤其是国家粮食形势严峻，随着国际粮价的持续走低，现阶段的粮食经济问题越发凸显，未来的一段时间内，国家很有可能做出一系列的改变。淀山湖镇农业粮食生产主要以稻麦为主，受国家粮食价格的影响显而易见，如若国家开放市场取消保护价，市财政取消粮补，该如何促进农民增收，淀山湖镇认为必须未雨绸缪。如若粮管所因政策原因不收购粮食，抑或低价收购，该如何保护农民的切身利益。淀山湖镇党委、政府对此进行了认真的研究，提出了一些行之有效的基本对策。如若交通为防范风险实行严控，公共道路不允许晒粮，面对灾害性天气，该如何帮助农民有效规避风险，淀山湖镇对此也做出了比较超前的一系列规划。

淀山湖镇着力破解养殖结构相对落后，传统养殖仍然占据主导地位的难题，寻找以绿色养殖促进养殖业绿色可持续发展的路径。截至2016年年底，淀山湖镇现有精养鱼塘6 431.97亩，亩均产值18 000

元,较之往年略有增产,但受到市场因素影响,实际收益并没有较大提高。制约淀山湖镇水产发展的突出问题有:其一,传统养殖方式缺乏创新精神。淀山湖镇虾蟹养殖技术是从锦溪传入的,养鱼技术是由菱湖人带入的,养殖技术的停滞不前,制约了淀山湖镇养殖户产量的提高和经济上的持续增收。其二,养殖规模小,无法达到规模化生产。淀山湖镇共有养殖户228户,基本是以个人承包为主,零散的个体养殖户,在养殖过程中只能各自为战,不能产生规模化效应,无法达到利润最大化。其三,销售渠道单一,缺乏自产自销的能力。由于养殖者年龄层次偏大,文化水平较低,在市场信息的采集上不能及时更新,很多养殖户在最后的销售环节损失一大笔的收益。其四,产业结构较为传统,没有支柱性优势品种支撑。淀山湖镇6 400多亩鱼塘,其中虾蟹混养面积有2 700多亩,四大家鱼养殖面积近2 000亩,其他是以黄颡鱼、白丝鱼、观赏鱼等为主的特种水产养殖,没有拿得出、叫得响的产品作为支撑。最后一个重要原因是淀山湖镇水产行业从业人员开始步入老龄化,缺乏生机活力。淀山湖镇养殖户年龄大多在50岁以上,一些甚至已经六七十岁,人才断档严重,影响淀山湖镇水产的可持续发展。

问题是时代的声音,发现存在的问题是解决问题的重要前提条件,淀山湖镇党委和政府认识到,要想彻底解决粮食烘干难问题,破解农产品销售渠道单一难题,以及有效地促进淀山湖镇水产可持续发展问题,必然要大力发展粮食烘干设备及粮食仓储设备,必然要利用现代信息技术,必然要牢固地确立绿色发展理念,促进农业现代化发展,保证农民持续增收,以绿色农业创造绿色发展的辉煌业绩。

三、绿色农业的未来

淀山湖镇将推进绿色发展和促进农业现代化作为一个系统工程,

以推进全程机械化，建设现代化农业配套设施基地为抓手，促进传统农业走上现代农业的道路；以农民增收为目的，扩大订单农业发展，让现代农业插上信息现代化的腾飞翅膀；以紧跟渔业发展趋势为步伐，建设现代化渔业园区，让传统渔业迈向现代化渔业的宽广大道。

首先，淀山湖镇以推进全程机械化，建设现代化农业配套设施基地为抓手，促进传统农业走上现代农业的道路。

从2016年开始，淀山湖镇开始着手建设粮食烘干、碾米加工一体的粮食生产基地。项目将配置18套烘谷设备，设备的投入对于淀山湖镇现代化农业的发展具有巨大的推进作用。

淀山湖镇实施粮食干燥机械化能改变靠天吃饭的传统农业生产方式，提高抵御自然灾害的能力，随着烘干设备的配置，可以逐步减少自然灾害所带来的影响，农民再也不会因为天气原因导致粮食无法收割，或者收而不干，这样有助于确保农民的经济收入。

淀山湖镇实施粮食干燥机械化能够有效解决粮食烘干场地不够的问题，增设烘干设备可以解决6 000多亩农田的烘干问题，即全镇接近一半的粮食能够通过烘干设备直接烘干，足以解决全镇晒粮场地不足的问题。

淀山湖镇实施粮食干燥机械化能够减少交通路面晒粮出现的安全隐患，随着传统道路晒粮面积的减少，可逐步减少甚至取消道路晒粮，规避安全风险，为人民群众的安全权益和社会的稳定发展提供保障。

淀山湖镇实施粮食干燥机械化是实现农业现代化的迫切需要，是现代农业的重要组成部分，烘干机械化是现代农业发展的必然要求。根据农业与农村经济发展目标，粮食烘干作为粮食生产中耕作、播种、收获、干燥等粮食不落地入库作业环节的重要组成部分，是最后一个工作量大、作业时间短、作业要求高的工作环节，实现粮食干燥机械化意义重大。

淀山湖镇实施粮食干燥机械化有助于保证粮食的品质，粮食烘干既可保证粮食的纯净度，亦可减少粮食的损耗程度，还可减少粮食的污染程度，必然对粮食品质提供巨大的保障。

同时与粮食烘干设备配套建设的还有 2 套碾米设备及若干农用仓库、种子仓库的建设，碾米设备的建设一方面有助于淀山湖镇粮食初加工产业的发展，提高粮食销售价格；另一方面，亦符合淀山湖镇现代化农业发展的需求。农用仓库及种子仓库的建设有助于提高淀山湖镇粮食仓储能力，为提高淀山湖镇农业抗风险能力提供保障，同时也为淀山湖镇将来订单农业的发展，为农民增收、创收提供有利条件。

整个粮食生产基地的建立，必然为淀山湖镇发展现代化农业提供必要的技术设备保障，成为淀山湖镇现代农业发展的一大助力。

其次，淀山湖镇以农民增收为目的，扩大订单农业发展，让现代农业插上信息现代化的腾飞翅膀。

订单农业作为一种市场导向型的生产经营模式，对于深化农村经营体制改革，促进新阶段农业和农村经济的发展，具有非常积极的作用。2016 年，淀山湖镇尝试性开展订单农业的运营。此次尝试以民和村、永新村 9 家大户作为试点，与昆山田好农业发展有限公司签订订单农业，企业以稻谷价格高于粮管所收购价 10% 的价格收购农户 1 300 亩稻田生产的稻谷。与粮管所粮食收购标准不同的是，此次农户与企业签订的订单只要水分达 17%，便不再扣除水分、杂质的重量。这既保证了农民的基础利益，同时也为农民增收、创收提供了有利条件。此次尝试直接为农户增加亩均 400 多元的收入。

淀山湖镇从此次订单农业的尝试中体验到了在现代社会订单农业的发展优势。一方面，订单农业有利于增加农民收入，保障农户较高的稳定收益。发展订单农业，将原本属于产后的销售环节移置到产前，通过平等互利、自愿协商的原则，农民与企业提前签订具有法律效力的合同或协议。订单农业的签订可以有效避免生产的盲目性，减少价格波动带来的影响，使农民生产的农产品有比较稳定的销售渠道，并能够按合同价格卖出去，获得较好收益，确保农民的利益。另一方面，订单农业有利于现代化产业结构调整。此次订单农业的运作虽然只涉及水稻这单一农作物，但订单农业的发展可以推广至全镇所有农产品，可以有效地引导和带动农民进入市场。淀山湖镇可以根据生产前签订的订单签订种类、比例和数量，由政府统一安排组织生产，形成农户与市场有效对接，这样既可以保证农产品的销路，又可以根据现阶段农产品需求情况及时调整全镇农业产业结构。

淀山湖镇推进订单农业发展，还有利于降低农业产业化经营发展的风险，能够把分散的农户同农产品加工、营销企业有机地结合起来。订单农业使农民和企业成为风险共担、利益共享的经济共同体。通过订单合同或协议，这一具有法律效力的文件，约束双方的经营行为，建立农业产业化经营的稳固基础。

淀山湖镇大力发展订单农业，还有利于加快实现农业现代化，提高农产品科技含量。随着订单农业的发展，农民为了获得订单，保持在市场中获得最大的竞争优势，就会在提高农产品质量和科技含量上下功夫，这些发展的趋势必然会加快科技推广运用的步伐。

再次，淀山湖镇紧跟渔业发展的步伐，建设现代化渔业园区，让传统渔业迈向现代化渔业的宽广大道。

从宏观形势看，近年来，淀山湖地区的渔业整体环境日趋恶化，养殖行业的小型化、低值化现象严重，粗放的养殖方式导致环境压力日益增大，水生生物生存条件不断恶化。生态文明建设呼唤绿色养殖业。淀山湖镇紧紧围绕渔民增产的目标，坚持可持续发展，以发展现代渔业为核心，积极推进渔业产业化建设进程，规划建设东阳界观赏鱼产业园，大力发展高效渔业、生态渔业、休闲渔业、品牌渔业，推进渔业产业机制创新。

淀山湖镇将创新管理模式、优化资源配置作为促进绿色渔业发展的重要举措。现代渔业园区的建设和实施是一个系统工程,园区规模化和信息化的建设,使其实现了全面、协调的运行;完善的管理模式和运行机制,极大地节约了人力和日常运营成本,减少资源的浪费。观赏鱼产业园主体建设由政府投资,在完成道路、房屋、鱼塘等基础设施后,引入企业运营,独立核算、自负盈亏、自我发展。淀山湖镇依托恒丰观赏鱼有限公司进行企业化运作,充分发挥市场经济的力量,以科研养殖为先导,旅游观光、科普教育为辅,结合生产经营性活动,充分发挥生产积极性,以取得良好的经济效益与社会效益。

淀山湖镇高度重视基础设施建设和环境美化,改善渔业生产条件。观赏鱼产业园着重加强基础设施建设、园区绿化建设,施行养殖水质可循环模式,改善渔业生产条件。在基础设施方面,对园区环境进行综合规划建设,形成"池成方、路相连、沟相通、电成网、涵闸桥配套齐全"的格局。一改以往的塘口建设,全方位参照高标准建设,以契合园区现代化的建设要求,并融入淀山湖旅游带,不以一点建设为目标,全盘考虑全镇的旅游产业建设规划。

淀山湖镇十分重视品牌建设,提升产业品位。在渔业园区建设中,通过聚集各种资源,积极推进农业标准化建设,强化品牌创建,打造带动优势特色产业发展的知名品牌,提升渔业园区品味。积极借鉴无锡甘露青鱼产业园品牌建设的成功经验,探索淀山湖镇观赏鱼产业园的品牌建设之路。

为此,淀山湖镇积极引导主导产业发展,促进渔业产业结构调整。淀山湖镇在绿色发展的实践中认识到,建设现代渔业园区,是推进渔业产业升级的现实要求,是进一步做大做强渔业主导产业的主要措施,也是提升竞争优势和品牌效应的有效手段。淀山湖镇当下的渔业结构仍有优化空间，缺乏支柱性产业的支撑，虾蟹混养的养殖模式外，四大家鱼的养殖面积仍居高不下，受市场拖累较为严重。观赏鱼产业园的建成，可望把一部分四大家鱼养殖转变为观赏鱼养殖，优化产业结构，进一步缩小四大家鱼对淀山湖镇水产的影响。

　　淀山湖镇抓住休闲时代带动休闲经济大发展的机遇，以充分利用好、发展好水文化为抓手，大力发展休闲渔业产业，拓宽渔业园区功能。淀山湖镇观赏鱼产业园建设区别于其他地方的重要特色就是园区建成后，不仅仅是一个独立园区的存在，而是紧密契合淀山湖镇曙光路观光带，从整体上融入淀山湖旅游产业；另外，园区设立的科普功能区也是一大特色，为当地中小学生搭建了一个了解渔业和爱护生态环境的平台，具有良好的社会效益、文化效益和生态教育效益。随着日后淀山湖休闲渔业产业的不断完善与发展，其产生的直接或间接的经济效益也不可估量。

第五章　润物无声的文化

　　文化是淀山湖镇的一张名片，是淀山湖镇展示优美乡镇形象的一个窗口。淀山湖镇的文化是一个广义的大文化，绿色生态文化是其中的一个十分重要的组成部分，淀山湖镇将大力打造绿色生态文化当作促进绿色发展的强大软实力。淀山湖镇的文化源远流长，为推广普及绿色生态文化奠定了坚实的基础。作为中国戏曲文化之乡，淀山湖镇戏曲文化的影响力一直被人们赞誉为英国莎士比亚戏剧在淀山湖镇的翻版和再现。

　　莎士比亚是英国前首相丘吉尔最推崇的文化大师。丘吉尔曾两度出任英国首相，被认为是20世纪最重要的政治领袖之一，领导英国人民赢得了第二次世界大战，是"雅尔塔会议三巨头"之一，战后发表《铁幕演说》，正式揭开了美苏冷战的序幕。他写的《不需要的战争》获1953年诺贝尔文学奖，是世界历史上第一位到现在也是唯一一位获得诺贝尔文学奖的政治家。著有《第二次世界大战回忆录》16卷、《英语民族史》24卷等。丘吉尔是历史上掌握英语单词数量最多的人之一（12万多），被美国杂志《人物》列为近百年来世界最有说服力的大演说家之一，曾荣获诺贝尔和平奖提名。

　　莎士比亚是英国文学史上最杰出的戏剧家，也是西方文艺史上最杰出的作家之一，全世界最卓越的文学家之一。浪漫主义时期人们赞颂莎士比亚的才华，维多利亚时代人们像英雄一样地尊敬他，被世界著名文学家萧伯纳称为莎士比亚崇拜。

丘吉尔有一句名言,我宁可失去一个印度,也不愿失去一位莎士比亚。要知道印度作为英国的殖民地,意味着财富滚滚。丘吉尔为什么宁可失去意味着财富滚滚的印度,也不愿失去一个文化人莎士比亚?这并不是丘吉尔个人的偏好,而是他对文化和文化杰出人才的高度重视。印度只是英国的一个殖民地,失去了印度,英国还可以从别的地方掠夺资源,继续给英国带来源源不断的财富;而戏剧家莎士比亚的作品提升了英国的人文精神,在世界艺术史上有独特的地位,使英国能够在提振精气神中始终保持大国的强大文化实力,并以这种文化实力将其转化为核心竞争力,这才是丘吉尔在印度与莎士比亚之间做出取舍并选择后者的根本原因。

淀山湖镇以绿色发展的理念大力推进生态小康社会建设,不断向人与自然和谐共生的生态现代化迈进。在经济发展的同时,坚持用文化亮镇,特别是坚持以绿色文化来亮镇。淀山湖镇始终把文化视为区域的内在灵魂,当作展示区域身份和形象的一张靓丽的名片,作为区域核心竞争力的根本标志,促进了绿色发展在绿色文化这一强大精神力量的支撑中不断取得丰硕成果。

第一节 生态文化的底蕴

淀山湖镇将生态文化建设作为建设21世纪示范镇的重大基础工程和灵魂工程,将传统的戏曲文化与绿色生态文化有机嫁接,实现了创造性转换和创新性发展。

在淀山湖镇,如果说文化是深深地根植于该区域人文土壤的话,那么,戏曲则是传播于人心的道德艺术。昆山是国家级非物质文化遗产昆曲的发祥地。淀山湖镇与昆曲,从历史到现代都有着难以割舍的不解之缘。昆曲的许多题材都具有绿色文化的内容,在推进以绿色戏曲文化为重要内容的生态文明进程中充分体现了文化以文化人、以文育人的魅力，促进了淀山湖镇传统绿色文化的返本开新，达到了以绿色生态文化教育人、动员人的目的。

一、以文化人的魅力

淀山湖镇在推进中国 21 世纪示范镇建设过程中深切地感受到，现代工业化进程的加快、技术无节制滥用、城市化狂飙突进以及现代物质生活富裕导致的高消费、高浪费等造成了资源枯竭、垃圾成堆、土地污染、食品不安全等一系列十分触目惊心的环境问题。这些仅仅是人与自然不和谐的直接表象，造成人与自然关系紧张的生态矛盾和生态危机的真正的根本原因是人类中心主义价值观支撑的传统发展观和传统发展模式以及非绿色的生活方式和消费方式，直截了当地说，现代生态矛盾和生态危机实质上是十分严重的文化危机和人自身的危机。敌人就是我们自己，而这个敌人就在人的心灵之中。文化确实是我们时代的决定性力量，就人类与自然敌对的关系以及恣意地征服自然、改造自然以及造成自然千疮百孔的破坏而言，在它背后是由一种文化即非绿色的生态文化支撑着，这就是人们为了功利以及资本增值的目的大肆征服并控制自然。敌视自然和污染环境本身就是一种落后的文化现象。正如明代思想家王阳明所说："破山中贼易，破心中贼难。"破心中贼需要进行一场广泛而深刻的文化变革，这个文化变革就是确立人与自然和谐的文化价值观。要追求一种旨在促进人类与自然界共生、共存、共荣、共赢的绿色文化系统，确立一种引向人类可持续发展的生态文明价值观，营造绿色文化，超越狭隘的在人类中心论支配下的个人利己主义和享乐主义，注重人与自然和谐相处以及相互促进的可持续发展的绿色生态文化，这将代表中国和谐自然和示范未来的先进文化发展方向，成为告别既往的生产方式、生活方式和消费方式以及开创未来绿色发展新方向的绿色文化里程碑。

淀山湖镇将生态文化看作是一种致力于促进人与自然、人与社会以及人与人的和谐关系和可持续发展的文化形态。它通过人参与的自然生态系统的内在机理的方式指导和支配人们的政治、经济、文化等活动，从而对整个经济社会的发展产生重要影响，进而促进人类的思维方式和实践方式如生存方式、生产方式和消费方式的转变；生态文化将人和自然的和谐作为重要的价值追求，是构建和谐社会的重要的自然基础，对社会稳定和可持续发展具有重要意义。

淀山湖镇加强中国21世纪示范镇建设，所要示范的实质上就是建设倡导勤俭节约的资源节约型社会，倡导人与自然和谐的环境友好型社会，倡导与经济社会发展相协调的人口均衡型社会，倡导促进人的美好生活需要以及人的自由而全面发展的生态安全健康保障型社会。要达到上述目的，需要淀山湖镇全民转变传统的生态文化价值观，树立全新的与中国21世纪示范镇相适应并起到指导思想作用的绿色生态文化观念。

淀山湖镇在建设中国21世纪示范镇进程中，围绕建设美丽家园和美丽中国，走向社会主义生态文明新时代的这个目标，大力培植促进绿色发展走向自觉的思想观念，加速形成节约能源资源和保护生态环境的产业结构、增长方式、生活方式和消费模式，促进循环经济形成较大规模，可再生能源比重显著上升，主要污染物排放得到有效控制，生态环境质量明显改善，生态文明观念在全社会牢固树立。

淀山湖镇加强生态文化建设，以充分发挥其文化育人功能，将生态文明不是当作与物质文化、精神文化和制度文化处于同一层次的文化，而是当作融合在物质文化、精神文化和制度文化建设之中的文化。淀山湖镇的生态文化建设着重将体现和反映人与自然和谐共生关系以及倡导可持续发展理念的各种文化现象作为重点建设，从物质形态的生态文化、精神（观念）形态的生态文化、制度形态的生态文化和行为形态的生态文化等多维角度着手，将生态文化建设作为一个系统工程加以整体推进。

淀山湖镇在推进绿色发展中十分注重加强物质形态的生态文化建设，以达到以文化人的生态教育目的。

淀山湖镇将物质形态的生态文化看作是生态文化在它的物质形态层次的表现，看作是生态文化的物化形式，主要包括社会物质生产的绿色技术形式、低碳、低耗、无污染、无公害的绿色物质产品、绿色能源以及人民群众的绿色生活方式和绿色消费方式，如绿色生产设备和绿色生产工具、绿色产业结构和绿色工业产品、绿色农副产品、绿色交通、绿色建筑以及绿色生态景观灯等。

淀山湖镇十分注重绿色生态文化的物化和固化，除了乡镇格局注重绿色规划设计，将江南水乡风情与欧陆风格紧密地结合起来，体现出乡镇景观的绿色生态之美外，还注重淀山湖镇的景观大道、工业厂房、现代生态农业、农村建筑风格、公共交通设施、社区和校园场所等的绿色文化的物化，尽可能地给人们以绿色视觉享受和绿色生活消费的美感。一进入淀山湖镇，映入人们眼帘的就是一幅幅"绿色淀山湖，生态现代化"和"尚美淀山湖，新江南特色镇"的彩旗标语。到了政府部门哪怕是喝杯水，纸水杯上都有"和谐自然，示范未来"的语句，纸杯上面饰有绿色美丽清洁的淀山湖、绿色的荷叶和可爱的小青蛙。

淀山湖镇将绿色生态文化的培育从娃娃抓起。淀山湖小学将绿色生态理念和孩童心理紧密地结合起来，营造了充满生态文化氛围的"春有花、夏有荫、秋有香、冬有青"的四季美丽景色，实现了绿化与彩楼相抱、鲜花与雕塑相映、人与自然舒心地交流对话的生态美学意境，促进了孩子们热爱自然、爱护自然、敬畏自然的心理情感的发展。

在注重物质生态文化建设的同时，淀山湖镇在推进绿色发展中还十分注重精神生态文化建设，以达到以文化人的生态教育目的。

淀山湖镇将精神生态文化作为生态文化在它的精神形态的一个重要层次，通过生态哲学、生态政治学、生态伦理学、生态美学、生态教育、生态科技文化等教育人民群众端正人与自然的关系，培养尊重自然、敬畏自然、呵护自然以及按照自然规律工作、生活的人生态度。淀山湖镇将生态哲学看作生态文明时代精神的精华，把人与自然的关系作为生态哲学的基本问题和生态哲学研究的基本方向，倡导从人与自然的相互作用去认识世界和解释世界，注重运用整体性观点去观察自然万物和解释现实世界，依据新的人与自然共生共存的价值尺度来协调人与自然的关系，采用生态科学的思维方法去评价和调节自然、技术、社会之间的互动性和关联性。

淀山湖镇运用生态哲学的整体性思维推进中国 21 世纪示范镇建设，将纳入乡镇绿色发展实践整体中的各种事物和各个要素看作是相互作用、相互联系、相互依赖的关系。认为，整体比部分更重要，部分依赖于整体，它只有在整体中才能存在，离开整体就失去意义。事物之间的相互联系比相互区别更为重要。人和自然作为统一的世界，两者具有不可分割的内在联系。一方面，人作用于自然，改变自然，依靠自然生存和发展，促进自然的人化；另一方面，自然界作用于人，人学习自然界的"智慧"，提高人的内在素质和人的本质力量，使人自然化。这两方面是辩证统一的关系。

淀山湖镇运用生态哲学，从整体性的角度研究人与自然的相互作用，强调自然界的相互联系和相互作用的整体性，不是将事物之间的联系当作一种外在的机械性联系，而是当作一种内在的有机联系。山水林田湖草都是一个有机的生命整体，不仅要重视自然环境的美化以及可持续发展，更要重视整体生态环境的美化和可持续发展，达到整体生态系统的健康循环，从而在实践中以人与自然、人与社会以及人与人整体关系的协调，自觉地承认自然价值，保护自然价值和促进自然价值的增值，在实现代内价值的同时，考虑子孙后代的代际价值，抛弃以损害自然价值和代际价值的方式促进乡镇发展与获得经济利益的经济增长方式，实现基于人与自然基础上的绿色可持续发展。

淀山湖镇从讲政治的高度看待生态环境问题，运用生态政治学的视野推进中国 21 世纪示范镇建设。淀山湖镇认识到，生态问题本质上是政治问题，关系到政治发展和政治进步。要从讲政治的高度推进中国 21 世纪示范镇建设。当代中国的最大的政治就是民生问题以及执政党赢得人民群众支持和拥护的民心民意问题。只有从讲政治和惠民生的高度推进绿色发展，通过公平、正义的原则协调人与自然、人与人之间、人与社会之间的关系，才能通过民主政治的发展来实现对生态环境的有效治理，使之能够更好地调整人与自然、人与社会以及人与人的关系，努力实现人与自然相互关系在社会意义上的最优化。

淀山湖镇上有一座 1 700 多年历史、曾被誉为江南第一古刹的碛磩寺，镇上的老年人都清晰地记得，这座庙宇的山墙上写有八个金碧辉煌的大字"风调雨顺，国泰民安"，表达了淀山湖人古代朴素的生态政治学的主张。风调雨顺是自然生态现象，而国泰民安是社会政治现象，淀山湖古代人都懂得这两种现象不是孤立存在的，而是具有相互联系和相互作用的内在关系，生态自然现象会影响到社会政治现象，而社会政治现象也会反作用于生态环境，引起自然界发生相应的变化，因此只有大力促进人与自然和谐，才能促进人与社会关系的政治和谐与社会安定。

淀山湖镇将生态伦理学作为推进精神生态文化建设的重要内容，要求人民群众构建关于人和自然的道德学说，即构建如何对待生态价值和确立人与生物群落之间的关系以及如何调节人与生态环境之间关系的伦理学说，通过依据人与自然相互作用的整体性，要求人们的行为既要有益于人类的生存和发展，又要有益于自然生态的平衡和促进人类的可持续发展。使人们自觉地认识到，生态伦理不是简单的环境保护伦理，也不是资源利用伦理，而是人对生命和自然界的尊重与责任，关心的是未来和后代，是整个生命和自然界。

淀山湖镇要求人们把道德对象的范围从人与人的关系领域，扩展到人与自然的关系领域，研究人对地球上的生物和自然界行为的道德态度和行为规范。淀山湖镇在生态文明教育实践活动和中国21世纪示范镇建设过程中，加深了对生命和自然界是有价值的认识，懂得了自然界的价值包括外在价值和内在价值。外在价值是自然界对人具有商品性和非商品性价值，即作为人的工具和资源为人利用的价值；内在价值是生命和自然界在地球上追求自己的生存。自然价值是它的内在价值和外在价值的统一。正是因为生命和自然界是有价值的，因而它们是有生存权利的，人类对它们的生存是负有责任的。人类应该尊重生命、尊重生态系统和生态过程，从而达到人与自然的协调发展。尊重生命包括：不应该猎杀野生动物，不应该破坏野生动物的生存环境，不应该以人的意愿确定资源的开发利用标准。尊重生态系统和生态过程包括保护生物基因的多样性、物种的多样性和生态系统的多样性。

多年来，淀山湖镇一直加强关爱自然、关爱生命、关爱人类生存，一直注重把构建人与自然协调和人与社会协调以及人与人协调的和谐关系作为道德目标，推动着全镇人民生态伦理道德水平的提高和人的综合文明素质的发展，促进了淀山湖镇整体文明的繁荣和进步，为建设人与自然和谐、人与社会和谐以及人与人和谐的美好家园提供了源源不断的精神文化力量。

淀山湖镇以生态美学的原则从事绿色发展，努力打造宜居宜业宜游、具有审美格调和审美情趣的美丽乡镇。"尚美淀山湖"的口号，表达了淀山湖人将生态美与社会美以及人的美紧密地结合起来的价值追求，是生态美学思想在淀山湖镇推进中国 21 世纪示范镇建设中的极其简单明了、通俗易懂的理论指导，对于淀山湖镇人民群众建设美好家园起到了很大的精神激励作用。

在"尚美淀山湖"的概念中，生态美，不仅仅专指淀山湖的自然美，在淀山湖镇的老百姓眼里，生态自然美只是自然界自身具有的对于人类的审美本质，而生态美主要体现为人与自然环境之间的一种和谐的生态关系，是以人的生态过程和生态系统作为审美关照的对象。生态美是与人密切关联着的，生态美体现出作为人的主体的参与性和主体与自然环境的紧密依存和相互作用关系，美丽的生态环境需要美丽的人来呵护和创造，生态美更主要表现出人与自然结成的命运共同体之间具有的休戚与共关系，而单独依靠自然不能派生出生态美。

淀山湖白鹭

淀山湖镇自觉地运用生态美学的思想和基本原则构建美丽村庄、美丽社区、美丽学校、美丽工厂、美丽街道、美丽政府、美丽单位、美丽景观，促进人们自觉地以美的原则去审美、爱美和创造美。由于提高了人们的审美水平和欣赏美、创造美的能力，促进了人们自觉地以人与自然的生态审美关系作为出发点，推动建设一种包含人与自然、社会以及人自身的生态审美关系，提升了淀山湖镇人民群众的具有生态维度和社会维度的生态审美观，促进了他们对生态美学内涵的深刻认识。如今的淀山湖镇老百姓基本上都自觉地养成了审美、爱美、呵护美、创造美的良好习惯。家家户户种植花草的多了，破坏绿化植被的少了；跳广场舞的多了，打牌赌博的少了；在淀山湖湖畔大道上拍照欣赏的人多了，宅在家中不爱运动的少了；邻里之间相互关心、相互帮助的多了，鸡犬之声相闻，老死不相往来的少了；自觉地将垃圾分类的多了，乱扔垃圾乱倒杂物的少了；按人的食量用餐的光盘行动多了，浪费现象少了；关爱弱势群体的慈善事业多了，炫耀自己富裕而对别人一毛不拔的少了；自觉地节约水电的多了，奢靡浪费资源的现象少了。总之，淀山湖镇的生态美学教育提高了居民的生态审美理性，夯实了绿色发展的美学文化软实力，促进了人们热爱美并按照美学原则来工作和生活的生产方式与生活方式的改变，使人们养成了善待环境、善待资源、善待非人类生物、善待现在、善待未来的一系列具有新时代新特点的新颖观念的形成。

淀山湖镇将生态法学贯穿于中国 21 世纪示范镇建设的全过程，将绿色发展与推进法治淀山湖镇建设有机地结合起来，让建设美丽家园、走向生态文明新时代由法治巨舰来保驾护航。

淀山湖镇认为，法律作为以国家强制力为保障的调整社会关系的工具，在保证生态环境优化以及促进资源保护以及合理利用方面，是一种非常重要的手段。生态法学制定和实施生态保护领域的法律与法令，保护生命和自然界。生态保护法分别从自然资源保护法、污染防治法等领域发展起来。生态法学提出"环境权"或"生态权"这一新的人权概念。环境权或生态权是对自然、资源、环境的国家所有权和行政管理权，以及国家领土主权；公民环境权或生态权是公民在健康舒适的环境中生活的权利，参与环境事务的权利；生命和自然界的环境权是人以外的生命以生态规律生存的权利。《中华人民共和国野生动物保护法》《生物多样性公约》《濒危动植物国际贸易公约》，等等，都是淀山湖镇运用法治手段推进中国 21 世纪示范镇建设的强大法治武器。淀山湖镇每年的学法、普法、用法、守法、尊法教育实践活动，都要将生态法治教育作为一项重要内容，聘请环境法学方面的专家来进行案例教学，让全镇人民群众都能运用生态法学的武器投入绿色发展的实践中去。

淀山湖镇在推进绿色发展中注重将精神生态文化建设与制度生态文化建设同步一体地推进，充分发挥制度生态文化对于中国 21 世纪示范镇建设的约束和保障作用。

淀山湖镇推进制度生态文化建设，就是促进生态文化通过社会关系和社会体制的变革，调整人与自然、人与社会以及人与人的关系，改革和完善生态治理制度与规范，按照公平和平等的原则，建立新的人与自然和谐友好的生存共同体和发展共同体，创立居民与大自然结成相互作用和友好的伙伴共同体。通过生态资源产权制度的明晰、生态资源合理利用、生态补偿制度、生态合作共治制度、绿色民间社会组织制度、破坏生态环境责任追究制度等一系列制度设计和制度创新，促进生态环境问题进入乡镇治理领域并成为重要内容，推动环境保护走上规范化、法治化和制度化的轨道，发挥环境保护促进乡镇社会关系调整和变革的作用，从而有力地改变了传统经济社会发展过程中忽视环境的状况，推动公平地调节社会成员之间的利益以及促进人们自觉地参与环境保护，使公正和平等的原则制度化并能够在经济、政治、文化、社会治理、生态环境等方面表现出来。以生态公平促进社会正义，又以社会正义推动生态公平，从而实现乡镇在环境保护和生态保护方面的制度化，使乡镇具有自觉地保护所有公民利益的机制，具有自觉地保护环境和生态的机制，以绿色发展建立稳定与和谐的社会关系和社会秩序，实现乡镇在绿色治理中迈向更高水平的整体进步。

二、返本开新的文脉

淀山湖镇有着深厚的历史文化底蕴，经过长期的历史传承和文化积淀，这里的人民群众尤其喜欢昆曲、越剧、沪剧、京剧等戏曲。从历史记载看，戏曲文化在元朝就在当地兴起，此后，一直经久不衰，可谓源远流长，有着十分扎实而广泛的社会基础和群众基础。戏曲文化经过千年演变，赋予新时期的绿色生态文化新内容，已经成为当地的先进大众文化，成为促进淀山湖镇加强生态文明建设，迈向人与自然和谐共生的生态现代化的强大精神动力。

从历史上看，淀山湖地区的民间文化活动因有广泛的群众参与而十分活跃，尤其在太平盛世年间，丰衣足食的老百姓常常利用农闲空余时间，自发组织庙会、社戏、打醮、山歌比赛等文化娱乐活动，一年四季好戏连台，此起彼伏。精神文化生活已经渗透进人们的心灵深处，成为人们工作和生活中不可分割的一个重要组成部分。

中华人民共和国建立以后，淀山湖地区广大农民参与文化活动和追求文化享受的渴望一浪高过一浪。为适应人民群众对于精神文化生活的迫切需要，1950年淀山湖镇的前身——淀东区成立了文化站，有组织地开展丰富多彩的群众性文化活动。1951年冬天，各村自发建立了乡村俱乐部，其中永安、小泾、金家庄等地相继建立了文化中心俱乐部，各文化中心俱乐部把农村扫盲工作与群众文化活动有机地结合

第五章 润物无声的文化

起来,经常开展活动。每当农闲的晚上,高高挂起的汽油灯使俱乐部里常常灯火通明、热气腾腾,而自此发出的琅琅书声、嘹亮歌声和悠扬的戏曲声交织成一曲曲斗志昂扬、激越壮丽的文化乐章,令人们乐在其中,精神亢奋。

耘稻唱山歌,舒展身心疲劳和发出心中感慨是淀山湖乡村流传下来的千年习俗之一。早在明朝,叶盛在其《水东日记》卷六中这样描述道:

吴人耕作或舟行之劳,多作讴歌以自遣,名"唱山歌"。中亦多可为警劝者,漫记一二。"月子弯弯照几州,几家欢乐几家愁。几家夫妇同罗帏,多少飘零在外头","南山头上鹁鸪啼,见说亲爷娶晚妻。爷娶晚妻爷心喜,前娘儿女好孤凄"。

耘稻山歌是农民耘稻劳作时喊唱的民间歌谣,表达了对劳动艰辛的感慨,对丰收成果的喜悦,对人与自然关系、人与社会关系以及人与人关系的认识,对男女之间情爱的解读,对未来美好生活的向往。淀山湖地区的耘稻山歌类似常熟白茆山歌和吴江芦墟山歌,属于苏州吴歌中的一支,是江南地区传统文化的重要内容,是吴文化的精粹。

1954年,为传承民间山歌艺术,当时的苏州专区在苏州观前街开明大戏院举行苏南山歌比赛,规模空前,一比就是七天七夜。赛前经村、乡、区、县层层选拔,择优胜者方可进入赛场参与比赛。淀东钱家库"四徐"(徐阿六、徐永连、徐文发、徐秀龙)脱颖而出进入决赛,代表昆山参加比赛,因其深厚的功底和实力获得了好成绩。比赛结束的次日一早,"四徐"乐滋滋地来到一家面馆吃早餐,面馆厅堂广播喇叭里突然响起了他们比赛时的山歌声,直把这徐氏四兄弟乐得像灌满了蜜糖的大坛子。是啊!种田人耘稻山歌唱进苏州城,开天辟地还是头一遭,这能不快活吗?"四徐"进城唱山歌的事极大地鼓舞了淀山湖人,从此,乡村文化俱乐部里更加热闹非凡。

1955年，淀山湖地区群众文化活动更加如火如荼。在文化站和几个大村的影响下，各村纷纷组建自己的文艺团队，开展以戏曲、说唱、歌唱等为主要形式的演出活动，在满足群众文化娱乐需求的同时，用戏曲文化这个群众喜闻乐见的形式大力宣传党的方针政策，宣传农村移风易俗、勤俭节约的社会风尚和好人好事。

在20世纪五六十年代，淀山湖镇还属于淀东人民公社，那时，红亮、新民、复光、永安、金家庄等大队的文艺团队都能演出沪剧、锡剧、越剧大戏。《珍珠塔》《庵堂相会》《九斤姑娘》《罗汉钱》等优秀传统剧目让老百姓过足了看戏瘾。"文化大革命"期间，各村文艺团队改名为"毛泽东思想宣传队"，几乎村村都能演出"样板戏"。新联大队宣传队还根据贫苦农民王阿妹的苦难遭遇自编自演了锡剧大戏《血海深仇》，受到了村民的热烈欢迎。

群众文化的繁荣发展，造就了一大批业余文艺爱好者和骨干成员，有的经过层层选拔加入了由苏州市文化局组建的临时文艺团队，并参加了中华人民共和国文化部在中南海怀仁堂举行的全国群众文艺调演。来自淀山湖地区的演员参加了歌颂改革开放初期农村大好形势的宣卷表演唱《天堂哪有人间好》，以栩栩如生的舞台艺术形象赢得了中央首长一致好评。

从山歌进城到戏曲进京，充分显示了这一历史阶段淀山湖地区群众文化繁荣发展的蓬勃态势和丰硕成果。在群众性文艺活动不断发展的同时，淀山湖地区的群众体育活动同样蓬勃开展。其中，篮球运动是淀山湖地区的传统特色项目。20世纪五六十年代，苏南农村大多没有较好的体育设施，除中心小学操场上有一片简易篮球场外，面广量大的乡村再也找不到可以打篮球的场所。然而，就在这片简易篮球场上，几乎每天晚上都有人练球、打球，篮球比赛可谓热火朝天。除了淀山湖镇上几个球队比赛外，文化站还时常邀请千灯、石浦、赵屯和朱家角等周边乡镇球队来杨湘泾村举行球赛活动。六七十年代，淀山湖地区的篮球运动十分普及，除市镇各单位外，各个生产大队都建立了篮球队。村里的小伙子自发去太仓浏河或常熟梅里挑回一船黄泥或沙泥铺平一块场地，砍两棵大树一竖，装上球板、篮环，便成了一块像样的篮球场。夏秋季节的夜晚，尽管球场上尘土飞扬，小伙子们如同一匹匹驰骋疆场的战马奔腾不息。在淀山湖地区众多的篮球队中，最负盛名的是敢打敢冲具有拼命三郎之称的新华大队篮球队。当时，在昆南及青浦地区，一说到新华大队篮球队，人们都会跷起大拇指加以赞扬。

三、寓教于乐的载体

淀山湖镇深厚的历史文化基础和现代文化积淀，为新时代在该镇绿色发展中加强生态文化建设奠定了坚实的群众基础、组织基础和精神文化基础。淀山湖镇意识到，现代社会的经济发展越来越依赖于文化的魅力和文化的张力以及竞争力。众多的现象表明：社会财富越来越向拥有文化软实力优势的国家和地区聚集，在区域经济竞争群雄并起的背后，涌动的是区域文化软实力百舸争流般的竞争态势。

拥有"中国民间艺术（戏曲）之乡"美誉的淀山湖镇，在建设"尚美淀山湖"和迈向生态小康与人与自然和谐共生的生态现代化的进程中，将源远流长的历史文化与博大厚重的现代绿色文化紧密地结合起来，户户爱看戏、人人爱参与、村村有剧场，全年举办百余场广场文艺、送戏下乡进社区活动。群众性绿色生态文化活动如火如荼，改变了农村老百姓"日出而作、日落而息"的传统生活习俗。淀山湖镇感到，大力发展促进人民群众亲近自然和爱护自然的绿色文化，既是全面小康后满足人民群众精神文化生活的内在需求，更是凸显地方特色、打响生态小康和人与自然和谐共生的生态现代化品牌的客观要求。淀山湖镇坚持文化亮镇，形成了政府搭台、百姓唱戏、自编自演、寓教于乐、民众参与、普及繁荣的绿色文化发展特色。淀山湖镇通过建设一系列绿色文化惠民工程，特别是充分发挥绿色文化活动对人的熏陶和审美作用，极大地提升了全镇居民的人文素质，促使他们更加热爱自然环境，积极主动地建设生态文明，促进了市民绿色生活方式和绿色行为方式以及绿色消费方式的养成。

淀山湖镇通过戏曲文化推进绿色文化教育，找到了推进生态文明建设和促进戏曲文化发展的有机结合点，使戏曲文化在推进生态小康和人与自然和谐共生的生态现代化建设中发挥出强烈的育人功能。

淀山湖镇将戏曲当作一种绿色文化交流的手段，将其视为宣传绿色生态文化教育的一座宽广的平台，作为丰富人民群众绿色文化娱乐生活的有效渠道，发挥其作为绿色生态文化教育的有效辅助措施的作用，也作为发扬中华天人合一等优秀传统绿色文化的有效途径，作为传播和创新马克思主义生态文明理论的有效形式。淀山湖镇十分注重端正戏曲文化在促进生态文明建设中的正确方向，充分发挥戏曲文化在培育生态理性人过程中的育人功能，并与乡镇农村生态文明建设珠联璧合，针对人民群众对于建设美丽中国、美丽乡镇和美丽家园的所思、所盼、所求，通过自编自演有关生态文明内容的戏曲的形式，引导全镇居民解决在绿色发展中出现的思想问题、认识问题和实际问题，有效地提升了全镇人民群众的生态文化素质，促进了社会主义生态文明建设，为推进"尚美淀山湖"和中国21世纪示范镇建设以及社会主义新农村建设奠定了坚实的思想基础。

在淀山湖镇，从领导干部到普通群众，全镇上下都把参与戏曲文化活动看作工作和生活中不可缺少的重要内容，使之成为当地生活方式和行为方式的重要组成部分。群众参与写戏、演戏、说戏、评戏的热情十分高涨。将生态文化融于戏曲之中的寓教于乐的演出活动如同绵绵细雨注入了人们的心田，引导着人们转变传统对待自然的态度，确立善待自然、善待社会和善待自我的现代生态文明理念，因而为人民群众喜闻乐见。淀山湖镇人民群众自豪地说："戏曲艺术来源于生活，生活缺少不了戏曲艺术，戏曲艺术丰富了精神文化生活，美好生活充满了灿烂阳光。"

为了推动戏曲文化融于生态文明教育和生态治理全过程，特别是为了有效应对非绿色的生产方式、工作方式、生活方式和消费方式蔓延，淀山湖镇除广泛开展绿色文化演出活动，增强绿色文化的吸引力、影响力和感召力外，还将民间组织"戏曲协会"与生态环保型社团活动结合起来，村村都有一批业余戏曲爱好者和民间绿色社会组织参加，并通过这些融合渗透型的民间组织引导群众参与建设中国21世纪示范镇和美丽家园活动，使绿色戏曲文化真正成为一种推动可持续发展的绿色大众文化。

同时，淀山湖镇注重绿色戏曲文化从娃娃抓起。2011年1月，淀

村民观看文艺表演

山湖镇成立了湘蕾少儿戏曲班,共招收培训了46名小学员。这群一到四年级的小朋友,唱念做打,昆剧、沪剧、京剧、锡剧样样在行。戏曲班已排练的几个经典剧目——昆曲《占花魁·湖楼》、锡剧《双推磨》选段、沪剧《罗汉钱·相亲》《办酒水》等节目已在淀山湖镇的各种文艺活动中亮相,湘蕾少儿戏曲班的表演已经成为淀山湖镇群众文化中的一个亮点。

第二节 生态教育的普及

淀山湖镇在中国21世纪示范镇建设中深切地感受到生态教育的重大价值,认识到,生态教育对于绿色发展虽然不是万能的,不能以生态教育代替绿色发展实践,但是没有生态教育的绿色发展却是不能持久的。生态教育是人类从非绿色的蒙昧状态和野蛮状态走向生态文明状态的一条重要途径。现代生态文明和绿色发展离不开与之相适应的生态教育文化的发展,生态教育在很大程度上会塑造人们的绿色价值取向、绿色思维方式、绿色生活方式、绿色消费方式、绿色行为模式,生态教育深刻地影响着淀山湖镇的绿色发展现状和绿色发展愿景。

一、丰富的教育内容

淀山湖镇将生态教育当作在新的生态环境问题和新的教育背景以及走向生态文明新时代的人们绿色发展需求下形成的一种新的环境教育思想。生态教育在教育观念、教育功能和教育任务等方面有力地改造着传统教育文化,用生态学的方法研究教育,探索新的教育思想、方法、结构、内容和规律,实现教育的经济价值、精神价值和生态价值的统一。生态教育落实到绿色发展实践中,就是要求包括从幼儿园、小学、中学、大学的一切学校教育和其他一切社会组织的教育,都要重视和加强生态教育,主要包括生态意识教育、生态知识教育和生态法制教育。生态意识教育就是人要认清与自然的关系，树立正确的人与自然和谐、人与社会和谐以及人与人和谐的崭新观念，这将从根本上决定着淀山湖镇所有居民对生态环境的态度和行为方式。

淀山湖镇将生态文化价值观教育作为培育全镇居民确立强烈的生态意识的重要内容。淀山湖镇认识到，在全镇的所有工作和居民的全部生活中，起着潜移默化影响作用和支配作用的就是文化价值观。文化价值观作为文化的核心和灵魂，对人们的心理、认知、信念、情感、意志和道德情操都会产生十分巨大的影响。在推进绿色发展和建设生态文明过程中，文化价值观对生态文化的形成和发展具有一种定海神针的作用。不同的文化价值观使人们产生不同的思维方式、工作方式、行为方式、生活方式和消费方式，决定着人生态度以及人们的实践行为。将传统陈旧落后的文化价值观按照新时代发展的潮流适时地转换为符合社会主义生态文明新时代要求的绿色文化价值观是生态教育的不可忽视的重要环节。

淀山湖镇紧紧抓住生态文化价值观这个根本环节对全镇人民进行生态教育，以帮助人们牢固地确立生态意识并将其转化为践行生态文明的强大精神力量。淀山湖镇将生态文化价值观看作一种与传统的只是一味地向自然界索取生产资料和生活资料的极端功利性思维方式相对立的人与自然和谐互利共生型的思维方式。淀山湖镇用这种思维方式来处理人与自然的关系，就避免了以人们的获利为中心，自然只是为人类服务的种种行为。淀山湖镇推进中国21世纪示范镇建设，其目的是，既要实现好、维护好、发展好人民群众的经济利益、政治利益、文化利益、社会利益和生态利益，又要协调好人与自然的关系，顾及自然的生态价值，维护生态平衡，最终保持社会系统与生态系统共存共荣，并协调起来推动淀山湖镇的整体发展。

淀山湖镇通过普法教育和文艺活动等多种形式大力推进生态法治

教育，将绿色发展和生态文明建设纳入规范化和法治化轨道，以法治的力量促进中国21世纪示范镇建设。淀山湖镇认为，推进生态法治教育的目的，就是要让人们懂得各种保护自然、保护环境的法规与条例，从而能自觉地遵守自然生态法则，实施合理地控制和改造自然的行为规范。淀山湖镇的生态文化教育就是要把全镇居民的生态法治教育作为一项重要工作，为生态保护提供法治思想的引领和保障。淀山湖镇的生态法治教育除了请专家来讲课以及与居民互动交流外，还体现在严格加强环境执法和构建环境奖惩机制以及责任追究机制等方面，真正发挥让法治为淀山湖生态文明建设保驾护航的作用。

淀山湖镇大力挖掘中国古代生态文化智慧，做到古为今用。淀山湖镇发现，宋代有关地方官员就有保护青蛙等益虫、益鸟或濒临灭绝动物等文献布告资料。宋代理学家张载提出了"天人合一"的观念，充分反映了那个时代有识之士的生态意识和生态文化观念。为了使自然与人类能够长期地协调可持续发展，宋代思想家们十分推崇"天人合一"或"天人一体"等涉及宇宙哲学和生态伦理的生态文化观念。淀山湖地区流传下来的大量歌颂淀山湖的诗句，都体现了强烈的生态意识和生态文化底蕴。

清朝大诗人姚承绪在畅游风光旖旎的淀山湖后，留下了脍炙人口的佳作《淀山湖》诗，就是一首具有强烈的人与自然和谐的生态意识和优美生态文化的作品：

　　　　湖光山色此间多，一棹秋风万顷波。
　　　　三泖鱼龙冲白浪，九峰烟雨叠清螺。
　　　　潮迎别浦春如海，月满回塘镜似磨。
　　　　记是铁崖吹笛处，画船箫管正高歌。

姚承绪的这首诗对淀山湖的秀美景色进行了全景式和立体式的描写。在作者的笔下，论各地美丽的湖光山色，淀山湖可数上乘，秋风劲吹下的风帆鼓起全力驶向万顷波涛之中。三泖之中的鱼龙冲迎着雪白的浪花,在烟雨笼罩下的九峰山好比层层重叠着的清螺。淀山湖支流的水口迎来的潮头,在春天如同辽阔无际的大海,月亮洒满湖的曲岸,湖水波平如镜。记得有一位因善吹笛,在自称铁笛道人的元末明初号铁崖的著名文学家杨维桢吹笛的地方,彩色的大船,在响亮的箫管音乐声中正一路高歌,向前疾驶。

一直生活在淀山湖碛碨村的明朝文人孙俊,年幼师从范微君,潜心古学,所著文辞古律有唐宋遗风,赋性高洁,不愿与流俗为伍。他在自家住宅后构建别业,种植花草竹木,经常在茂林修竹中兴趣盎然地读书和饮酒赋诗,至死都不停止。昆山有"五高士"之称,孙俊就是其中之一。孙俊的《淀湖八咏》诗充满了令人向往的淀山湖生态美:

> 淀湖风景讶天成,水秀山明万古情。
> 岚树光中禅刹耸,浪花堆里客帆轻。
> 数行征雁横秋月,几个闲鸥浴晚汀。
> 洲渚鱼蓑披雪钓,野田农耒带云耕。
> 春回杨柳摇金色,风度蒹葭作雨声。
> 此景此情吟不尽,仙游何必到蓬瀛。

孙俊的《淀湖八咏》,开头两句直接道出淀山湖的美丽风景是不假人工而自然而然形成的,其水秀山明的自然风光自古以来就风情万种,楚楚动人。接着在中间八句分别写了淀山湖的八大美景,每句一景,高度概括,如"鳌峰烟寺""薛淀风帆""雁横秋月""鸥泛晴波""渔蓑钓雪""农耒耕耘"以及"杨柳春风""蒹葭夜雨"等,对八景从个别到一般做了全景式的描摹。第一景为"鳌峰烟寺",鳌峰即鳌山,古代以鳌山为神仙居住之地,诗句形象地描写了庄严肃穆的佛寺耸立于山树云光和烟雨朦胧之中如幻如梦的仙景。第二景为"薛淀风帆",淀山湖古名薛淀湖,诗句即描写淀山湖宽广的湖面上千船扬帆竞发航行于碧波荡漾的水浪中的景象。第三景为"雁横秋月"，诗句描写了秋天季节雁阵横空，长天与秋月一色笼罩下的淀湖秋景。第四景为"鸥泛晴波"，诗句描写了一批鸥鸟在水中自由自在地洗浴的闲趣。第五景为"渔蓑钓雪"，诗句描写了渔翁身披蓑衣独钓寒江瑞雪的冬景。第六景为"农耒耕耘"，诗句描写了云影倒映于水田之中，农夫耕作其间的繁忙场景。第七景为"杨柳春风"，诗句描写了春风柔拂，杨柳低垂，阳光普照大地，柳枝金波摇荡的春景。第八景为"蒹葭夜雨"，诗句描写了风吹雨打芦苇作响的夏夜之景。最后二句总括起来说，虽然对于淀山湖美丽的景色作了按照四季更替的八景概括，但是，美不胜收的淀山湖是无论如何也吟咏不尽其千姿百态的风光的，人们根本不需要到蓬瀛去仙游，淀山湖不是人间最佳的仙境吗？孙俊这首诗，诗句浅显易懂，比喻十分贴切，语言优美，对于家乡淀山湖的深刻的爱，对于淀山湖人间仙境的赞美，淋漓尽致地表达了出来。

　　淀山湖镇将这些充满生态意识和生态文化的精品力作当作极好的生态文化教材，将其与形象的图案和宣传标语口号结合，如制作成具有生态文化内涵的纸杯，让人们饮水时就可看到美丽的淀山湖、绿色的荷叶和可爱的小青蛙，阅读到古人歌颂淀山湖的美好诗句，感受到绿色审美氛围。

　　淀山湖镇在推进中国21世纪示范镇的实践中深切地体会到，绿色文化观念的影响不是立竿见影的，而是潜移默化的，这种熏陶作用是不可低估的，传统非绿色的生态文化观念一直在影响着人们，需要弘扬优秀的传统生态文化。如果每个人都受到生态文化的熏陶，那么时间久了，自然而然每个人都会有这方面的修养。中国的传统生态文化是一种朴素的生态伦理观，倡导生态善美观、生态良心、生态正义和生态义务等生态道德规范。这种传统生态文化道德观告诉人们：人类应承认自然界有自己的存在价值和生存权利；承认自然界的生物享有与人类相似的权利和价值。学习这一处世道德观，就可以培养、教育人们爱护自然、保护环境的新道德观念。另外，传统的生态文化中所提倡的道德规范、行为准则与法律诏令对人类与自然的关系起到了规范的作用。生在科技进步迅速的现代的人们，更加需要这些规范准则与法律来约束。

淀山湖镇在进行生态文化教育中，也十分注重分析和剔除传统生态文化中的消极部分，这就是分析和剔除对某些自然物的崇拜和保护包含着一定程度的迷信成分，如崇拜土地菩萨、相信淀山湖中有水怪、因果报应思想、阴宅的风水观念，等等。让淀山湖镇的老百姓认识到，由于古时候社会生产力水平低下，人们对自然界的依赖性更强，人们无法认识和把握自然规律，产生了相信和崇拜超自然的神灵的宗教世界观。这种自然力量和社会力量在人们意识中虚幻和歪曲的反映的世界观，也是难免的。人们以幻想以及用祈祷、祭献、膜拜等来影响和主宰自然界的行为也是可以理解的。但是，随着时代的进步和科学的发展，人与自然的关系得到了科学的解析，现代人必须用科学的方法和生态意识与自然沟通，达到人与自然和谐相处。

淀山湖镇对于传统文化的挖掘、整理、继承、利用的文化工程就包括了对于传统生态文化的态度和内容，相信将传统生态文化创造性地转换和创新性发展，注入现代绿色文化的内容，就能对人们产生绿色文化的陶冶，渐渐地改变一个人的气质，纠正那些与自然为敌以及任意地破坏环境、损害生态平衡的不良风气，提高淀山湖镇所有成员在保护环境、维护生态平衡方面的生态文化水平。

二、生动的教育形式

淀山湖镇以大众化、通俗化、普及化、生动化的方式推进生态文化教育活动，群众参与，寓教于乐，贴近淀山湖的实际，贴近人们的工作和生活，使以前人们感到抽象深奥难以把握的生态文化成为能够感知以及可触摸、可体验的东西，使人们都能认识到生态文明就在平时的日常生活中，每个人都是淀山湖镇中国 21 世纪示范镇建设的主体，每个人都能在这一建设中获得收益。淀山湖镇中国 21 世纪示范镇建设绝不是政府一头热的独角戏，而是全民广泛参与的伟大建设工程。淀山湖镇的中国 21 世纪示范镇建设只有调动起全民参与建设的主体性和能动性，人人都为这一建设贡献力量，才能取得理想的效果。

淀山湖镇将生态文化建设看作是人的建设，认为，文化之所以看得见、摸得着，就在于文化的本质就是人化，是人的本质力量的对象化。人创造了文化，文化推动着和提升着人的素质，促进人的自由而全面发展。生态文化最根本的是人的文化，生态文明可以归结为和体现为人的文明。生态从某种意义上可以看作是人的心态以及人的生活态度，生态文明是人的文明的创造和人的文明实践的结果，生态环境恶化是与人的文明下降密切相关的。人对自然野蛮了，人与自然关系就紧张，生态危机就会出现。因此，淀山湖镇注重以生态文明和生态伦理道德建设夯实中国 21 世纪示范镇建设的基础，当作推动淀山湖镇绿色发展的前提条件、推动力量和最终目的。

淀山湖镇唱响中国 21 世纪示范镇建设的主旋律，将社会主义核心价值观教育与"和谐自然，示范未来"以及"绿色淀山湖，生态现代化"的实践活动紧密地结合起来，以传递绿色发展正能量、弘扬社会主义生态文化和生态伦理新风尚为导向，通过打造"以绿色生态文化和文明道德锻铸淀山湖尚美之魂"系列工程为中心线，积极提升"尚美""尚德"的淀山湖镇绿色发展精神，营造出绿色发展的人文氛围，以人的发展和生态文化的软实力铸就该镇的绿色尚美之魂，并以此推动经济社会可持续发展。

第五章 润物无声的文化

淀山湖镇将"尚美风帆"作为一个绿色发展的重大品牌予以打造,在"尚美风帆"这个总品牌下汇聚了"尚爱之家""好家风好家训""四季乐扶"等系列子品牌,形成了声势浩大的绿色发展文化潮流,又以这股强大的绿色发展文化潮流奏响蔚为壮观的绿色发展交响乐。淀山湖镇从开展"尚美风帆"典型示范工程着手,让绿色发展好人文化成为淀山湖镇的时尚,成为淀山湖镇的新生事物。淀山湖镇通过选树并广泛宣传各条战线和各个类型的绿色发展先进典型,如绿色发展乡贤、绿色发展大妈、绿色发展大爷、绿色种植大户、绿色科技能手、绿色行业先锋、绿色交通楷模、绿色社区典型、绿色养殖专家、绿色旅游先进等,引领社会绿色文化价值导向,弘扬尚美尚德的正能量。通过总结表彰、宣讲交流等贴近生活实际、贴近老百姓的生动形式,持续放大绿色发展中的先进典型的示范效应,形成以榜样文化带动全社会积极做绿色发展先进人物的良好风尚。

淀山湖镇大力打造"尚爱之家"绿色发展志愿汇聚工程,壮大绿色发展的草根力量,使其成为淀山湖镇中国 21 世纪示范镇建设中的一支强大生力军,成为政府推进绿色发展的好帮手。淀山湖镇在中国 21 世纪示范镇建设中深刻地认识到,绿色民间组织作为独立于政府体系之外的第三方重要的绿色力量,能够克服政府自上而下的等级森严的科层结构,通过开放式、网络式的公民组织,广泛动员公众参与生态文明建设,是沟通政府与公众的桥梁,也是公众参与生态文明建设的重要载体,能够为淀山湖镇全民参与生态文明建设提供广阔的舞台和空间。许多民间组织看上去规模很小,却能够动员成千上万的志愿者开展声势浩大的公益活动,形成影响巨大的环境保护公众参与潮流。民间组织无论与政府还是企业,都具有十分密切的联系。民间组织中的相当一部分会员和工作人员就来自政府相关部门或相关领域的企业负责人,能够为政府和企业之间提供良好的交流与合作的平台,提供信息传递的渠道。在淀山湖镇全面开展生态文明建设和经济转型升级的背景下，民间组织作为政府与企业沟通的中介，能够在打造绿色淀山湖、推进生态现代化的过程中有效整合资源，寻找双方合作的契合点，为政府与企业联合开展有关环境合作与治理项目搭桥铺路，探索新的生态环境合作治理模式，把淀山湖镇的绿色发展推向一个新阶段。

淀山湖镇打造中国 21 世纪示范镇的关键是着力塑造一个结构合理、功能高效和关系协调并充满着绿色意蕴的人工复合生态系统。在此过程中，民间组织可以充分发挥其具有广泛的群众基础和一定的社会组织动员能力以及巨大的社会影响作用，积极为政府、企业和公众提供生态文明服务，通过推广清洁能源与绿色消费，传播生态环境保护理念和知识，提高淀山湖镇居民的生态意识和生态文明实践能力，开展环境监督，创新生产技术，推进企业朝着绿色发展方向转型升级等，为实行绿色生产和绿色消费提供各种支持。

淀山湖镇努力打造"尚爱之家"志愿服务体系，打造志愿服务特色品牌。通过大力培育品牌化公益项目，扶持规范化、专业化、特色化的志愿者队伍，在助老扶幼、医疗义诊、环境保护、文明交通等各个方面，充分发挥志愿服务的公益引领作用。迈进淀山湖镇犹如进入了绿色的海洋和爱心的家园。在这里，与蓝天白云相伴随的是一颗颗涌动的爱心，是人们对环境的自觉呵护和积极投入，是人的生态意识和生态行为推动了生态环境不断朝着美好的方向发展。

良好的生态环境与每个家庭息息相关，"好家风好家训"是淀山湖镇的无形资产和无价之宝，是建设中国 21 世纪示范镇和推进绿色发展的强大精神支撑。淀山湖镇努力打造"好家风好家训"培育工程。近年来，淀山湖镇以美丽乡村建设为载体，以家风为切入点，以村风为出发点，以乡风为关键点，开展"好家风好家训"培育工程，并选择永新村作为家风家训试点村，取得了一定的成绩。

第五章　润物无声的文化

每月公共文明行动日

　　走进永新村，就得到了"好家风好家训"的滋养。"一粥一饭，当思来处不易；半丝半缕，恒念物力维艰"，"训子要有义方，不贪意外之财，不饮过量之酒"，"与肩挑贸易，毋占便宜，见贫苦亲邻，须加温恤"……这是昆山"三贤"之一朱柏庐的治家格言。如今，朱柏庐留给子孙的《朱子家训》，已成为永新村继承和发扬的文化精髓。

　　"孝为先，诚为本；勤为勉，不自满；知感恩，讲奉献；礼让人，和为贵。"这是永新村倡导的村风。在村委会倡导下，很多村民也晒出了自己的家风家训。"对长以敬，对幼以慈，对人以和，对事以真，对客以诚"，"付出，福报就多；感恩，顺利就多；知足，快乐就多"，这是永新村一位王姓家庭的家风家训。有一位镇级文明和谐家庭户主，在恬静的小村庄内享受自己的幸福人生，他家的家风是"幸福，关乎你我"，家训是"家庭和睦，和气生财"。而每户村民家门口，"家和人圆、孝老爱亲"，"勤以持家、俭以养德"等弘扬正气的民间谚语、歌谣等随处可见。

　　永新村扎实推进美丽乡村建设，是昆山市首家农村垃圾分类资源化处理站试点村。永新村通过微生物发酵对垃圾进行资源化处理，不仅可以使垃圾减量、环境美化，还可以肥沃农田、改良土壤。该村切实保护以1 700多年树龄的古银杏树为代表的自然风貌、文化遗存。村内六如墩自然村作为乡村旅游示范点，主打以葫芦文化为载体的江南水乡水文化，各种形态各异和美轮美奂的葫芦工艺品深受人们的欢迎。永新村在积极探索农村田园综合体发展新路径上取得的成就得到了国家的高度重视，被评为农村田园综合体试验典型。永新村坚持选树文明和谐家庭、最美家庭、好家风好家训活动，通过村志愿者宣讲员的接地气的宣讲，用文明家庭事迹来感染身边的人。开展社会主义核心价值观宣传教育，发挥市民学校、道德讲堂等载体作用，广泛宣传公民基本道德规范，促进村民提升道德意识。设置"尚美人家——家风传承岗"，以家风家训提升"小家"文明，以村规民约、志愿服务构筑"大家"风尚，着力传递家庭文明正能量，汇聚乡村道德好风尚。

而在距离六如墩自然村2千米多的神童泾自然村，村规民约的推广形成了这里良好的村风。村里通过《文明七字歌》《村规民约》来规范村民的言行举止。神童泾村还注重挖掘先进典型，设立善行义举榜，让做好事的村民上榜，形成人人做好事、人人当好人的风气。

为了宣传身边的好家风好家训，树立群众看得见、摸得着的鲜活榜样，淀山湖镇以永新村和神童泾自然村为优秀案例，放大典型作用，组织全镇居民家家户户写家风、挂家训，展示家风家训楼道文化，向街坊邻里宣传身边的好家风好家训，树立群众看得见、摸得着的鲜活榜样。同时，依托全镇各类平台载体、公益广告阵地等，刊播全镇的优秀家风家训，并积极发挥道德讲堂和百姓讲坛的作用，通过文艺会演、广场咨询、送戏下乡等群众喜闻乐见的形式，传递好家风好家训，营造和睦温馨的社会氛围。对淀山湖镇选树的"好家风好家训好家庭"进行宣传推广，极大地提升了全镇精神文明和道德伦理水平。

淀山湖镇认识到，未成年人是未来可持续发展的主力军，促进未成年人健康成长具有十分重大的意义。淀山湖镇以未成年人为突破口，通过"八礼四仪"教育、经典诵读、亲子阅读、家庭美德展示展览、演讲比赛、主题班会等不同形式，引导农村未成年人树立正确的价值观。积极开展"四季乐扶"未成年人帮扶工程。"四季乐扶"未成年人关爱帮扶行动自2015年开展至今，始终秉持"乐于分享，扶助成长"的理念，为未成年人提供一个学习、成长、分享的平台。在该项活动中，重点引导新淀山湖未成年人更好地融入"第二故乡"，提升他们的社会融入感、成就事业感、热爱家园感和乡镇幸福感。同时，通过对未成年人的有效服务来提升其父母及家人的融入感，在共建共融中提升社区及乡镇的文明程度。

淀山湖镇以锲而不舍的意志、久久为功的行动抓"绿色文明系列"创建巩固工程。将淀山湖镇的绿色文明系列创建工作看作是一项没有休止符而永远在路上的伟大工程，不断推陈出新，不断创新内容和形式，不断瞄准新目标，攀登新的高峰，在已有绿色文明系列创建成果的基础上，常态化推进绿色文明创建工程，确保为中国21世纪示范镇建设贡献源源不断的力量。

三、开放的教育视野

淀山湖镇的中国21世纪示范镇建设不仅示范的是中国乡镇推进绿色发展的生态文明成就，而且还要向全世界示范未来绿色发展之路。因此，淀山湖镇的生态教育和生态文化建设采取的是立足本土和面向国际的世界性视野。

淀山湖镇深刻地认识到，19世纪的工业革命开创了人类历史的新纪元，科学技术突飞猛进，财富迅速积累，经济社会迅速发展，然而就在经济快速发展和社会不断进步的同时，由于丝毫不顾资源、环境的承载力，盲目开发和大量使用资源，毫不顾忌自然界对于人类征服加以反征服的报复现象，人类在征服自然的同时未能客观地认识人与自然的生态协调关系，以致于出现了全球性的生态灾难和生态危机。保护和改善生态环境已经不是一个国家或者几个国家所能完成的，而是全球性事业，需要以人类生态命运共同体的姿态动员所有的力量共同加入拯救生态环境的大军中去，为构建世界人与自然和谐并达到人与社会和谐而共同努力。要保护生态环境，必须首先建立全球伙伴般的合作共治新关系，只有这种新的关系才能既要求推动国际社会间在维护、恢复地球生态环境的合作，又能推动国际社会在经济、社会方面的合作，确保全球生态环境的可持续发展。

  淀山湖镇站在世界性绿色发展潮流的高度推进中国 21 世纪示范镇建设，如通过 6 月 5 日联合国"世界环境日"，组织居民参加乡镇生态文化交流活动，还借助于电影、电视以及文艺演出活动，积极推广生态文化产品和服务，增进全镇居民对世界生态保护和生态建设的了解。淀山湖镇党政部门带头打造绿色政府，实行绿色办公，从细节做起，节约每度电和每滴水。鉴于运行庞大复杂的屏幕保护可能会比正常运行时更加耗电，要求办公电脑屏幕保护画面简单，及时关闭显示器屏幕保护，最好是不设置屏幕保护，把屏幕保护设为"无"，长时间不用显示器，就直接关闭显示器，因为直接关闭显示器比任何屏幕保护都要省电。办公室的电脑机器做到经常保养，并注意防尘防潮，因为机器集尘过多将影响散热效率，显示器集尘将影响亮度，定期除尘，有助于卫生环保。根据不同需要，所有文件尽量使用小字号字体，这样可以省纸省电。复印、打印纸用双面，单面使用后的复印纸，可再利用空白面影印或裁剪为便条纸或草稿纸。所有政府工作人员都尽量使用自己的水杯，纸杯是给来客准备的。开会时，本单位的与会人员自带水杯。尽量减少使用一次性用品。多用毛巾擦手，可减少卫生纸、面纸的浪费。尽量使用抹布。尽量使用可更换笔芯的圆珠笔、钢笔替换一次性书写笔。多使用回形针、订书钉，少用含苯的溶剂产品，如胶水、修正液等。注意做到下班前20分钟关闭空调。办公室内的温度在空调关闭后将持续一段时间。下班前20分钟关闭空调，既不会影响室内人员工作，又可节约大量的电能。注意将电脑显示器亮度调整到一个合适的值。显示器亮度过高既会增加耗电量，也不利于保护视力。注意随手关灯。养成随手关灯的好习惯，每年可节电约4.9度，相应减排二氧化碳4.7千克。

淀山湖镇教育人民群众自觉做到"五要"：要爱国敬业、建设家乡；要保护环境、文明旅游；要诚信友善、公平正义；要志愿服务、和谐相处；要守法明理、孝老爱亲。坚决贯彻"五不"：不乱倒垃圾、乱堆杂物；不乱摆摊点、乱搭乱建；不乱停车辆、乱穿马路；不乱贴乱画、损毁绿地；不酗酒赌博、封建迷信。

永新村将居民生态文明行为规范概括的主要内容有：垃圾杂物不乱扔，房前屋后扫干净；不乱堆放不占道，私搭乱建要拆清；不闯红灯不乱停，尊老爱幼睦友邻；公共场所不喧哗，爱惜公物护环境；节水护河保洁净，江南水乡水更美。

淀山湖镇要求文明交通绿色出行，将文明交通规范概括为：红灯停，绿灯行，服从交警指挥，车辆按道行驶，不无证驾驶机动车。车辆按指定地点停放，不乱停乱放，不堵塞路口。车辆行驶不超载、超速、超长（宽）；斑马线前车让行人。驾乘摩托车和电瓶车，按规定戴安全头盔。自觉做到酒后不驾驶机动车，劝阻他人不酒后驾驶。骑车出入学校、机关、企事业单位时，下车推行。行人在十字路口穿马路走斑马线，不翻越交通护栏。养成文明乘车规范，主要内容有：乘车按顺序先下后上，扶老携幼，不争先恐后。乘公共汽车主动买票或出示月票，爱护车内设施。乘车时，主动给老弱病残和儿童、孕妇让座。乘车拥挤时，要互谅互让，不拥挤在车门口。乘车时，不吃食品，不在车内向窗外吐痰、扔废弃物品。车上发生不良现象时，敢于批评，勇于制止。搭乘出租车、公交车，不在路口招手妨碍交通。不携带易燃、易爆、易蚀等危险物品和腐臭物品乘公共车辆。

淀山湖镇每次开会都秩序井然，人们都会按照文明会场规范自己的行为，自觉做到按时到会，不迟到，不早退。进入会场，关闭手机或设置为静音状态。会议期间认真听讲，不交头接耳，不扰乱会议秩序。会议主持人未宣布散会，不提前退场。

淀山湖镇将文明用餐也当作生态文化建设的一项主要内容，倡导文明用餐的基本规范，让人们都能做到文化礼貌用餐。在用餐时注意了解客人的饮食禁忌，注意席位安排的基本原则，如以背对饭厅或礼堂为正位，以右旁为大，左旁为小。客人到齐后，应导客入席，以右为上，视为首席。夹菜时注意使用公勺公筷。聚会用餐，不强行劝酒。点菜不超量，吃剩打包带走，做到不浪费。

淀山湖镇的居民都喜欢看戏，通过狠抓观众文明守则的践行，形成了良好的文明看戏习惯，如凭票入场就座，遵守场院规程；衣冠大方整洁，举止礼貌文明；适时鼓掌喝彩，营造愉悦气氛；自觉维护现场秩序，确保安静卫生。

淀山湖镇在乡镇城市管理上做到绿色规范和绿色管理，落实市容环境卫生责任区制度，规定单位或个人对其所有、使用或者管理的建筑物、构筑物和其他设施、场所的土地使用权范围以及管理范围，包括门前人行道上的市容环境卫生管理负有责任，确保其责任区范围内干净、整洁，无违反城市管理规定。提出了烟花爆竹的禁放规定，有些居民为了淀山湖镇的蓝天白云，连除夕至正月十五，都自觉地不再燃放烟花爆竹。

为了美丽的镇容镇貌，淀山湖镇要求规范设置门头标牌，要求招牌广告应设在商店门楣上方,贴墙面设置,并对距地面高度和立面高度做了相应规定。要求在同一条街道、同一市场、同一小区或同一幢房屋设置的商招,其风格、体量应统一、协调。路名牌、指路牌、门牌及交通标志等标示应设置在适当地点及位置,规格、色彩应分类统一,形式、图案应与街景协调并保持整洁、完好。同一条街道店面门头保持高度一致,做到"上下一条线,前后一个面"。

淀山湖镇严格执行车辆停放规定,镇区严禁大型货车、拖拉机、畜力车停放;小型车在停车泊位内停放;其他道路门前临时停放需在停车线内停放;摩托车、电瓶车、助力车、自行车一律在人行道车头向外、紧临路牙石与机动车道垂直有序停放;小区内车辆停放要求选择较宽路面靠一侧有序停放,不阻塞小区道路。

淀山湖镇还规范设置临街餐饮,要求临街餐饮门面必须具备独立上下水道和采取防治油烟污染的有效措施,不得临街设置锅、炉、灶具和水池,后场操作间的面积也做出了具体规定,不得造成油烟污染。不得在人行道上设立压水井、水池,不得沿街安装自来水龙头。要求及时清运装潢垃圾,小区住户室内装潢前应向物业管理公司申报,装潢产生的垃圾应倾倒至物业管理公司指定的临时收集点,委托物业管理公司有偿清运至市区建筑(装潢)垃圾处置场。

淀山湖镇为了以世界性视野推进中国21世纪示范镇建设,还与德国等欧洲生态文明水平高的城市之间积极开展国际生态城市的交流与合作,鼓励团体、民间组织、企业和个人从事对外生态文化交流,特别是发挥科研教育机构在国际生态文化交流与合作中的作用,加强与外国有影响的生态研究机构、生态教育机构的交流与合作。德国生态工程协会主席盖勒先生多次亲临淀山湖镇,与党政机关负责人就绿色发展问题进行深度交流,探讨国际合作推进生态文明的事宜。

淀山湖镇在加强国际间的交流与合作中,更加清楚地看到了与先进国家的差距，从而能够更好地总结经验，反思存在的问题，学习借鉴国外先进的生态管理制度、生态文化价值观和生态工艺技术，推动中国21世纪示范镇建设向着正确的方向可持续地深入开展。

第三节 生态文化的品牌

淀山湖镇将生态文化当作是崇尚绿色和崇尚美丽的文化，大力打造热爱自然界、热爱家乡、热爱社会的尚德"尚美风帆"的生态文化品牌，以此提升淀山湖镇推动绿色发展的文化软实力，并作为推动中国21世纪示范镇建设的强大精神动力。

一、扬起尚美的风帆

淀山湖镇在推进中国21世纪示范镇建设中充分挖掘品牌的价值，大力打造"尚美风帆"品牌，以绿色生态文化的品牌化运作和推广集聚绿色发展的正能量，促进生态公民道德建设和生态集体创建活动取得实效。

淀山湖镇将重点打造"传播生态文明，当尚德尚美的道德先锋"的生态伦理道德建设品牌、"淀湖风帆"榜样力量品牌、"和合美韵"家庭生态文化教育品牌作为推动绿色发展的重要组成部分和重点内容。

淀山湖镇在绿色发展中围绕文明有礼实践活动，打造"尚德尚美"道德建设品牌。主要依托"尚德尚美"文明风尚志愿者队伍，开展"传播文明生态，践行尚德尚美——文明礼仪学习、文明集体创建、文明行为培育、文明关爱传递"四大行动。开展"学礼仪，讲美德，爱环境，做文明学生"未成年人节俭养德主题教育活动、淀湖风帆——"说说身边的节约典型"宣讲活动、淀山湖镇发布"传播文明尚德尚美"文明系列微活动。形成讲卫生爱卫生的良好文明习惯。淀山湖镇的人民群众在绿色发展实践中认识到，生态美与自己的身态美和神态美具有内在的关联性和一致性。清洁卫生是人的生态仪容美的关键，是礼仪的基本要求和对别人的尊重，对社会的友爱。一个人不管长相多好，服饰多华贵，若满脸污垢，浑身脏兮兮有异味，那就必然会破坏一个人的美感，被别人和社会所讨厌。因此，每个人都自觉地养成良好的卫生习惯，做到入睡起床洗脸和洗脚，早晚、饭后勤刷牙，经常洗头和洗澡，讲究梳理勤更衣。在淀山湖镇已经看不到在人前"打扫个人卫生"的现象了。以前在人面前随意地剔牙齿、掏鼻孔、挖耳屎、修指甲、搓泥垢等现象，随着人们文明卫生习惯的形成，基本上都看不到了。人们已经认识到这些不文明的行为都应该避开他人进行，否则，不仅不雅观，也不尊重他人。以前，淀山湖镇的老百姓与人谈话时不太注意保持一定的距离，讲话声音也很响，现在人们注意讲话文明了，声音不会太大，更注意避免对他人口沫四溅。

　　淀山湖镇在群众性的尚美教育中强调，干净、整洁、文明、得体的服饰往往从外在方面体现出一个人的内在修养。服饰是一面镜子，服饰反映了一个人的文化素质之高低、审美情趣之雅俗。服饰既要自然得体、协调大方，又要遵守某种约定俗成的规范或原则。服装不但要与自己的具体条件相适应，还必须时刻注意客观环境、场合对人的着装要求，即着装打扮要优先考虑时间、地点和目的三大要素，并努力在穿着打扮的各方面与时间、地点、目的保持协调一致。现在，淀山湖镇人们都很注意服饰美在尚美中的地位和价值，以穿着来显示自己的修养和品位，自觉地培养爱美、爱生活、爱别人和爱自己的美好风尚。

　　淀山湖镇将规范人们的言谈举止也作为打造"尚美尚德工程"的重要内容。言谈作为一门艺术，也是个人文明礼仪的一个重要组成部分。要求言谈讲礼貌，说话态度要诚恳、亲切；声音大小要适宜，语调要平和沉稳。尊重他人。用语要多用敬语、表示尊敬和礼貌的词语，如日常使用"请""谢谢""对不起"，第二人称中使用"您"等。淀山湖镇人们都注意养成使用敬语的文明习惯。

　　淀山湖镇还将仪态举止美不美作为尚德尚美的重要内容。注重塑造优美温文尔雅的谈话姿势，强调谈话的姿势往往会反映出一个人的性格、修养和文明素养。交谈时，提倡双方互相正视、互相倾听，忌讳东张西望、看书看报、面带倦容、哈欠连天，这样会给人心不在焉、傲慢无理等不礼貌的印象。倡导站有站相，坐有坐相。站立是人最基本的姿势，是一种静态的美。站立时，身体应与地面垂直，重心放在两个前脚掌上，挺胸、收腹、收颌、抬头，双肩放松，双臂自然下垂或在体前交叉，眼睛平视，面带笑容。站立时不要歪脖、斜腰、屈腿等，在一些正式场合不宜将手插在裤袋里或交叉在胸前，更不要下意识地做些小动作，那样不但显得拘谨，给人缺乏自信之感，而且也有失仪态的庄重。坐姿也是一种静态造型。端庄优美的坐，会给人以文雅、稳重、自然大方的美感。正确的坐姿：腰背挺直，肩放松。女性应两膝并拢；男性膝部可分开一些，但不要过大，一般不超过肩宽。双手自然放在膝盖上或椅子扶手上。在正式场合，入座时要轻柔和缓，起座要端庄稳重，不可猛起猛坐，弄得桌椅乱响，造成尴尬气氛。不论何种坐姿，上身都要保持端正，如古人所言的"坐如钟"。若坚持这一点，那么不管怎样变换身体的姿态，都会优美、自然。倡导行走美，行走是人生活中的主要动作，走姿是一种动态的美。"行如风"就是用风行水上来形容轻快自然的步态。倡导正确的走姿，要求轻而稳，胸要挺，头要抬，肩放松，两眼平视，面带微笑，自然摆臂。

二、榜样示范的作用

　　淀山湖镇在建设中国21世纪示范镇和推进绿色发展过程中，将发挥榜样的示范作用纳入全过程。以榜样的示范作用传递绿色发展的正能量，让榜样扮靓淀山湖镇的尚德尚美活动。

第五章　润物无声的文化

在长期以来的传统宣传中，榜样人物基本上都是十分高大上的人物，而且都属于那些盖棺论定的已故人物，从而使人们觉得榜样人物高不可攀，榜样人物难以学习，榜样人物与现实的人往往天各一方，距离十分遥远。淀山湖镇在绿色发展中改变了这种现象，注重挖掘身边的好人好事，用身边的人和身边的好人好事教育人们推进中国 21 世纪示范镇建设。紧紧地围绕"好人文化"培育、打造"淀湖风帆"榜样力量品牌。

淀山湖镇将培植"好人文化"与开展"淀山湖好人"评选活动结合起来，特别注重挖掘这些好人在推进绿色发展中的作用，用以助推中国 21 世纪示范镇建设。发动全镇人民积极参与"昆山好人""苏州好人"等评选推荐活动。近年来，在全镇范围内累计挖掘各类典型人物超过 100 人，9 人相继获"昆山好人"称号，昆山市道德模范 1 名，全国乡村好青年 1 名，全国向上向善好青年 1 名，苏州市道德模范·精神文明建设十佳新人奖 1 名，苏州市"十佳青年志愿者" 1 名，编写 2 册《淀湖风帆——先进典型风采录》，就挖掘的各行业先进典型开展"淀湖风帆"巡回宣讲活动。

淀山湖镇用好用足道德讲堂资源，推进道德讲堂讲授绿色生态文化工作。将镇党校作为绿色发展道德讲堂示范基地，开设示范课，将传统的道德教育与现代的生态伦理道德教育紧密地结合起来进行。全镇实现 10 个村、6 个社区、重点文明单位道德讲堂全覆盖，开展各类道德讲堂 30 余场。淀山湖镇党校自身注重绿色生态文化建设，倡导勤俭节约办好党校，推动了绿色生态文化在党校蔚然成风。

淀山湖镇做好以榜"建"德工作，建立"善行义举榜"，让全社会都感受到绿色发展的良好风尚。淀山湖镇在广场、村、社区、文明单位共设立"善行义举榜" 50 多处，将传统的"仁、义、诚、敬、孝"主题与现代的"绿色、节俭、生态、自然"绿色发展主题有机结合起来，用于宣扬好人好事和绿色发展文化，展示善行义举和绿色发展理念，形成树榜样、学榜样、做榜样和爱生态、护环境、和谐自然、示范未来的浓厚氛围。

淀山湖镇将抓好文明餐桌行动作为生态文化建设的具体行动，积极申报昆山市文明食堂，开展淀山湖镇"文明餐厅（食堂）创建活动"，制作张贴"传播生态文明，践行尚德尚美"节俭养德公益海报、桌牌。大力推进生态道德景观建设，通过打造"绿色文化长廊"与"道德文化墙"传承孝文化和绿色生态文化，"朱子家训人文雕塑"弘扬善待自然和善待社会以及善待自身的善良文化，"道德公园"彰显人与自然和谐、人与社会和谐以及人自身和谐的和谐文化。

"和合美韵"家庭美德建设是"尚美淀山湖"建设的一个重要内容。淀山湖镇围绕家庭美德教育，打造"和合美韵"家庭正能量品牌。以"孝"为核心，突出"孝敬老人、爱抚幼小、和睦邻里"主题。开展"康乐寿"孝老助老主题活动。举办孝老文化主题活动、孝老志愿服务亲情行动、老年人风采展示活动、孝心微传递——网络寻访活动。开展"金羽毛"幼小关爱主题活动，围绕关爱成长、贫困生助梦、青春期对话以及青春助力开展活动。开展"尚美人家"邻里互助主题活动，举办"秀出新风采，尚美一家亲"尚美人家邻里秀、好家风、好家训、好家事征集活动、"最美家庭"评比展示等活动。开展"家庭建设我先行"主题活动。举办"绿色低碳，我家先行"低碳家庭建设活动、"沐浴书香　润泽幸福——家庭成长指导"学习型家庭建设项目、文明和谐家庭创建等。

三、文明群体的风姿

淀山湖镇努力创造绿色发展的先进群体，以群体文明组团的力量推进中国21世纪示范镇建设。

2014年，淀山湖镇城管中队、交警中队、国土所、文体站、建管所等 6 家单位成功创建了 2012—2013 年度昆山市文明单位；安上村、度城村、杨湘泾村等 3 个村成功创建 2012—2013 年度昆山市文明村；2015 年杨湘泾村、安上村、永新村成功创建 2012—2014 年度苏州市文明村，淀湖社区成功创建苏州市文明社区，淀山湖中心小学、淀山湖镇人民医院成功创建苏州市文明单位，淀山湖镇获得苏州市文明镇荣誉称号；2016 年，淀山湖中心小学、淀山湖镇人民医院、淀山湖旅游发展有限公司、淀山湖镇招商服务中心、昆山市财政局淀山湖分局等 5 家单位成功创建了昆山市 2014—2015 年度文明单位；淀山湖镇安上村、永新村、杨湘泾村、晟泰村等 4 个村成功创建昆山市 2014—2015 年度文明村。同年，淀山湖镇成功创建 2013—2015 年度江苏省文明镇，永新村、淀湖社区分别成功创建江苏省文明村、文明社区，安上村顺利通过复审，保留"江苏省文明村"称号。

2017 年，淀山湖镇永新村成功入选全国文明村镇。全国文明村镇是我国目前综合评价一个村镇物质文明、精神文明、政治文明、社会文明、生态文明等整体文明建设水平的最高荣誉，是一个村镇最有价值的无形资产和最具竞争力的金字招牌。近年来，永新村在尚美淀山湖镇建设中，进一步明确了"美丽村庄"发展的方向和目标：既要具备"高颜值"，又要拥有具备强大综合实力的"好气质"，在生态环境治理上提档升级，通过传承家风家训、培育文明乡风等，散发出独特而持久的魅力。该镇先后获得"江苏省文明村""江苏省村庄建设整治示范村""江苏省生态村""苏州市美丽村庄"等荣誉称号。永新村的文明创建活动以及取得的巨大成就，极大地鼓舞着全镇所有村建设生态文明的积极性，推动着"尚美淀山湖"建设向更高境界攀升。

淀山湖镇以立足服务、凸显亮点的做法，切实开展生态志愿服务及生态文化活动，调动民间力量积极参与美丽家乡建设。注重推特色、重服务，开展各类志愿服务活动。围绕"学习雷锋、奉献他人、提升自己"的志愿服务理念，着力推进"科教服务、爱心传递、幸福家庭、绿色环保、文明交通、春蕾助学、文化服务、网络文明"八大志愿服务工程。重点开展学雷锋志愿服务活动、农村"乡风文明志愿岗"、社区"金乡邻志愿岗"服务活动，营造互帮互爱、守望相助的社会风尚。

交通文明志愿者

淀山湖镇开展学雷锋系列志愿服务活动有声有色，成效卓著。广场志愿活动宣传环境保护，普及生态知识。借助"环保大篷车""便民大篷车"，开展学雷锋广场集中志愿服务活动，发动全镇各部门，开展劳动保障、文化宣传、环境保护、法律援助、医疗保健等宣传，为居民提供修鞋、修拉链、量血压、老年人剪发、修剪草坪、打扫卫生等免费服务。敬老关爱活动暖人心。开展敬老关爱志愿活动，组织心语志愿者、企业唯爱义工、文体志愿者前往镇敬老院开展关爱活动、清洁卫生活动、戏曲演出等。

淀山湖镇通过绿色环保活动优化环境、美化生活。组织全镇环保志愿者开展"小手牵大手，环保同携手""低碳生活·我行"等主题活动，以文明之语、文明之举传递环保正能量。以文明交通活动保秩序。开展文明交通志愿服务活动，在淀兴路、振淀路等主要路口组织发动交通志愿者配合交警参与交通秩序维护，引导群众自觉遵守交通法规。开展文明交通宣教活动，文明交通进村、社区、学校、企业等，通过专题讲座等活动形式，开展文明交通知识宣传教育培训。大力开展邻里守望志愿服务活动，提供"乡风文明"志愿服务。严格按照"按需设岗、志愿认岗、有效管岗、创新促岗"的要求和方法，突出"传、帮、带"的积极性。全镇10个村共设置"移风易俗岗、家风传承岗、环境卫生岗、护村治安岗、好人评荐岗、善行义举评荐岗、文体活动志愿岗"等11个基础岗，乡风文明岗志愿者共计917名。

淀山湖镇以社区"金乡邻"志愿服务惠民生。以建立镇"公益坊"为契机，依托"壹方"专业社会组织平台，着重把关爱孤寡老人、残疾人、贫困家庭等弱势群体作为志愿服务的重点，组建红色助老帮扶、橙色青春助跑、黄色治安巡查、绿色生态环保、青色法律维权、蓝色家电维修、紫色卫生保健等7大类志愿服务团队，5个社区"金乡邻"志愿者共计287人，重点推出邻里相伴"金拐杖"亲情助老志愿岗、邻里相携"金羽毛"成长关爱志愿岗、邻里相帮"老对老"爱心帮扶志愿岗3个特色岗。

淀山湖镇积极开展"康乐寿"助老志愿特色活动。淀山湖镇志愿服务的一大特色即以老年人为服务重点，推出三大助老亲情行动，打造"康乐寿"助老志愿服务品牌，其中"金拐杖"和"银燕"两大项目分别被列入昆山市2014—2015年度社会志愿服务引导项目。"金拐杖"助老志愿服务。由有爱心、恒心和责任心青年志愿者组成，根据受助老人的身体状况和实际需求，制定服务项目，为每一位老人建档立卡，以整理房间、聊天谈心、理发、量血压等上门服务方式及拓展交际、集中庆生、保健知识讲座、读报纸、讲故事等集中服务为主要内容，开通"金拐杖"行动热线，及时回应老人需求，注重对老年人心理和情感上的关怀，提高老年人的生活质量。"老对老"志愿结对帮扶深得老年人的满意。组织身心健康、热心公益的老年志愿者，采用"一对一""一对几""几对一"的形式，通过谈心聊天、思想沟通、家务帮助等一系列服务举措，结对帮助"老弱病残独居"老年群体，帮助他们解决问题。"银燕"老年护理服务体贴温馨。由专业的医疗人员组成，免费为老年人提供量血压、测血糖、中医体质辨色等服务。对于行动不便的老人，志愿服务队提供上门服务，为有需要的老年人免费进行身体检查、提供医疗帮助等。

淀山湖镇通过强关爱、重共建，组织开展各类主题活动。依托"七彩的夏日、缤纷的冬日、八礼四仪、我们的节日、公共文明行动日"等主题活动，不断探索共建机制，丰富共建内涵，形成携手共促社会和谐、文明的良好氛围。通过开展"我们的节日"主题活动，弘扬优秀传统文化，促进传统生态文化与现代绿色环保文化紧密联姻。春节期间，通过文体团队展示"舞"迎新春、百姓戏台"曲"庆春节、百姓讲坛春节"话"说新年、"新年纳福"关爱帮扶"助"添心意；元宵节期间开展"包汤圆，送温暖"庆元宵爱心传递活动、元宵节戏曲会演、元宵猜灯谜活动；清明期间开展各类祭扫活动及入团入党仪式；端午期间开展志愿服务活动营造"爱心端午"、送戏下乡打造"戏曲端午"、健康加油站推行"健康端午"、全民健身赛倡导"运动端午"。中秋节期间开展"老吾老"公益项目迎中秋关爱银族活动、"月圆中秋，其乐融融"中秋助老服务活动、劳动者之歌走进淀山湖中秋慰问演出、"两岸（昆山）中秋灯会"淀山湖之夜等。

淀山湖镇以"三位一体"的理念和做法开展未成年人主题活动。淀山湖镇始终坚持以学校为龙头、家庭为基础、社会为平台，在充分发挥学校主阵地、主渠道、主课堂作用的基础上，着力提升家庭教育的基础作用,着力拓展社会教育渠道,实现三者的有机互补、和谐互动。具体开展"学礼仪,讲美德,做文明学生"未成年人文明礼仪养成教育活动,"诵读国学经典,弘扬中华美德"道德实践活动,"向国旗敬礼""新校园播种红色种,少先队相约中国梦"活动等。镇、村、社区、单位、学校、企业互动推出"幸福小树苗——幼小衔接成长营",举办"缤纷的冬日""七彩的夏日"系列活动。5年来,开展大小活动共计100余项。淀山湖镇还重点围绕新淀山湖未成年人、贫困弱势未成年人群体,推出了"四季乐扶"未成年人关爱帮扶公益行动,以"乐于分享,扶助成长"为行动口号,以"学做人、学做事、学求知"为行动主题,以"春听、夏耕、秋说、冬学"为行动内容,以淀辉社区为实践基地,搭建了未成年人学习、分享、交流和创造的公益平台。

淀山湖镇以积极参与文明城市创建为契机和抓手,开展公共文明建设工作。根据淀山湖镇实际,结合"公共文明行动日"活动,每月确定美丽镇村、交通志愿服务、公共环境治理、社区环境秩序治理及倡导移风易俗等专项行动。利用"环境整治大平台",强化工作举措,认真梳理薄弱环节,重点做好学校周边、车站、农贸市场等重点领域的环境整治与网吧专项治理等工作,助力文明城市创建。

建设绿色小学是淀山湖镇推进绿色发展的一大举措。淀山湖中心小学是一座具有100多年历史和有着优良办学传统的学校。1905年8月,邑人汪之镛、童锡、李世琛、顾焕章等4人利用淀山湖镇杨湘泾善堂庙后垛四间空房创建了正基学堂,这是淀山湖中心小学的前身。抗战前期,日寇占领学校,学校被迫停课。1949年5月17日,杨湘泾解放,同年9月学校开学,教学班增至6个,学生数增加到240人。1950年,全国掀起了成人扫盲学文化热潮。学校教师积极响应,他们白天教孩子,夜晚教成人,是推动成人扫盲学文化的主力军。学校还积极配合政府做好抗美援朝的宣传工作,实行放农忙假制度,帮助农民拾稻穗,拾麦穗,颗粒归仓,增产节约。

在配合淀山湖镇推进中国21世纪示范镇建设过程中,淀山湖中心小学秉承"立德、正基"的校训,"求实、持恒"的校风,"崇德、守志"的教风和"善学、敏行"的学风,以"质量立校、科研兴校、特色强校、绿色美校"为办学理念,不断追求规范化、精细化管理,不断加强以生态文化为主要内容的校园文化建设,以培养"合格+特长"的小学生为办学目标,全面实施素质教育,积极探索和发展学校教育特色,将生态文明的理念、原则融入教学管理全过程。拥有室内体育馆、室外篮球场、排球场、足球场、轮滑专用跑道等体育设施及计算机教室、科学实验室等专用教室。

作为学校特色教育和生态文化教育的重要内容,淀山湖中心小学在各级轮滑比赛中取得骄人成绩,先后在"江苏省速度轮滑锦标赛""第十届全国少年速度轮滑锦标赛""全国小学生速度轮滑赛"中获得第二名、第三名、第一名的好成绩。目前,该校被评为"中国轮滑运动示范学校""苏州市特色体育项目学校""苏州市昆曲教育传播基地""苏州市学校体卫艺工作先进集体""昆山市科技教育特色学校"等。

淀山湖小学轮滑训练

第六章 诗意栖居的享受

《人,诗意地栖居》,是德国19世纪浪漫派诗人荷尔德林的一首诗,表达了他对美好生活的向往。荷尔德林写这首诗的时候却过着贫病交加而又居无定所的苦难生活,他以一个诗人的直觉与敏锐,意识到随着科学的发展,工业文明将使自然不堪重负和人日渐异化。而为了避免自然的退化和人的异化,荷尔德林呼唤人们需要寻找回家之路,这个家就是人与自然和谐之家和人与社会和谐之家。正如荷尔德林在他的另一首诗《远景》中所描述的那样:

> 当人的栖居生活通向远方,
> 在那里,在那遥远的地方,
> 葡萄闪闪发光。
> 那也是夏日空旷的田野,
> 森林显现,带着幽深的形象。
> 自然充满着时光的形象,
> 自然栖留,
> 而时光飞速滑行。
> 这一切都来自完美。
> 于是,高空的光芒照耀人类,
> 如同树旁花朵锦绣。

荷尔德林关于"人,诗意地栖居"的美好蓝图和美好生活理想得到了德国哲学家、20世纪存在主义哲学的创始人和主要代表之一的海德格尔的高度赞赏,他从哲学的高度特别是从存在主义的视角深刻阐发了"人当诗意地栖居在大地上"的哲学意蕴。海德格尔指出,树在。山在。大地在。岁月在。我在。你还要怎样更好的世界?人与世界和大地共同处于一个无限的宇宙系统,这三者本来就是平等的互相制约的关系。因此,海德格尔认为,不能用日常语言逻辑来对具有内在紧密联系的宇宙系统进行规定,只能运用"诗",它们之间的关系与其说是互相认识还不如说是人的内心的深刻领悟与体验。

海德格尔从哲学和存在主义的高度对"人当诗意地栖居在大地上"的深刻解读,启迪人们必须爱护自然、爱护社会、爱护人类,要唤起内心的生态理性和生态良知,促进经济社会可持续发展。海德格尔的观点与康德《实践理性批判》中的那一句具有异曲同工之妙:有两样东西,我们越是反复的思考,越会感到无比的惊讶和敬畏,那就是头顶的星空和心中的道德准则。

淀山湖镇在推进绿色发展和建设中国21世纪示范镇的过程中,始终秉承"人民对美好生活的向往就是我们的奋斗目标"的理念,以让人民群众在优美的环境中诗意般地栖居为理想和目标,大力发展人与自然和谐共生的产业,不断满足人民群众日益增长的美好生活需要,切实保障人民群众的生态环境权益,实现全镇人民对于绿色发展和绿色生活的共同美好向往。

第一节　生态花园的绚丽

作为对接大上海的前沿阵地,淀山湖镇面临着上海自贸区设立和大虹桥商务区形成以及开启两岸合作实验田的良好历史机遇。淀山湖镇抓住这一重大战略时机,以生态圈的发展理念,不断增强绿色发展的底色,塑造"绿色淀山湖,生态现代化"的品牌,实现与上海的有机融合和无缝对接。通过着力构筑产业生态圈、商务生态圈、旅游休闲生态圈和最佳宜居生态圈,多方搭建发展平台,全力打造充满升级活力的上海后花园,构筑竞争新优势,在人与自然和谐共生的现代化建设进程中谱写绿色发展新篇章。

一、产业生态的绿色

淀山湖镇将产业与湖光山色紧密结合起来谋划,力求做到产业为山水争光,山水为产业添彩,实现产业与山水的交融和相互辉映,以产业生态圈为全镇人民群众宜业、宜居、宜游的美好生活奠定坚实的物质基础。

上海是淀山湖镇产业转型升级的主板和资源项目的集中地,而昆山则是淀山湖镇经济转型升级的强大内存和政策服务的高地。淀山湖镇在推进绿色发展中不断强化生态文明理念,加快建设生态小康和推进人与自然和谐共生的现代化步伐,持续放大"区位、生态、项目、服务"的优势叠加效应,成为经济转型升级的绿色加工商和绿色产业发展的组装地。随着2016年3月全球著名车辆配件和工程机械制造商——胜代机械从上海青浦工业园区整体迁移至淀山湖镇,大大提升了淀山湖镇车辆配件产业工艺水平、管理理念和技术含量。胜代机械是由日本胜代熔断株式会社在中国、印尼、美国等国家创办的工程机械配件类生产企业,是专业从事板材切割、焊接、钣金加工业的国际性企业集团,在日本、美国、中国建有生产和销售网络。目前,主要客户为日本小松、神钢及沃尔沃、卡特等。胜代机械的成功迁移是淀山湖镇主动承接上海产业转移、融入大虹桥产业生态圈的具体表现,为助推淀山湖镇经济发展迈上新台阶提供了强大推动力,也为淀山湖镇如何在经济发展新常态下加快环境保护步伐提供了机遇和挑战。

淀山湖镇主动承接上海产业梯度转移。以产业一体化,激增区位效应。主动衔接青浦工业园、西虹桥商务区，通过产业融合，融化地缘冰带，助推与沪同城效应的一体化发展。虹桥商务区是现代服务业发展的高地，昆山是外贸加工和电子产业集中的高地，两地的支柱产业在价值链上存在巨大的融合发展空间。淀山湖镇利用土地优势、劳动力优势、区位优势来为支柱产业配套服务，通过产业跨区域分工与合作，推动产业转移生态化和区域经济协调发展，实现价值链的最优配置和空间合理布局。

淀山湖镇加快融入"一城两翼"发展规划。青浦发展定位于国际大都市现代化的郊区，在长三角一体化发展、上海产业转移进程中，都扮演着十分重要的角色。青浦"一城两翼"的发展规划，成为上海资源迁移的新据点和产业外溢的枢纽。淀山湖镇对接大上海，融入青浦发展规划，特别注重在区域循环经济体系内瞄准机遇、精确定位、大胆创新和寻求产业转型升级路径。在宜居规划、平台建设、功能布局上，增强与沪的发展黏性，融化地缘冰带。淀山湖镇狠抓的具体举措有三大步：一是制定了一体化发展规划，主动将自己置身于上海绿色发展的生态圈和产业生态圈，加快推动与上海一体化绿色发展的进程，以共同体意识和共同体行为持续稳定地依托上海发展。二是不断地开辟与上海的绿色发展合作领域，进一步探索与上海协调发展、绿色发展和共享发展的合作发展。三是创新与上海共同推进绿色发展的路径，切实增强融合式发展的成效。

淀山湖镇大力发展错位互融产业集群。2010年以来，淀山湖镇经济转型以快求先、以优为本，注重产业绿色化、高新化和对资源的减量化，率先布局滨水生态商务社区、电子商务物流园、新兴产业集聚平台、现代农业示范区四大产业平台，形成了特色比较鲜明的产业集群优势。而这四大产业平台之间又存在着内在联系和互为补充、互相促进的关系，为淀山湖镇推进创新发展、协调发展、开放发展、绿色发展和共享发展奠定了产业基础。淀山湖镇抓住发展产业社区、网络消费、产业转移、家庭农场和临空经济等五大机遇，拓宽了对接和融入大上海的发展道路，延伸了产业发展的触角，由于能够全方位对接大虹桥商务区和青浦新城发展，因此，充分显示出淀山湖镇经济转型升级的广阔空间。

淀山湖镇将大力发展生态旅游业作为加强生态文明建设的重要举措。生态旅游是以有特色的生态环境为主要景观的旅游，是指以可持续发展为理念，以保护生态环境为前提，以统筹人与自然和谐发展为准则，并依托良好的生态环境和独特的人文生态系统，采取生态友好方式，开展的生态体验、生态教育、生态认知并获得心身愉悦的旅游方式。为了大力发展淀山湖镇的生态旅游产业，淀山湖镇积极做好推进道路指示牌、停车场、星级卫生间等旅游基础配套设施建设以及区域内相关基础设施建设工作，稳步推进景区标识系统、**AAA**级旅游厕所、环湖售卖车等旅游基础设施建设，完成了第一期旅游标识牌的竣工验收工作，设计、制作、安装了**77**个景区内部导示、告知标牌，进

环湖大道公共自行车

一步完善了旅游导示系统。在湖滨音乐广场、金家庄等重要的游客节点，新增了一批包括售卖车、咖啡屋、食品馆等在内的临时商业服务点。旅游导视牌和景区标识系统的规范化建设展示了淀山湖镇旅游景区的特色和特点，有助于景区的形象资源整合传播，加大了游客视觉的冲击力度；规范的景区标识不仅为外国游客提供了方便，也直观地体现了景区的国际化程度；规范设计的标识牌减少了游客出游的麻烦，有效增加了游客的到访量。旅游厕所是十分重要的旅游基础设施和公共服务设施，其直接体现了淀山湖镇的旅游服务水平和文明旅游程度。旅游厕所的建设满足了广大游客的核心诉求，提升了景区的文明程度，展示了淀山湖镇旅游的新形象；在湖滨音乐广场、金家庄等重要的游客节点，新增的临时商业服务点切实提高了环湖旅游的便利性，满足了游客的基本购物需求，提升了游客及本地居民的游玩愉悦感和满意度。

二、环湖发展的平台

淀山湖镇利用自己与上海共用一个湖，与上海青浦近邻的区位优势和自己独特的产业优势，搭建了宽广的环湖产业生态圈平台。淀山湖镇连接青浦湖岸线，具有与上海直接对接的大生态圈产业带优势。上海也为淀山湖镇与上海产城融合发展提供了巨大的资本、市场和技术。

2011年，唯品会、神州数码等企业相继在淀山湖镇设立华东区域总部，尤其是神州数码将上海的营运中心、结算中心和供应链中心都搬至淀山湖镇的华东区域总部，这有利于淀山湖镇壮大经济实力和提升整体形象，为该镇打造生态产业承接平台提供了良好的契机。

唯品会落户淀山湖镇，无论对于该镇现代服务业数量和质量的提升，还是对于淀山湖镇的企业文化和社会文化发展都有很大裨益。唯品会主营业务为互联网在线销售品牌折扣商品，涵盖名品服饰、鞋包、美妆、母婴、居家等各大品类。2012年3月23日，唯品会在美国纽约证券交易所上市。目前，唯品会已成为中国第三大电商。唯品会在中国开创了"名牌折扣＋限时抢购＋正品保障"的创新电商模式，并持续深化为"精选品牌＋深度折扣＋限时抢购"的正品特卖模式。唯品会这一模式被形象地誉为"线上奥特莱斯"。唯品会每天早上10点和晚上8点准时上线200多个正品品牌特卖，以最低至1折的折扣实行3天限时抢购，为消费者带来高性价比的"网上逛街"的购物体验。唯品会在美国零售行业杂志《Stores》联合德勤发布的《2017全球250强零售商排行榜》中，蝉联"全球增速最快的顶尖零售商"。在《2017年最具价值中国品牌100强》中，唯品会排名第40位，并获"最佳新晋中国品牌"称号。

唯品会的企业文化对淀山湖镇加强文化建设有重要的借鉴和参考价值。唯品会的企业文化中有这些基本信念：用户是上帝，也是我们的衣食父母，坚持用户利益至上，不断倾听和深刻理解用户需求，不断给用户惊喜，不断提供超预期的体验和服务，不断创造新的用户价值。对合作伙伴：尊重和善待合作伙伴，真诚合作，一起共建共生共赢的生态环境。对员工：员工是公司最大的资产，不断激发员工的潜能，使员工与企业共赢、共成长，善待员工，关爱员工身心健康。对社会：怀感恩的心，注重社会责任，尽企业的力量，回报社会，施帮助于需要帮助的人，塑造健康企业形象。价值观：简单、创新、快速、协作。

神州数码落户淀山湖镇，对于该镇结合数字化时代的特点，以世界上具有先进水平的IT服务提供商的技术和文化打造现代服务业重镇以及推动该镇智慧乡镇建设同样具有极大的意义。神州数码是中国最大的整合IT服务提供商。从神州数码诞生的第一天起，就确定了自己的理想——"数字化中国"，也因此命名为神州数码。神州数码的愿景是打造一家百年老店，让神州数码成为中国最具价值的IT服务供应商，通过持续创新，为客户提供卓越的全面整合服务，以实现数字化中国的理想。

神州数码将企业文化当作企业发展的精神动力,"RDC"管理能力和"责任、激情、创新"的企业文化,构成了神州数码成功的组织基因。围绕风险管理、人才发展、客户能力这三项关键因素,神州数码夯实了管理基础;"责任、激情、创新"文化的持续建设,为神州数码打造出一支富有战斗力、凝聚力和进取心的团队。神州数码的用人标准是"德才兼备,以德为先"。神州数码不断推进企业文化建设,希望每一个进入公司的员工,首先要认同公司的文化。神州数码倡导企业文化应该具有两个最基本的内涵:第一个内涵是,神州数码是一家有理想有抱负的公司,以"数字化中国"为理想;第二个内涵是,在这样一个远大抱负下,公司的核心价值观是"把个人的追求融入企业的追求中去,倡导员工与公司共同成长"。在神州数码的智慧城市总体设计中,政府职能与信息技术充分融合,提供"以人为本"融合便捷的公共服务——解决医疗、交通、能源供给、社会保障等一系列社会管理及服务的问题。在提升城市管理服务水平的同时,打造新型城市产业群与生态圈。神州数码的智慧城市战略,就是以社会经济的繁荣为目标,以社会和谐稳定为前提,以民生和人民幸福为考核目标,通过以云计算为代表的信息技术手段进行融合创新,推进新型城市化进程。这些理念和做法正是淀山湖镇在绿色发展中十分需要的。

百亿电子商务风景带对接上海虹桥商务区。2012年,唯品会销售额超22亿元,拉动经济增长十个百分点以上,聚焦电子商务物流园的品牌效应,吸引苏宁、一号店等品牌竞相入驻。2012年3月23日,唯品会成功登陆美国纽约证券交易所。自落户淀山湖镇以来,唯品会得到了长足的发展和迅速的壮大。目前,仓储园区分别位于淀山湖镇机场路和丁家浜路上,库容总量为17.2万平方米,日处理能力达20万单,成为引领淀山湖镇电子商务发展的龙头企业之一,为淀山湖镇乃至昆山的电子商务发展做出了巨大的贡献。同时，唯品会计划在淀山湖镇继续扩大业务，准备设立华东乃至全国首屈一指的唯品会现代电子商务运营总部。2015 年，唯品会销售额超过 80 亿元，税收贡献超过 1.2 亿元；2016 年，销售额突破 92.08 亿元，税收突破 1.81 亿元。被昆山市认定为总部企业、苏州市总部经济企业，并成功申请江苏省电子商务示范企业、江苏省电子商务重点企业。2017 年，唯品会销售额达 116 亿元，纳税超 2 亿元。"十二五"末，基本形成"百万空间，百亿产值"的电子商务上市企业基地，遥相呼应昆山花桥现代服务业示范点，全面打开经济东门户，接通上海虹桥新市场的发展通道，增强淀山湖镇对沪青经济的发展黏性。

淀山湖镇环湖产业圈发展的一个重大动作是以百亿新兴产业风景带对接青浦工业园。2012 年，淀山湖镇新兴产业实现产值 35.13 亿元，占规模以上工业企业比重的 27.8%，比 2010 年增长 122%，其中高端装备制造业、新材料显示呈现 90% 以上的增长。从 2014 年到 2015 年，淀山湖镇推动企业以绿色转型为突破口，通过强效益、强技术、强人才，实现新旧产业"比翼齐飞"。一是增创科技创新后发优势。以打造创新资源集聚高地、高端人才集聚高地、科技成果转化高地为关键，大力推动创新转型、创新升级，大幅提升科技、品牌对经济增长的贡献率。巨仲电子利用自身的科研优势，对现有技术进行柔性升级，开辟新市场，调整市场定位，2012 年实现销售额 7.95 亿元，利润同比增长 5 倍。二是争创新兴产业后发优势。以圣地亚包装科技、广日科技为代表的 16 家企业以"特"见长、以"新"抢先，集聚产业链的关键优势、各类专业研发人才、核心技术产品，布局一个超 100 亿元产值的集聚群。

淀山湖镇环湖产业圈发展的另外一个重大动作是百亿环湖产业风景带对接淀山湖新城。淀山湖镇独特的生态圈优势有助于全面接轨大上海。一是以环湖高端房产、旭宝高尔夫、大自然国际游艇会、梦莱茵帆船俱乐部等配套为基础，推进神州数码、研祥智能建设，吸引了一批总部经济、企业孵化、生态研发、网络体验、康体养身等项目上下游配套企业进驻，形成从上游供应链管理到平台服务商再到下游消费市场的完整产业链，奠定了淀山湖镇在昆山现代服务业布局中的地位。二是努力打造绿色经济产业链，加速发展生产性服务业，提升发展消费性服务业，创新发展公共服务业，拉长产业链，做优服务，做大产业，做强平台，做亮品牌，加速形成产业规模优势和集聚效应，全力打造超 100 亿元的环湖产业带。

旭宝高尔夫球场

三、生态品牌的光芒

淀山湖镇在中国 21 世纪示范镇建设中尝到了生态品牌建设带来的甜头，深刻地认识到，生态文明建设并不都是赔钱的买卖，而是可以近期或长期产出的。只要精心地培植生态品牌，就能以生态品牌的力量让生态产品和生态服务转化为生产力，通过生态品牌赢得人气，获得商机，促进经济效益、社会效益、文化效益和生态效益的全面推进和发展。

淀山湖镇打造生态品牌首先选择环湖岸线做文章，力求将环湖岸线成为淀山湖镇的一道绚丽多彩的生态岸线，成为外地观光休闲人们的一道舒适惬意的湖景岸线，成为淀山湖镇人民群众诗意般栖居的幸福快乐的亲水岸线。为此，运用生态学和美学相结合的原则加以精心规划和设计，力求体现出休闲功能、审美功能、娱乐功能、健体功能，并通过这些功能的发挥，体现出最大的经济效益、社会效益、文化效益和生态效益。2016年，淀山湖镇环湖大道、自行车道、绿道"三道系统"正式启用，打响了生态品牌的发枪令，标志着该镇环湖经济新篇章的开启。以绿色引领发展，用品牌助推升级，这是淀山湖镇以生态品牌化指引经济升级的重大创新举措。

淀山湖镇打造生态品牌其次选择现代创意农业，以现代创意农业营造出绿色美丽乡镇的动人魅力，并且以发展现代创意农业作为融入上海大生态圈的切入点。重点拓展农业生产、生态、旅游、文化、教育功能，以创意产业思维重塑农业的产业体系，推动一二三产业互融互动，实现传统产业与现代产业有效嫁接。淀山湖镇意识到，上海作为资源、人才、科技的集中地，唯独缺少生态布局。青浦虽定位于国际化大都市的郊区，但由于规划晚、起点低、工业集聚成为其生态布局的硬伤。针对这些客观情况，淀山湖镇扬长避短，放大自己具有大片田园的独特生态优势，吸引上海的科技、人才、资金等资源向西流，以现代都市农业为切入点，融入上海的现代农场、有机农业、农业旅游、食品加工等市场，与上海建立起绿色经济廊道。

淀山湖镇以推进环湖地产升级作为融入上海大生态圈的发力点。

鼓励发展地产旅游，以得天独厚的生态宜居生活构建绿色发展新磁场，丰富环湖经济发展层次，增强度假休闲旅游、商务会务、文化创意和生态居住等业态之间的互动发展。以地产旅游带动观光旅游，通过提升旅游产业促进现代服务业发展，形成了不断地释放出经济活力和生态动力的湖岸经济文化走廊。

上海旭宝高尔夫俱乐部和梦莱茵帆船俱乐部是展示淀山湖镇优美生态环境的靓丽名片。上海旭宝高尔夫俱乐部是台湾旭宝集团在中国投资的两座高尔夫球场之一，其姐妹球场是位于山东的海阳旭宝高尔夫俱乐部。球场设计师 Bobby J. Martin 是美国尼克劳斯集团成员，建造球场时充分利用江南水乡蜿蜒曲折的天然面貌并加以精心设计，使环绕在球道两旁的长草与湖河构成诡异多变的风姿及起伏多变的球道，给予球友们最酷的挑战。由于球场紧临淀山湖，江南水乡的美景完美地融合于球道之间，浑然天成。已连续多年成功举办 VOLVO 中国公开赛的上海旭宝高尔夫俱乐部已被公认为"公开赛之家"。独特的明清古代石雕、出色的球场软硬件条件和一流的赛事经验让这里赢得了"最佳球童服务""最佳会馆服务""中国十大球会"和"亚巡赛最佳赛事场地"等众多奖项，并成功培养了多位专业赛事的专业球手，也获得了国家体育总局的赞赏和支持。

淀山湖镇梦莱茵帆船俱乐部生动地演绎了丰富多彩的生态水文化。梦莱茵水上运动俱乐部坐落于美丽的淀山湖畔，与上海朱家角毗邻，有"风吹芦苇倒，湖上渔舟漂，池塘荷花笑"的怡人景象。整个俱乐部占地面积近1万平方米，拥有70个泊位，总投资3 000万元。作为淀山湖旅游度假中心的重要配套设施，目前已兼具餐饮、住宿、商务、会议、休闲、水上运动、驾驶培训等综合功能。其帆船运动、游艇观光、水上摩托艇等水上运动项目堪称"水上一绝"，使俱乐部成为近上海屈指可数的休闲度假胜地。梦莱茵帆船俱乐部不但已经成为淀山

第六章　诗意栖居的享受

梦莱茵帆船

　　湖湖畔一道亮丽的风景线，而且为人们提供了积极健康的绿色生活方式。回归自我，释放心情，提倡亲近自然、融入自然的健康生活方式，已经成为淀山湖镇帆船专业赛事的重要承接场地。

　　淀山湖镇以加强生态文明建设作为融入上海大生态圈的关键点。青浦地处上海东西发展轴，具有承东启西、东连西进的作用。淀山湖镇利用连接青浦的地理位置，注重凭借淀山湖东岸的自然风光，实现上海人流和产业流的转移，推进产业向淀山湖镇湖东转移。在生态方面，淀山湖镇充分发挥先发优势，抢先生态布局，以更优质的宜居环境、成熟的高端休闲和完善的配套功能，增强生态二次比较优势，通过人流二次转移，推动淀山湖镇加速融入上海经济发展圈。

　　淀山湖镇还以培育生态文化作为融入上海大生态圈的闪光点。紧密结合淀山湖镇生态文明建设的实践，构建内容丰富和具有时代特征、淀山湖镇特色的生态文化体系。充分发掘淀山湖镇优秀传统文化中的生态内涵，汲取前人的生态智慧，把传统生态文化的思想精髓和合理内核发扬光大。在全镇大力倡导和树立以"尊重自然、保护自然，科学发展、和谐发展，当代公平、后代公平，全民参与、全球参与"的现代生态理念，并融入社会主义核心价值观体系中加以推广和弘扬。从社会公德、职业道德、家庭美德和个人品德等方面入手，制定淀山湖镇生态文明建设道德规范，提高居民的生态道德素质，使珍惜资源、保护生态成为全镇推进"绿色淀山湖，生态现代化"建设的强大软实力。

第二节　生态权益的维护

长期以来，人们之所以将淀山湖称为中国不可多得的一块风水宝地，就是指淀山湖地区很适合人们的工作和生活，具有有利于人们工作、生活、消费和审美的优美的自然生态环境，也道出了生态权益是人的重要人权以及生态权益对于人的自由而全面发展的重要性。

淀山湖镇将绿色发展的重点放在切实地维护好、实现好、发展好人民群众的生态权益上。联合国在《人类环境宣言》中指出：人类有权在一种能够过尊严和福利的生活环境中，享有自由、平等和充足的生活条件的基本权利，并且负有保护和改善这一代和将来的世世代代的环境的庄严责任。淀山湖镇面对生态权益这种新的人权时代到来的态势，将维护好、实现好、发展好人民群众的生态权益当作保障民生、关注人权和以实际行动讲政治的重大任务，推动以人民为中心的发展见行见效。

一、生态权益的价值

淀山湖镇在中国 21 世纪示范镇建设中认识到，权益问题是与人的需要、权利以及责任相联系的概念，是公民受到法律保护的权利。公民的权益是时代和历史的产物。生态权益或称为环境权益，是每个人与生俱来的基本权利,是新时期人权的重要内容,政府部门必须将人民群众的生态权益当作头等大事来认识,要将维护好、实现好和发展好人民群众的生态环境权益作为党政部门的天职。

淀山湖镇在推进绿色发展中加深对保障人民群众生态权益的重要性和紧迫性的理解,在此基础上上升为行动自觉。生态权益是伴随着生态环境问题直接影响公民的工作、生活和社会发展而于20世纪60年代率先在欧美提出来的一个概念。1960年,原德意志联邦共和国的一位医生向欧洲人权委员会控告往北海倾倒放射性废物的行为,认为这种行为违反了《欧洲人权公约》中关于保障公民的公共安全利益的规定,危害了人类赖以生存和发展的空间环境及资源,影响到人类社会的可持续发展;提出必须采取切实措施杜绝此类事件的发生,必须切实保护好公民的生态权益。此举引起了欧洲人权委员会以及国际环境组织的高度重视,生态权益这个概念也逐渐进入人们的视野。

此后,世界各国相继将人民群众的生态权益问题提到国家经济社会发展的重要层面上加以认识和实践。

美国通过立法和执法加强对人民生态权益的维护。1969年,美国在公布的《国家环境政策法》中指出:"国会认为,每个人都应当享受健康的环境,同时每个人也有责任参与对环境的改善和保护。"阐述了实施国家环境政策法的目的是宣示国家政策,促进人类与环境之间的充分和谐;努力提倡防止或者减少对环境与自然生命物的伤害,增进人类的健康与福利;充分了解生态系统以及自然资源对国家的重要性;设立环境质量委员会。美国《国家环境政策法》特别强调指出,鉴于人类活动对自然环境一切构成部分的内在联系具有深远影响,尤其在人口增长、高度集中的都市化、工业发展、资源开发以及技术日益进步所带来的深远影响,并鉴于恢复和保持环境质量对于全人类的福利与发展所具有的重要性,国会特宣布:联邦政府将与各州、地方政府以及有关公共和私人团体合作采取一切切实可行的手段和措施，包括财政和技术上的援助，发展和增进一般福利，创造和保持人类与自然得以共处与和谐中生存的各种条件，满足当代国民及其子孙后代对于社会、经济以及其他方面的要求。为执行本法规定的政策，联邦政府有责任采取一切切实可行、并与国家政策的其他基本考虑相一致的措施，改进并协调联邦的计划、职能、方案和资源，以达到如下目的，即国家应当：履行每一代人都作为子孙后代的环境保管人的责任；保证为全体国民创造安全、健康、富有生命力并符合美学和文化上的优美的环境；最大限度地合理利用环境，不得使其恶化或者对健康和安全造成危害，或者引起其他不良的和不应有的后果；保护国家历史、文化和自然等方面的重要遗产，并尽可能保持一种能为每个人提供丰富与多样选择的环境；谋求人口与资源的利用达到平衡，促使国民享受高度的生活水平和广泛舒适的生活；提高可更新资源的质量，使易枯竭资源达到最高程度的再循环。

继美国之后，日本也通过制定法律条例保护本国居民的生态权益。1969年日本颁布的《东京都防止公害条例》指出：“全体市民都享有健康、安全和舒适生活的权利，此项权利不能因公害而受到侵害。”为此，该条例制定了两项基本原则：一是全体市民享有健康、安全和舒适生活的权利，不能因公害而滥受侵害；二是所有市民对他人享有的健康、安全和舒适生活的权利，都负有尊重的义务，不得从事造成侵犯该项权利的公害发生原因的活动和进行破坏自然与生活环境的行为；作为东京都市民的自治组织的东京都，负有最大限度地保障东京都全体市民享有健康、安全和舒适生活的权利的义务，为了负起这一职责，东京都切实采取一切手段，防止和消除公害。1970年在日本东京举行了有13个国家参加的"公害问题国际座谈会"，对预防和消除公害以及维护公民的环境权益问题进行了深入讨论。会后发表的

《东京宣言》特别强调:"我们请求,把每个人享有其健康和福利等要素不受侵害的环境权利和当代人传给后代的遗产应是一种富有自然美的自然资源的权利,作为一种基本人权,在法律体系中确定下来。"日本东京都议会2008年表决通过了新的东京都环境保护条例,新条例中首次规定商务楼等大型办公场所也要承担二氧化碳减排义务,该条例还明确规定"任何人都不能发出超出规定标准的噪音",连儿童的哭叫声也不例外。这在日本国内尚属首次。

1972年联合国通过的《人类环境宣言》提出:人类在具有足以生存、保持尊严及福祉的环境中,享受自由、平安及充足之生活水平的基本权利;并负有为现在及将来之世代保护环境之严肃责任。都明确规定了公民的生态环境权问题。现在,世界上已有许多国家将生态环境权益作为公民的一种基本权利写入了宪法。生态环境权益理论作为第三代人权理论已经为国际社会所普遍接受。

淀山湖镇认识到,保障人民群众的生态环境权益,实质上是保障人民群众在安全、舒适、健康、干净、美好的环境中生存、发展和享受的权利,体现了国家和政府对人民群众基本权益的重视以及对人民群众生命价值的尊重,体现了全面建成小康社会的根本价值取向,体现了发展的根本目的,是着力构建党与人民群众血肉联系的根本举措,也是促进人的自由而全面发展的一项重要内容。

即使在古代,生态环境权益也是人们关注的重要问题。被称为昆山"三贤"之一的明朝归有光在他的《项脊轩记》中写道:

> 借书满架,偃仰啸歌,冥然兀坐,万籁有声;而庭阶寂寂,小鸟时来啄食,人至不去。三五之夜,明月半墙,桂影斑驳,风移影动,珊珊可爱。

在归有光的笔下,人们知道,虽然他的家境是贫寒的,所读之书又大多是借来的,但由于人与自然和谐带来的美好的心境,使归有光感受到一种悄然中的"诗意般地栖居"的生活，让他领会到来自大自然的诸多可爱之处，给他营造了一种超越物质享受的难得的精神上的静雅之美。因此，建设绿色淀山湖，走向人与自然和谐共生的生态现代化就是要全面地维护好、实现好和发展好人民群众的生态环境权益。

二、生态权益的内容

生态权益是一个权益系统，具有丰富而多样性的内容。淀山湖镇从生态环境权益多样性的权益系统着手，维护好人民群众的生态权益。生态权益包括人民群众对安全、舒适、健康、干净、美好的生态环境的享有权，包括自然权、眺望权、安宁权、采光权、通风权、清洁水权、清洁空气权、散步权、审美权等，还包括人民群众对生态环境基本信息的知情权，即拥有对本国、本地区乃至世界的生态环境状况的知晓权利，对国家的生态环境政策、政府在生态环境管理上的作为以及生态环境对自身工作和生活的影响等有关信息获得的权利。人民群众对生态环境的参与权和请求权，即拥有通过参与生态环境决策、制定生态环境保护政策、参与生态环境保护活动的权利。人民群众生态环境利益受到侵犯时的司法权，即当人民群众的生态环境权益受到侵犯后拥有向有关部门请求保护的权利，当法律保护的公共环境利益受到侵犯时人民群众拥有向法院提起诉讼的权利。世界上许多国家在保障公民生态环境权益方面都有比较详细的法律规定，这已成为淀山湖镇党委和政府切实保障人民群众环境权益的重要参照和重要借鉴。

淀山湖镇结合创建文明乡镇和文明家庭活动，通过推动群众性文化娱乐活动、党课教育活动以及"两学一做"教育活动等方式，突出安全发展和安全意识方面的教育，勤俭持家和资源节约利用循环利用的教育，全体居民都享有健康、安全和舒适生活的权利而不能因公害受到侵害的教育，所有居民对他人享有健康、安全和舒适生活权利都负有尊重的义务的教育，不得从事造成侵犯该项权利的公害发生原因的活动和进行破坏自然与生活环境的行为的教育。

淀山湖镇晟泰村、六如墩自然村以及其他各个村在新村规划建设和旧村改造过程中，充分考虑了居民的生态权益，房屋和居住环境的规划设计融合了居民的自然权、眺望权、安宁权、采光权、通风权、清洁水权、清洁空气权、散步权、审美权等内容，保障居民以宜居环境实现生态权益。淀山湖镇党政部门定期如实地公布本镇和周边地区的生态环境信息，满足居民对生态环境基本信息的知情权。对于政府出台的生态治理政策和方案广泛听取居民意见，最大限度地吸引居民参与生态环境治理。淀山湖镇政府有关司法机构加强对人民群众生态环境利益受到侵犯时的司法权的维护，用法治方式为人民群众维权。

淀山湖镇将实现好、发展好、维护好人民群众的生态权益与开展群众性文化体育活动紧密地结合起来。淀山湖镇重点以体育赛事、体育活动等形式，在丰富全镇人民群众美好生活的同时，不断满足周边地区消费者的需求。大力完善城镇体育配套设施，先后建成环湖自行车慢行系统、公共自行车布点、体育公园、市民活动中心等。为丰富群众文化体育生活，经常举办镇徒步大会，积极鼓励群众参与到各类体育活动及各类健身培训中去。每年举办镇"全民健身日"体育节活动，共有31支来自各村、各社区、各单位、各企业的参赛队参与了趣味运动、乒乓球、羽毛球等各类比赛。少年轮滑队在第九届全国少年速度轮滑锦标赛中，获得优异的成绩。扎实落实"10分钟体育健身圈"建设，对全镇各村、各社区、体育公园内的健身路径、健身场地、健身器材进行全面排查和维护，确保健身设备的安全性。城乡居民均能步行10分钟（直线距离800～1 000米）就可以到达一处健身场地，就能享受到健身指导、健身咨询的服务，形成了亲民、便民、利民的城乡一体的全民健身公共服务体系。淀山湖镇还联手交通银行等部门在淀山湖镇环湖区域开展"交行淀山湖骑行赛",人民群众参与面广,活动效果良好,得到了业内人士的一致好评。2016年10月,淀山湖镇以"尚美淀山湖,追日马拉松"为主题、60%环湖线赛道为特色,成功举办了首届男女半程马拉松和4.6千米欢乐跑两个项目。淀山湖镇联合专业户外企业,在淀山湖畔举办了多次大型露营活动。从2017年开始,每年都要举办500人次的环湖骑行活动;同时,淀山湖环湖15千米湖岸线及周边配套齐全的自行车慢行系统得到了康桥国际学校的青睐,台湾地区环岛游活动的前期培训也将淀山湖环湖大道作为环岛游的前期拉练场地。

环湖大道骑行

三、政府维权的责任

淀山湖镇建设中国21世纪示范镇的重要内容之一是要示范好政府保障人民群众生态环境权益的责任。

在以经济发展为导向的价值取向下,淀山湖镇也一度对保障人民群众生态环境权益的认识和实践缺乏深刻认识。这与全国普遍存在的问题基本相同。在我国改革开放以前很长的一段时间里，由于经济形态处于农业社会，经济活动对生态环境的影响相对比较小，生态环境问题还没有上升为直接影响公民工作和生活以及社会发展的重大问题，而以经济发展为中心的理念容易导致产生先污染后治理的认识。因此，各级政府没有将生态环境权益当作人民群众的一项重要权益来加以重视，政府职能中也没有有关保护环境权益的内容，民生中还缺乏生态民生的内容。

改革开放以来，各级政府在对于以经济发展为中心的认识上存在着很大的偏颇，许多地方片面高扬经济增长的大旗，将建设小康社会的目标定位在单一的发展生产力和促进经济快速增长上，简单地将经济增长等同于 GDP 增长，等同于发展，认为只要生产力搞上去了，人民群众的经济权益得到了改善和保障，就可以以此代替其政治权益、文化权益、社会权益和生态环境权益等其他权益。在发展经济的过程中，由于缺乏生态环境保护和人民生态环境权益思想，因而片面理解环境资源，有些人认为淀山湖的水浩瀚无边，供给发展的生态环境资源如同宇宙一样是无限的，有着取之不尽、用之不竭的材料和能源，发展生产力不用担心生态环境资源的承载能力和可供给能力，甚至认为物质财富增长的无限性就来自于生态环境资源的无限性。为了保证生产力超高速发展，不惜极大地消耗浪费生态环境资源，甚至到了杀鸡取卵和竭泽而渔的地步。在对科学技术的认识和利用上，则无节制地发展和运用科学技术而忽视对其进行价值评价与适度应用，特别是忽视科技的绿色效应。片面强调科技是第一生产力，而对科技给生态环境造成的巨大压力和产生的负面效应认识不够。由于江南地区推进的工业化遵循的是典型的"黑色"工业发展模式，其最大的代价是能耗高、污染排放量大，使生产力发展与人口增长、资源消耗以及环境承载力之间的矛盾越来越突出。在这种情况下，人民群众对生态环境权益的要求也越来越强烈，这种态势倒逼党委和政府生态意识的觉醒，促使党委和政府将维护和发展生态权益作为重要人权提上议事日程。

早在20世纪90年代，淀山湖镇与昆山一起喊出了"既要绿水青山，也要金山银山；绿水青山就是金山银山；即使金山银山，污染的产业一概到不了昆山"的口号。促使政府大力加强生态文明建设，将切实保障公民的环境权益作为政府的一项重大职责。呼应中华人民共和国第九届全国人民代表大会常务委员会第三十次会议于2002年10月28日通过的《中华人民共和国环境影响评价法》中正式提出的"公众环境权益"的概念，淀山湖镇肩负起政府维护人民群众生态权益的责任，将环境安全作为头等重大的问题，肩负起保障居民环境权益的重任，从发展的理念、制度和行为等方面进行全面变革。

淀山湖镇在理念上确立以保障居民环境权益为核心的整体现代化、整体文明和整体权益保障的理念。充分认识到，中国特色社会主义小康社会和现代化社会，是以民生为本、全面协调可持续发展的小康社会和现代化社会，是既体现世界现代化的一般特征，又具有中国特色的全面整体小康和全面整体现代化，是立足中国实际、放眼未来、面向全球、不断渐进的全面小康和整体现代化。中国特色社会主义现代化的最大特色是整体文明进步和公民整体权益保障的现代化，即物质文明、精神文明、政治文明、社会文明、生态文明协同发展和全面推进与保障公民的经济权益、政治权益、文化权益、社会权益以及环境权益的现代化。中国特色社会主义现代化的首要任务是大力推进物质文明建设。这种物质文明是与公民环境权益相联系的文明，为此，需要加快转变发展方式，促进经济质量明显提升，人民生活水平明显提高，保持经济社会又好又快发展的态势。坚决抛弃不顾客观生态环境条件制约、粗放型和牺牲生态环境型的发展模式，认真探索一条不同于西方发展道路的生态经济发展道路，一种不同于现代资本主义文明的生活态度和生活方式。与此同时，大力推进精神文明建设，发展先进文化，构建传统文化与现代文明相融合的文化氛围，全面提高人的素质，实现人的现代化。精神文明建设和发展先进文化大力推进政治文明建设，加快服务型政府建设。淀山湖镇推进现代化的过程也是努力建设资源节约型、环境友好型社会的过程，必须加大生态文明建设的力度，发展低碳经济和循环经济，同时也是处理社会关系、调整和解决各种社会矛盾、加强社会管理的过程，需要加强社会文明建设。淀山湖镇确定，当经济发展与人民群众的生态环境权益发生矛盾时，必须将生态环境权益的保障放在第一位。

淀山湖镇通过构建生态环境安全体系来切实维护人民群众的生态环境权益。淀山湖镇认识到，生态环境安全是一个地区的生态环境资源状况能持续满足社会经济发展需要，社会经济发展不受或少受来自资源和生态环境的制约与威胁的状态。生态环境安全既是可持续发展的重要前提条件，也是促进社会和谐稳定的重要保证，只有生态环境安全了，才能避免因为生态环境问题引发人民群众的不满，才能促进政府与民众关系的和谐。美国世界观察研究所所长和环境专家莱斯特·R. 布朗1977年在其《建设一个持续发展的社会》一书中，明确提出要重新定义国家安全，将传统的安全观与时俱进地发展到新安全观，他认为应该将生态环境问题纳入国家安全的范畴。

随着生态环境问题的重要性以及人民群众环境安全价值的凸显，世界环境与发展委员会1987年发表了《我们共同的未来》，正式使用了环境安全这一用语，阐明安全的定义除了对国家主权的政治和军事威胁外，生态环境问题已成为具有战略意义的重大安全问题之一。中华人民共和国国务院2000年12月公布的《全国生态环境保护纲要》指出，生态保护的指导思想是以实施可持续发展战略和促进经济增长方式转变为中心，以改善生态环境质量和维护国家生态环境安全为目标。这是生态环境安全概念首次在国家颁布的正式规范性文件中被提及。2004年12月29日第十届全国人民代表大会常务委员会第十三次会议修订的《中华人民共和国固体废物污染环境防治法》第一条中规定："为了防治固体废物污染环境，保障人体健康，维护生态安全，促进经济社会可持续发展，制定本法。"第一次将维护生态环境安全作为立法宗旨写进了国家的法律，生态环境安全作为一个法律概念在中国被确立下来。淀山湖镇高度重视生态环境安全，将其作为政府应该切实肩负起保障公民环境安全的一种重大责任。淀山湖镇在中国21世纪示范镇建设中自觉地将维护环境安全作为促进政府与民众关系和谐的重要内容，以此推动淀山湖镇经济社会发展达到可持续性。

淀山湖镇通过维护人民群众生态环境权益的实践认识到，大凡生态环境不安全，都与公民环境权益得不到有效保障有关。在每年居高不下的群体性突发事件中，因环境污染引起的就占了很高比例。据统计，最近十多年来，因为环境污染引起的群体性事件以年均29%的速度递增，其对抗性程度明显高于其他群体性事件。环境污染目前已经成为影响民生的最为突出而重大的问题，它严重危及人民群众的生命和基本生存，使人民群众的环境权益得不到尊重和无法实现。这种因环境污染引起的群体性事件，绝不是偶然的，也不能简单地归结为一些"刁民"故意所为，而与政府忽视或者无视人民群众的环境权益密切相关，是环境污染得不到控制而长期累积的矛盾集中爆发的必然结果。

我国环境污染每年造成的经济损失达数千亿元，直接影响到人民群众的生产、生活和生存，直接影响到执政党和政府与人民群众的关系，直接影响到中国特色社会主义事业能否可持续发展。因此，环境问题确实是天大的事，或者也可以说，天大的事就是公民的环境权益需要保障的事。农村村民喝不到安全的水,城市居民呼吸着灰霾充斥的严重污染的空气,在人们每天都以担忧的心情思考着吃什么安全的情况下,政府如果不以严肃科学的态度正视这一重大的环境危机,不认真对待人与环境关系紧张的生态矛盾,不采取切实有效的举措来满足人民群众环境权益的需要,不积极地化解生态灾难从而保障环境安全,怎么能说贯彻落实了以人为本的科学发展观,怎么能够促使社会走向和谐?未来几十年,我国人口还将持续增加,经济增长的速度还不能减慢,人口与经济、社会、资源、环境的矛盾仍将突出。弄得不好,环境恶化引发的生态矛盾在某些地方会压倒国内主要矛盾。在我国一些经济发达地区,生活富足和生态恶化并存,使人们已经到了开着宝马车和听着爵士乐去找干净的水喝的情势,公民的环境已经成为最为重要的权益。政府如果不能充分保障公民的环境权益,如果不能阻扼住环境污染的势头,环境污染引发的矛盾冲突发展到一定程度会成为消解社会稳定和谐的一种十分危险的信号,环境污染引起的政治不稳定、经济受到影响等一系列问题会成为影响社会发展的一大隐患。

  实现好、发展好和维护好人民群众的生态权益与保障人民群众生态参与是密切相关的。淀山湖镇注重构建政府—企业—社会公众等多元主体的生态监管共同体,将高质量的城镇生态监督管理作为营造良好城镇生态文明秩序、发挥城镇生态设施功能、有效维护城镇生态文明建设成果的必要手段。建立数字生态文明城管、网格化生态文明管理、智慧民声平台三位一体的城镇生态管理体系,创建办、工商、城管、交警、国土等多部门联动,将领导交办、日常督查、排查上报、民生反映和举报投诉等突出问题全部纳入城镇生态管理体系流转处理,形成一个高效的问题发现、问题流转、问题处理和问题验收的标准化流程机制,改变了长效管理各类问题的通知难、流转难、落实难、效果差的现状，大幅提升了城镇生态文明管理的效率和效能，切实保障人民群众的生态权益和生态安全。

第三节　绿色生活的惬意

淀山湖镇将维护好、实现好、发展好人民群众的生态环境权益与切实推进绿色生活方式、绿色消费方式紧密地结合起来，在人民群众每天吃穿住行用的日常生活中体现出来，使维护好、实现好、发展好人民群众的生态环境权益从每一个生活细节上都能表现出来。

一、绿色建筑的诗意

淀山湖镇刻意打造将江南水乡意境与欧陆建筑形态紧密结合起来、充满节能减排意义的绿色建筑，以绿色建筑体现绿色发展的价值追求和人民群众对美好生活的向往。

淀山湖镇将绿色建筑作为建设中国 21 世纪示范镇所要示范的一个重要内容。人民群众的美好生活从最基本的内容看，就是美好的衣食住行，能否诗意般地栖居，能否保障人民群众的绿色栖居权，是淀山湖镇在绿色发展中一直关注的重大事情。

淀山湖镇将镇容镇貌首先通过乡镇建筑形态表现出来。在建筑规划设计时，既充分考虑绿色发展的时代主题和江南乡镇的历史文化传统，又以面向全世界和对外开放的广阔视野，在保留传统江南水乡建筑艺术神韵的同时融入欧陆建筑文明精粹，营造既立足淀山湖镇千年本土文明传统又大胆地走向世界拥抱全球一切优秀文明成果的建筑文化姿态，让人民群众享受到人与自然和谐带来的舒适的绿色居住环境，给人们以古今交融的审美体验。

早在 20 世纪 80 年代，淀山湖镇就开始进行整体的规划和设计，其间对于历史上的传统建筑形态和建筑文化如何传承、江南特色民居

第六章　诗意栖居的享受

六如墩

如何保护、如何让乡镇建筑既充满人与自然和谐协调色彩又具有现代气息等理论和实践问题，也存在着认识上的一些不足，导致了将现代化等同于告别传统的错误思想认识和错误行为，一些应该大力保护的古村落和特色民居遭到了不同程度的毁坏。随着周边一些乡镇，如周庄、锦溪、千灯等在保护、开发和利用上的经验的推广，淀山湖镇及时地纠正了这些错误，在加大对杨湘泾古街保护的同时，积极营造将传统与现代、古典与时尚、江南特色与欧陆风情结合起来的既古朴又有现代化韵味的镇容镇貌，大力推进新农村建设中的绿色民居建筑。

淀山湖镇的整体格局和建筑形态项目从建筑理念、建筑规划，到景观营造，再到街道、商场、市民活动场所、绿地草坪和居民户型设计，力求以生态化、人文化、绿色化、场所化的理念为建筑形态渗透进自然天成的设计价值和文化诉求，每一处设计都尽可能地充分体现人性化与居住舒适度，使其凸显出将江南水乡建筑元素与欧陆建筑风格紧密融合在一起的中西合璧的高雅品质，既能再现苏州园林建筑经典，又能传达出淀山湖镇在改革开放进程中以海纳百川的心胸吸纳全球优秀文明成果的意蕴。

淀山湖镇以使人民群众能够诗意般地栖居的美好生活为原则，以人与自然和谐共生的理念规划镇容镇貌，力求自然、简约、低密、低碳、节能、亲水、舒适。全镇极少的几座湖滨现代化高层建筑，也注重采用了简约凝练、亲近湖光山色使之轮廓优美的融新古典主义与新现代主义为一体的设计风格，从整体外观到局部细节，注重精雕细琢，达到厚重高贵与轻松灵动紧密融合在一起的效果。而镇区范围内的所有建筑都是低密度、高绿化和便于空气流动的建筑，达到了在有限的镇区空间格局内营造出人文环境优、自然绿化高、空气质量好、安逸恬静的生活氛围。近年来，淀山湖镇新增绿化面积132万平方米，城镇绿化覆盖率达40.9％，林木覆盖率达22％，人均公共绿地面积14.1平方米。"绿色银行"储备超43万平方米。实施中市路街头绿地公园、环湖大道景观、音乐广场、婚庆公园、樱花园、体育公园等项目建设，公园绿地分布更加均衡，为市民提供了交流、休憩、锻炼的城镇绿色客厅。完成39千米河道综合整治，村级河道保洁考核实行"以奖代补"。生活污水处理厂扩建规模1万吨，新建市镇雨污水管网49千米，建成区生活污水接管率超93％，对污水厂进行扩建提升和加盖除臭，改造后日处理量2万吨，新建农村污水管网65千米，实现生活污水管网全覆盖。

改变传统农村的居住条件，让农民过上城里人甚至超越城里人的居住生活，是淀山湖镇推进绿色发展的一大举措。晟泰村结合新农村建设建造的农民新村，无论是空间格局的选择、实用性和舒适性的构思、自然景观的模塑和生活氛围的营造都蕴藏着人与自然和谐共生的价值追求。在晟泰新村，建筑与自然界、生活与人文艺术、建筑形态的艺术价值与人民群众对美好生活追求的人文价值的多重梦想得到了交汇和融合，诗意般地栖居成了客观现实。

　　晟泰新村占地116亩，总投资6 500万元，由村民出资和村股份制企业晟泰集团贴补协办，其中企业贴补3 000多万元。晟泰新村建有风格迥异的公寓式住宅楼32幢252套，并建有中心广场、人工河道和多功能会所，建筑面积5万多平方米，容积率达58%，绿化率达63%，主要供本村（厂）农户入住。晟泰新村遵循既有欧陆现代气息，又体现江南水乡小桥流水、亲水园林的文化特色。古典欧式风格的公寓大楼错落有致，曲径通幽的弧形路网，极具匠心的人文布景，透出舒适怡人的美学气息。人工河道盘曲如带缠绕其间，过河小桥与新村大门、中心会所在同一中轴线上，富有古典皇家气派。晟泰新村配套有融超市、商场、宴厅、娱乐等为一体的中心会所，宽敞大方的宴会厅可容纳50桌同时用餐，闭路电视、电子安防、宽带网络等智能化系统配备齐全。区内还建有秸秆气化站和污水处理设施，体现了人与自然的和谐统一，成为一个生活环境园林化、居住条件星级化、配套设施现代化、信息管理智能化的生态型现代化农民居住区。现代化与古典主义结合在一起的居住条件，鸟语花香和绿草如茵的自然环境与人文环境的结合，体现出现代富裕起来的农民体面和有尊严的生活。

　　晟泰新村虽然是淀山湖镇绿色建筑的一个典范，极大地节约了农村土地，促进了传统农民生活方式向现代化生活方式的转型，提高了农民的整体文明素质，但是淀山湖镇本着从各村实际情况出发的原则，按照农村居住方式尽可能地保留传统民居与自然和谐共生的理念，推进了淀山湖镇多样性的农村建筑形态的发展。如永新村的许多传统风貌的村落得到了有效的保护和利用，发挥了极大的经济效益、社会效益和生态效益，也是淀山湖镇自然界生物多样性与绿色建筑多样性有机结合的体现。

淀山湖镇通过中国21世纪示范镇建设更加懂得，环境改造人，人也改造环境，环境与人是相互联系、相互作用和相互反馈的关系，推进绿色发展需要注重环境与人的和谐协调，以此来促进人与自然的和谐共生。优美的环境对于提升人的审美情趣和促进人的自由而全面发展具有十分重大的价值。为了使村庄真正成为一道美丽的风景，淀山湖镇坚持以景区标准统筹推进美丽乡村建设和管理，从最基础的垃圾污水处理、河沟清理、厕所改造、村庄美化、村容整洁等入手开展环境整治，并加强生态环境保护和修复，倡导推行绿色低碳的生产方式和生活方式，让乡村颜值不断得到提升，使村民们真正感到诗意般地栖居并不是一首浪漫而无法实现的美好诗句，而是能够达到的现实生活。

二、俭朴生活的流行

淀山湖镇把营造居民的俭朴生活当作实现人民群众对美好生活的向往的重要内容，作为推进绿色发展的重要组成部分，促进了全镇以崇尚俭朴生活为荣、以铺张浪费为耻的新型绿色生活观的形成。

淀山湖镇在绿色发展中教育全镇人民群众充分认识资源缺乏的困境，树立以节约为荣的理念。人们意识到，现在缺的不是金钱，而是金钱难以改变的资源短缺和生态危机。我国石油短缺，中国三分之一的石油消费量依赖进口；电力供需关系紧张，拉闸限电已经成为淀山湖地区以及长三角地区最广泛最频繁的缓压方式；淡水资源贫乏，中国人年均水资源量只有2 200立方米，仅为世界平均水平的四分之一，是人均水资源最贫乏的13个国家之一。在淀山湖镇也面临着需要节约用水的重大问题。

昆山市和淀山湖镇的自然资源更是匮乏。人均拥有耕地面积不足

0.5亩，已经大大低于联合国粮农组织设定的警戒线。苏州大市范围内，电力供不应求，最大电力缺口已达 200 万千瓦以上。作为江南水乡的苏州，虽然拥有众多的江河湖泊，号称千湖之城，但是已经拉响了闹水荒的警报，人年均水资源量只有 315 立方米，仅为全国人均水资源占有量的八分之一，属于水质性缺水的城市。

淀山湖镇认识到，面对如此严峻的资源紧张以及人与自然关系不够和谐的形势，必须高扬节约的大旗，自觉地过俭朴的生活，创建节约型城市、节约型乡镇、节约型企业、节约型社区和节约型家庭。节约，是建设美丽中国和构建绿色家庭的刻不容缓的重大任务；节约，是淀山湖镇从政府到普通居民的义不容辞的责任。

淀山湖镇推进绿色发展的一个重要实质性内容是节约发展，因为要大力解决资源有限性与经济发展无限性以及与消费需求无限性的矛盾，只有倡导节约资源的俭朴生活才是可走的便捷通道。唐朝诗人白居易精辟地论述了资源有限性和需求无限性的矛盾，并看到了处理不好这一矛盾会导致的可怕后果："天育物有时，地生财有限，而人之欲无极。以有时有限奉无极之欲，而法制不生其间，则必物暴殄而财乏用矣。"据有关资料显示，地球上尚未开采的原油储藏量已不足 2 万亿桶，可供人类开采的时间不超过 95 年。在 2050 年之前，世界经济的发展将越来越多地依赖煤炭。其后在 2250—2500 年之间，煤炭也将消耗殆尽，矿物燃料供应面临枯竭。另据有关资料，世界上的森林到 1998 年为止，已经消失了一半，而且还在以每年 1 600 万公顷的速度减少。有关调查表明：地球上有 3.4 万种野生植物即将灭绝，这个数字占世界各地已知的蕨类植物、松柏木植物和开花类植物总数的 12.5%。在经济快速发展、人口急剧增加、人的消费欲望不断亢奋的今天，资源的有限性和经济发展的无限性以及消费需求的无限性之间的矛盾更加突出。要保证经济社会的快速发展、协调发展以及可持续发展，必须对资源精打细算合理利用，建设资源节约型社会、环境友好型社会、人口均衡型社会以及生态健康安全保障型社会。

　　要减少人对自然资源的过度索取，导致生态环境资源可供给能力下降和出现生态危机的状况，节约是可采用的不二法门。淀山湖镇通过大力加强生态文明建设，帮助人们牢固地确立社会主义生态文明观中的节约资源观，更加深刻地懂得，在农业社会，由于人类数量的稀少和对生活方式要求的低下以及利用自然界能力的有限性，人类对生态环境的干预力量和程度是极其有限的。生态环境对于人类对它的破坏，具有强大的还原和修复能力。因此，整个生态环境呈现出绿色。据科学家考证，现在属于沙漠的地带，在古代都是绿洲。公元前5世纪，人们能够步行穿越北非，从大西洋到印度洋，一路上总是行走在树荫下。这样的情况在我国也同样发生过。黄河流域是中华民族的摇篮，4 000多年以前，那里森林茂密，水美草丰。据古籍记载，在西周春秋战国时期，黄土高原的森林覆盖率超过50%。在古代社会发展中，由于盲目开发，滥伐森林，使得这片森林草原成为今天千沟万壑、满目苍凉的荒山秃岭。在农牧业阶段引起的生态破坏等环境问题一直延续至今。世世代代与土地打交道，但又不懂得科学地呵护土地的农民，在向自然界索取、也得到自然界慷慨馈赠的同时，却遭受着被自己所破坏了的生态环境的报复。因此，只有过俭朴的生活，大力节约利用资源，才能保证生态环境资源的可持续利用和世世代代的可持续发展，构建人与自然和谐共生的绿色社会，建设好美丽家园和美丽中国。

　　淀山湖镇以绿色发展的实际行动落实科学发展观，推进中国21世纪示范镇建设，将俭朴生活理念推广到政府部门、企事业单位和每一个家庭。淀山湖镇认识到，要达到科学发展观所要求的以人为本的发展、全面协调发展、低碳循环发展以及子孙后代的可持续发展，使整个社会的消费水平与生产力发展水平相适应，生产资料的生产与生活资料的生产保持合理的比例，就必须大力倡导勤俭节约的理念并使之形成良好的社会风尚。无论是生产活动还是消费活动，本质上都是对自然资源的利用和消耗，只有勤俭节约，倡导俭朴简约的工作方式和生活方式，加大对资源、环境可持续利用的力度，增强自然资源对经济社会发展和人的生活消费的供给能力，提高资源生产力，才能使淀山湖镇的生产、生活、生态三者保持最佳状态。自然资源作为人们生产和生活的强有力支撑系统，也要求人们的生产和生活对它予以强有力的反支撑；否则，自然资源就不能充分发挥对人们生产和生活的能动的支撑作用。在生态环境与人们的生产和生活发生紧张关系以及生态环境资源短缺的情况下，更需要坚持经济社会发展的速度与结构、数量与质量、动机与效果之间的有机统一。发展低碳经济、循环经济和绿色经济，有助于使经济发展和资源、环境相协调，推动淀山湖镇自觉地走生产发展、生活安康、生态良好的绿色可持续发展道路。

淀山湖镇人民群众生活富裕起来以后对身体健康提出了更高的要求。他们在实践中普遍认识到，健康的生活是一种俭朴节约的生活，俭朴节约的生活有利于促进人的自由而全面发展。近年来，淀山湖镇从某些以前比较少见的"富贵病"中深刻地认识到，俭朴节约的生活方式有助于人的生理健康和心理健康。健康不单是指不生病、不虚弱，而且是指物质、精神和社会关系方面都处于健康的状态。健康就是适应生态环境的表现。环境的破坏和生态系统的超负荷，使人类的健康无法得到保证。传统生活方式的价值取向是物质第一主义。无限制地追求物质享受和消费成为人生的目标和时尚，人们以大量地占有高档商品和奢侈品为荣耀，以此炫耀自己的富裕，表示自己所拥有的金钱、名誉和地位。这种奢侈的生活远远超过了人类的合理需要。为了满足这些要求，人们大量开采资源，耗尽森林、草原和土壤，污染水域和大气，破坏生态平衡，表现出对大自然的贪婪。这种奢侈浪费的生活方式，不仅超过了自然界的支付能力，造成生态平衡被破坏，而且对人本身也形成了巨大的压力。当丰富的饮食增加了预期寿命时（主要通过减少儿童死亡），一系列的慢性病也随之而来：心脏病、中风、糖尿病、各类癌症、龋齿、胆结石、慢性肠炎以及各种骨关节炎。大量的流行病研究表明，在发达国家，造成过早死亡最普遍的原因是心血管病和癌症，而饮食在其中所起的重要作用已得到广泛认识。

淀山湖镇把俭朴节约的生活方式的养成与在全镇倡导绿色消费活动紧密地结合起来，开展绿色消费教育、评比和示范。在英国的《绿色消费者指南》中，把"绿色的消费"定义为避开以下产品的消费：危及消费者或他人健康的产品；在生产、使用或废弃中明显伤害环境的产品；在生产、使用或废弃期间不相称地消耗大量资源的产品；带有过分包装、多余特征的产品，或由于产品的寿命过短等原因引起不必要浪费的产品；从濒临灭绝的物种或者环境资源中获得材料，用以制作的产品；包含了虐待动物、不必要的乱捕滥猎行为的产品；对别国，特别是发展中国家造成不利影响的产品。从绿色消费需要开始，经过生态化的生产和绿色产品贸易，形成以绿色消费为主要特征的生活方式，是一种值得倡导和实践的以简朴、方便、健康为目标的科学的生活方式，它既有益于人和社会的健全与持久的发展，又有益于自然生态环境的保护。

淀山湖镇倡导资源节约和俭朴的生活，将古代思想家荀子这样一段话当作座右铭，教育人们懂得勤俭节约的重要性。荀子说：

　　强本而节用，则天不能贫；养备而动时，则天不能病；循道而不贰，则天不能祸。故水旱不能使之饥，寒暑不能使之疾，妖怪不能使之凶。

他的意思是，只要我们坚持开源节流，并且早做准备，循道行事，那么什么天灾鬼怪都奈何不了我们。勤俭节约，会使淀山湖镇在绿色发展中顺利走出资源短缺的发展困境，走向人与自然和谐共生的美好境界。

改革开放以来，随着经济的快速发展、物质财富的普遍增多，淀山湖镇基本上做到了人人有工作、个个有技能、家家有物业。淀山湖镇居民前所未有地富裕了，但是富裕会带来一系列意想不到的新问题，有的问题如身体健康问题甚至比贫困时期还要突出和严重。淀山湖镇通过建设中国21世纪示范镇加深了对科学生活方式的认识，懂得富裕的生活并不等同于大量消费、大量浪费，不等同于一日三餐大鱼大肉，不等同于今日有酒今日醉。淀山湖镇在推进经济转型升级的同时，自觉地促进生活方式转型升级。从温饱走向富裕以后，高消费甚至是不顾经济收入和资源环境承载力的过度消费，一段时间成为许多人特别是年轻人争相追逐的生活时尚。追求名牌特别是洋名牌的高消费和符号消费，饮食上追求暴饮暴食而超过了自身生态需要和自然环境承载力的饕餮般的消费，日益加剧了对生态环境的压力，也给消费者自身带来了生理和心理上的巨大负荷，而随之带来的高血压、高血脂、高血糖等富贵病的普遍化、年轻化极大地影响着改革开放的胜利成果，给人的自然而全面发展带来巨大危害。淀山湖镇认识到，只有教育人们自觉地践行俭朴的生活方式，才能为全镇生态文明建设开辟全新的格局。因为生态文明本身就是人的文明，表现在通过文明的生活和文明的对待自然的态度促进自身的文明素质提升。俭朴的生活就是文明健康的生活，是让子孙后代可持续发展的绿色生活，这必将为淀山湖镇带来一场全新的绿色生活方式的新风尚。

三、生态智慧的修炼

淀山湖镇将提升生态智慧作为"尚美淀山湖"建设的核心内容和

最高境界，作为打造智慧乡镇、智慧社会、智慧社区的重要组成部分。在淀山湖镇看来，所谓生态智慧，是指人类在应对复杂多变的生态矛盾和协调人与自然和谐共生关系中形成的一种健康生存和发展的主体素质，凭借这种主体素质，使人与自然构成共存共荣共赢的双向建构关系，使人与自然都能发挥出双向互惠的重大价值。修炼生态智慧是生态文明建设的一项重要内容，有助于牢固地树立人与自然和谐共生的社会主义生态文明观，提升淀山湖镇生态文化建设水平、生态治理能力和治理水平。淀山湖镇采取多管齐下的举措加强生态智慧修炼。

　　从古人那里学习生态智慧，是淀山湖镇结合家规家训教育、加强生态文明建设所采取的一大举措。淀山湖镇以不忘本来、吸收外来和开拓未来的心态加强生态智慧的提炼、整合和创造性转换以及创新性发展。淀山湖镇借鉴和整合了中国儒家、道家和佛家的生态智慧，为绿色发展提供了来自中国本土的思想资源。批判地继承了儒家通过肯定天地万物的内在价值，主张以仁爱之心对待自然的生态观，在淀山湖镇的生态文化建设中将儒家讲究天道人伦化和人伦天道化，通过家庭、社会进一步扩展伦理原则，充分体现出以人为本的价值取向和人文精神的做法与对人民群众生态伦理教育和生态权益维护紧密地结合起来。淀山湖镇还注意吸收中国道家的生态智慧，将中国道家主张敬畏万物来完善自我生命、强调人要以尊重自然规律为最高准则以及以崇尚自然、效法天地作为人生行为的基本皈依与在绿色发展中尊重自然规律发展紧密地结合起来。从古至今，淀山湖镇佛教比较盛行，利用这一文化特点，淀山湖镇注重挖掘佛教中的生态智慧，特别是注重佛教生态智慧关于在爱护万物中追求解脱，促进人们通过参悟万物的本真来完成认知，提升生命的做法，摆正人与自然之间相互尊重的平等关系。

　　淀山湖镇在加强对生态智慧的修炼过程中，十分注重挖掘乡土生

第六章 诗意栖居的享受

态文化素材,广为宣传明末清初昆山籍著名理学家、教育家朱柏庐的《朱子家训》。《朱子家训》虽然只有634字,但是字字珠玑,精辟地阐明了修身治家治国平天下之道,是一篇将经验和哲理紧密结合起来的家教名著。其中,许多内容继承了中国传统文化的优秀特点,比如尊敬师长、勤俭持家、保护生态环境、注重修养、邻里和睦等,在今天"尚美淀山湖"建设中仍然有重大借鉴意义。《朱子家训》全文如下:

> 黎明即起,洒扫庭除,要内外整洁,既昏便息,关锁门户,必亲自检点。一粥一饭,当思来处不易;半丝半缕,恒念物力维艰。宜未雨而绸缪,毋临渴而掘井。自奉必须俭约,宴客切勿流连。器具质而洁,瓦缶胜金玉;饮食约而精,园蔬逾珍馐。勿营华屋,勿谋良田。三姑六婆,实淫盗之媒;婢美妾娇,非闺房之福。奴仆勿用俊美,妻妾切忌艳妆。祖宗虽远,祭祀不可不诚;子孙虽愚,经书不可不读。居身务期质朴,教子要有义方。勿贪意外之财,勿饮过量之酒。与肩挑贸易,毋占便宜;见穷苦亲邻,须加温恤。刻薄成家,理无久享;伦常乖舛,立见消亡。兄弟叔侄,须分多润寡;长幼内外,宜法肃辞严。听妇言,乖骨肉,岂是丈夫;重资财,薄父母,不成人子。嫁女择佳婿,毋索重聘;娶媳求淑女,勿计厚奁。见富贵而生谄容者,最可耻;遇贫穷而作骄态者,贱莫甚。居家诫争讼,讼则终凶;处世戒多言,言多必失。勿恃势力而凌逼孤寡;毋贪口腹而恣杀牲禽。乖僻自是,悔误必多;颓惰自甘,家道难成。狎昵恶少,久必受其累;屈志老成,急则可相依。轻听发言,安知非人之谮诉,当忍耐三思;因事相争,焉知非我之不是,须平心暗想。施惠无念,受恩莫忘。凡事当留余地,得意不宜再往。人有喜

庆，不可生妒忌心；人有祸患，不可生喜幸心。善欲人见，不是真善；恶恐人知，便是大恶。见色而起淫心，报在妻女；匿怨而用暗箭，祸延子孙。家门和顺，虽饔飧不济，亦有余欢；国课早完，即囊橐无余，自得至乐。读书志在圣贤，非徒科第；为官心存君国，岂计身家。守分安命，顺时听天。为人若此，庶乎近焉。

淀山湖镇几乎所有的饭店，在饭桌上、店堂墙上都将《朱子家训》中的这几句话作为宣传标语在醒目的位置上标示出来："一粥一饭，当思来处不易；半丝半缕，恒念物力维艰"，"自奉必须俭约，宴客切勿流连"，"器具质而洁，瓦缶胜金玉；饮食约而精，园蔬逾珍馐"，"勿贪意外之财，勿饮过量之酒"，等等。对人们崇尚绿色生活方式和消费方式都起到了良好的教育、熏陶和警示作用。

淀山湖镇通过开展创建绿色家庭活动提高生态智慧。"尚美淀山湖"是一个系统工程，开展绿色家庭、环保型家庭创建活动是这个系统工程中的一个不可或缺的重要组成部分。淀山湖镇认识到，伴随着科学技术的进步和现代文明的发展，人类在创造出巨大物质财富的同时，正面临着环境污染和资源短缺的困境，环境治理与经济发展之间的矛盾越来越突出，人民群众如果每天都处于遭受废气、垃圾、噪声等污染的侵害之中的话，经济社会发展就毫无价值。

目前，淀山湖镇生活垃圾和生活污水的污染比重逐年上升，已成为现今环境的主要污染源，污染防治的任务十分艰巨。家庭是社会的细胞，社会是由每个家庭组成的，环保和家庭生活密切相关，家庭成员环境意识的强弱、环境知识的多少，决定了广大家庭在环保事业中如何发挥作用，影响着淀山湖镇的可持续发展，对"尚美淀山湖"建设以直接影响。环境保护并不是简单地归结为环境保护部门的责任，而是淀山湖镇每个家庭应负的绿色责任，环保工作者、每个家庭以及我们每一个家庭成员都是保护环境的主力军。淀山湖镇结合文明乡镇创建活动，积极开展绿色家庭、环保型家庭系列宣传教育活动，组织动员广大家庭积极参与环境保护，让环保走进家庭，走进千家万户，是提高全镇居民环境意识、促进大家踊跃参与淀山湖镇环保社会实践的有效措施。

淀山湖镇动员全镇居民积极参加江苏省绿色家庭评选活动，把"绿色家庭"创建活动作为提高全镇居民生态智慧的重要内容。突出家庭这个宣传教育主题，把家庭作为活动主体，提倡简约为荣，节能节水，保护资源；使用绿色产品，认识并防范各种化学污染；树立绿色消费观念，减少一次性产品选购和消费，抵制白色污染；养成良好的卫生习惯，清洁生活，关爱健康，珍惜生命；注重对子女的生态环境教育，增强其环保意识，使他们从小养成文明健康、珍惜环境的生活习惯；遵守公民道德行为规范，为环境保护做出积极贡献。

淀山湖镇结合亲水节、马拉松赛跑、爱我淀山湖等活动，通过网络、广播、电视、报纸等媒体进行广泛宣传。通过知识竞赛、印发宣传单、悬挂标语、现场群众咨询、组织主题活动等形式开展各具特色的环保宣传教育活动，发放倡议书和家庭环保资料。教育引导广大家庭及其成员自觉树立保护环境从我做起、从家庭做起的意识，把创建"绿色家庭"作为家庭生活的重要内容，人人参与创建、户户争当"绿色家庭"，取得了良好的成效，提高了全镇的生态智慧水平。

在淀山湖镇，许多人都知道，200多年前，苏州有一位普通文人叫沈复，他在《浮生六记》中用这样的文字记载了他的日常生活：

> 檐前老树一株，浓荫覆窗，人面俱绿，隔岸游人往来不绝。过石桥，进门，折东曲径而入，叠石成山，林木葱翠。亭在土山之巅，周望极目可数里，炊烟四起，晚霞灿然。少焉，一轮明月，已上林梢，渐觉风生袖底，月到波心……

尽管时光流逝了200多年,淀山湖镇人民群众读到这段文字,大脑中的对绿色美好生活的向往会油然而生。今天淀山湖镇的人民群众在物质生活不断富裕起来的同时,对于生态环境的保护格外关注,对于建设美好的绿色家园格外倾心尽力,对于以实际行动减轻对生态环境的负荷格外重视,并且身体力行,自觉地过着俭朴的绿色生活。淀山湖镇的居民自觉地感到,过度消费和用过即扔的"享用"方式,不应该成为该镇经济繁荣和生活幸福的表征。居民们逐渐注意自觉地抵制物品的过度包装,反对滥用一次性物品,提高物品的使用效率,增强了在家庭日常生活中积极推行低碳生活方式的主动性和自觉性,许多家庭在居家生活空间刻意营造出多层次立体绿化,达到既可以吸收二氧化碳,保持清洁环境,也可以调节身心,增加生活乐趣的目的;注重双面利用纸张,为更好地保护森林资源和减少能源利用做出贡献;在外出购物时经常随身携带购物袋,以减少使用塑料袋,这种身边可行的节能环保形式在淀山湖镇开始盛行;淀山湖镇居民将减少一次性牙刷、一次性水杯等一次性产品的需求,节约用电用水等,都当作日常生活中从点滴做起切实履行节能减排责任的具体表现。淀山湖镇居民铭记和践行沈复提倡的那种"布衣菜食可乐终身"的俭朴生活的理念与实践,并已成为全镇各行各业和广大人民群众的共同精神向往和自觉行动。

淀山湖镇运用生态智慧认识垃圾和处理垃圾,不是把垃圾当作废弃物和沉重的负担,而是当作放错了地方的宝贝,将垃圾当作可以回收利用的重要资源。淀山湖镇感到,既然垃圾也是重要的资源,就应当想办法充分利用。随着资源的不断消耗,对垃圾资源的循环利用,是淀山湖镇发展循环经济、低碳经济和绿色经济的一个重要组成部分,成为增强人们的生态智慧并促进人与自然和谐共生的现代化的必然选择。淀山湖镇党委和政府的职责就是顺应这样的绿色发展潮流和绿色

第六章　诗意栖居的享受

发展规律，动员人民群众参与生态文明建设，创造各种有利条件对垃圾资源循环利用予以政策扶持、资金扶持。政府扶持的重点，既不是填埋，更不是焚烧，而是分类处理和循环利用。如果把扶持的重点放在填埋和焚烧，那就是本末倒置，主次颠倒，无法调动全镇居民垃圾分类的积极性，无法做好垃圾的充分回收利用。

永新村农村生活垃圾资源化处理站

　　淀山湖镇永新村是昆山市最早的四个垃圾分类和回收利用的试点村之一。永新村从2015年就开始实施农村生活垃圾分类项目，并在六如墩自然村建设了昆山市第一个农村生活垃圾资源化处理站。农户家中的生活垃圾分类处理，可以有效减少农村生活垃圾的产出量，通过"扫码统计""线上管理"等数字化运作，为昆山市和淀山湖镇"智慧农村"跨出了新的一步。随着淀山湖镇农村生活垃圾分类工作的进一步展开，该镇全面普及农村生活垃圾资源化处理站建设工作，2017年年底前建成7个农村生活垃圾资源化处理站，其中1个位于淀山湖镇区农贸市场内，日处理量将达到5吨，另外6个位于行政村内。由此，该镇可实现农村生活垃圾分类全覆盖。以现有各处理站 300 千克的日处理量计算，资源化利用的处理方式在成本缩减上虽然还有些不足，但随着各个站点日处理量的提升，网格化覆盖效应正在逐步产生，从而可以逐步拉平、直至低于远距离运输焚烧的处理成本。另外，为了进一步缩减成本，在资源化处理后的堆肥使用上，随着量产化、规模化的推进，淀山湖镇还将考虑与新型农企进行合作，以"农产商品"的形式提升该项目的经济附加值，实现提产、增效、创收三线同步。目前，淀山湖镇每天产生的生活垃圾量在 70 吨左右，经过垃圾分类，这些处理站全面建成后每天可以处理垃圾 10 吨左右，约占垃圾总量的 15%，为垃圾减量化和充分回收利用做出了非常可观的贡献。

  智者乐水的说法体现了一种强烈的生态智慧。在建设人与自然和谐共生的现代化进程中，奏响"尚美淀山湖"的主题曲，高扬"和谐自然，示范未来"和"绿色淀山湖，生态现代化"的鲜艳彩旗，昂首阔步行进在绿色发展宽广大道上的淀山湖镇，必将以诗意般栖居的理念和实践让人民群众在优美愉悦的生态环境中尽情地诠释美好生活需要的丰富内涵，用人与自然和谐共生的诗性智慧之光扮靓多姿多彩的审美人生。

主要参考文献

郦道元．水经注〔M〕．北京：中国科学院出版社，1957．

杨潜．云间志〔M〕．北京：方志出版社，2000．

朱长文．吴郡图经续记〔M〕．金菊林校点．南京：凤凰出版社，1999．

方鹏．昆山人物志〔M〕．刻本．1522—1566（明嘉靖年间）．

卢熊．苏州府志〔M〕．刻本．1379（明洪武十二年）．

叶盛．水东日记〔M〕．北京：中华书局，1980．

盛符升，叶奕苞．康熙昆山县志稿〔M〕．南京：江苏科学技术出版社，1994．

诸福坤撰，陈庆林增补．淀湖小志〔M〕．刻本．1875—1908（清光绪年间）．

陈元模．淞南志〔M〕．刻本．1813（清嘉庆十八年）．

昆山市地方志编纂委员会：昆山县志〔M〕．上海：上海人民出版社，1990．

《淀山湖地图志》编纂委员会．淀山湖地图志〔M〕．西安：西安地图出版社，2005．

上海市《青浦县志》编纂委员会．青浦县志〔M〕．上海：上海人民出版社，1990．

中国 21 世纪议程——中国 21 世纪人口、环境与发展白皮书

〔R〕．1994年3月25日经国务院第十六次常务会议审议通过．

  鲁德俊．历代名人咏昆山〔M〕．南京：凤凰出版社，2004．

  上海市地方志办公室．上海乡镇旧志丛书（第7卷、第8卷）〔M〕．上海：上海社会科学院出版社，2005．

  习近平．决胜全面建成小康社会　夺取新时代中国特色社会主义伟大胜利——在中国共产党第十九次全国代表大会上的报告〔M〕．北京：人民出版社，2017．

  习近平．习近平谈治国理政〔M〕．北京：外文出版社，2014．

  习近平．摆脱贫困〔M〕．福州：福建人民出版社，1992．

  习近平．之江新语〔M〕．杭州：浙江人民出版社，2007．

后　记

　　按照淀山湖镇文化建设规划，在八年时间内，出版《风水宝地淀山湖》《源远流长淀山湖》《智者乐水淀山湖》这"史记"三部曲。2010年8月，《风水宝地淀山湖》一书出版，2014年《源远流长淀山湖》一书出版，现在《智者乐水淀山湖》也即将付梓。淀山湖镇的"史记"三部曲终于如期完工。

　　淀山湖镇是我从事生态文明研究的一个重要的教学科研实验基地。从20世纪90年代以来，我不但自己每年都要在该镇深入调研，而且还将自己一届又一届的博士和硕士研究生带来，在这里学习、研究和总结。在我的影响下，中共中央宣传部理论局原局长、中国社会科学院学部委员、中国著名马克思主义理论家靳辉明教授多次来淀山湖镇考察，对淀山湖镇的物质文明建设、精神文明建设、政治文明建设、社会文明建设以及生态文明建设予以热情指导和悉心点拨。《风水宝地淀山湖》《源远流长淀山湖》《智者乐水淀山湖》这三本书在写作过程中，始终得到了靳老师的精心指点和大力支持。每本书稿完成后，我请靳老师作序，他尽管工作繁忙，但都欣然答应。值此《智者乐水淀山湖》即将出版之际，我怀着深深的敬意向靳老师表示最衷心的感谢，并衷心祝愿他身体健康、工作顺利、万事如意。

　　德国生态协会主席盖勒先生是我多年的老朋友，作为世界顶尖的人工湿地工程项目专家，他十分关心淀山湖镇的生态文明建设，特别关心该镇的水环境治理，为此，他于2016年亲临淀山湖镇实地考察，就淀山湖镇如何借鉴德国生态治理经验、推进绿色发展提出了许多建设性指点。《智者乐水淀山湖》一书的写作，也得到了他的一些宝贵指点，我也向他表示衷心的感谢。

淀山湖镇党委书记李晖十分重视《智者乐水淀山湖》一书的编写工作，为我的调研写作提供了诸多便利条件。我每次到淀山湖镇，她都抽出时间与我交流和讨论。该书的出版，凝聚了她的许多心血。淀山湖镇镇长罗敏以及镇党委宣传委员许顺娟、组织委员王强，镇党校校长吴新兴等相关领导对我的写作帮助很大。前党委宣传委员吕善新同志是淀山湖镇家喻户晓的"新乡贤"；他与我一起总体策划和全程参与了《风水宝地淀山湖》《源远流长淀山湖》《智者乐水淀山湖》这"史记"三部曲的工作；他如同过去抓乡镇企业那样抓文化工作，直到退休还是名义上退下来，却全身心地投入这项工作。苏州大学出版社许周鹣老师对编辑出版工作一丝不苟，为本书顺利问世做了大量工作，付出了辛勤的劳动。在此，我向他们一并表示最衷心的感谢。

《风水宝地淀山湖》《源远流长淀山湖》《智者乐水淀山湖》三部曲虽然已告结束，但是我对淀山湖镇这本大书的阅读和写作只是开了一个头。我将继续发扬"板凳坐冷，脚底走热"的治学精神，更加深入地了解淀山湖镇的实际，更加密切联系人民群众，为淀山湖镇更加美好的未来而谱写新篇章。

方世南
2017 年 12 月 1 日于苏州大学